# annales
# de
# gestion financière
# D.E.C.F.

collection

**EXPERTISE COMPTABLE**

sous la direction de

**Maurice COZIAN**
Professeur à l'Université de Bourgogne

**Maurice PETITJEAN**
Diplômé Expert-comptable

# annales de gestion financière

## D.E.C.F.

par

**Gérard CHARREAUX**
Professeur à l'Université de Bourgogne
Responsable de la M.S.T.C.F. de Dijon
Diplômé Expert-comptable

1990

**Quatrième édition**

litec
Libraire de la Cour de cassation
27, place Dauphine — 75001 PARIS

I.S.B.N. 2-7111-1022-2 I.S.S.N. 0150-8814

Cette épreuve suppose la connaissance approfondie de la gestion financière de l'entreprise. Le candidat devra montrer qu'il peut jouer utilement un rôle de conseil au-delà de la simple maîtrise des mécanismes.

Nature de l'épreuve (durée : 4 heures).

Dissertation ou étude d'un ou plusieurs cas pratiques avec commentaires.

## Programme

**(Durée à titre indicatif de l'enseignement : 150 h)**

**I. L'environnement financier de l'entreprise (20 heures).**

— Rôle des principaux organismes financiers.
— Les marchés financiers.
— Les intermédiaires financiers.

**II. Les éléments du diagnostic financier (40 heures)**

— Place du diagnostic financier dans le diagnostic général.
— Analyse de l'activité et des résultats de l'entreprise.
— Evolution de la structure financière et des équilibres financiers fondamentaux.
— Analyse de la liquidité et du risque.
— Prévention des difficultés et plans de redressement.

**III. Gestion financière à court terme (40 heures).**

— Budgets de trésorerie, comptes de résultats et bilans prévisionnels.
— Besoin de financement du cycle d'exploitation.
— Choix des modes de financement à court terme.
— Gestion de trésorerie.

**IV. Gestion financière à moyen et long terme (40 heures)**

— Politique et stratégie financières de l'entreprise.
— Critères de choix d'investissement.
— Principaux modes de financement :
  • sans appel au marché financier ;
  • avec appel au marché financier.
— Plans d'investissement et de financement.

**V. Relations de l'entreprise avec les banques (10 heures)**

— Contraintes de la gestion des banques.
— Négociation des conditions.
— Répartition des risques et pools bancaires.

*Nota :* Pour chaque partie du programme, les candidats doivent avoir des notions sur les implications financières de l'internationalisation des activités des entreprises.

# Avant-propos

L'épreuve n° 4 du D.E.C.F. est consacrée à la gestion financière (ancienne épreuve n° 9 du D.E.C.S.). Son programme officiel vient d'être publié récemment et est indiqué en tête de cet ouvrage. Cette épreuve exige une solide connaissance des méthodes et des mécanismes financiers.

L'objectif de ces annales n'est pas uniquement de présenter un corrigé détaillé du sujet donné à l'examen, mais surtout de préparer les candidats à traiter un ensemble de thèmes qui constituent l'essentiel du programme. C'est pourquoi, nous avons choisi de rappeler de façon relativement développée la démarche qui permet de résoudre les questions posées. Bien entendu, lors de l'examen, il n'est pas demandé aux candidats de rédiger de façon aussi extensive les réponses qu'ils proposent. Insistons cependant sur le fait qu'il est toujours important pour ces derniers de bien exposer la méthode qu'ils suivent, ce qui permettra aux correcteurs de mieux apprécier le travail effectué et éventuellement d'éviter de sanctionner trop sévèrement un travail dont les seules erreurs sont liées à des hypothèses mal précisées ou à des calculs inexacts.

Par ailleurs, les solutions proposées le sont en cohérence avec le manuel de gestion financière (G. CHARREAUX, *Gestion financière*, 2e éd., Litec 1989) publié chez le même éditeur. Un travail simultané sur les deux ouvrages ne peut que faciliter la préparation de l'examen. Précisons également que ces deux ouvrages peuvent être utilisés pour préparer les épreuves de contrôle de gestion (épreuve n° 7 du D.E.C.F.) et de synthèse d'économie et de comptabilité (épreuve n° 2 du D.E.S.C.F.), dont les aspects financiers sont souvent importants.

La lecture du sommaire détaillé des épreuves des dernières années révèle deux points importants. Premièrement, les sujets peuvent être soit des études de cas (ou des exercices), soit des dissertations. Deuxièmement, les connaissances demandées font parfois appel à des techniques très récentes. Le traitement des études de cas nécessite au-delà d'une bonne pratique des outils financiers (techniques d'analyse et de prévision financières, techniques de choix des investissements et des financements), la capacité à interpréter et à tirer des conclusions. En outre, il est nécessaire de connaître certains points comptables et fiscaux, qui figurent aux programmes du D.E.C.F. et du D.E.S.C.F. Les sujets de dissertation qui ont été proposés sont vastes ; une bonne culture financière est indispensable pour pouvoir les traiter correctement. Quant aux connaissances requises, elles nécessitent un effort des candidats pour s'informer des dernières techniques financières. Ainsi, l'épreuve de 1985 exigeait des candidats la connaissance du tableau de financement « Pool de fonds », dont le développement est récent. On peut supposer au vu des sujets donnés, par exemple à l'épreuve n° 2 du D.E.S.C.F., que l'utilisation d'autres techniques financières récentes (coût du capital, MEDAF) pourrait être demandée.

# Sommaire détaillé des sujets d'examen

**1982 : S.A. SORESCOL.**

Plan de financement ; besoin en fonds de roulement ; bilan et compte de résultat prévisionnels ; commentaire des modalités de financement ; calcul d'un prix de location ; comparaison cession et location.

**1983 : FORMATEL.**

Tableau de financement ; diagnostic financier ; critique de l'information ; conditions d'octroi d'un prêt ; comparaison financement par emprunt et par crédit-bail.

**1984 : Dissertation** - Le fonds de roulement dans l'analyse financière.

**1985 : LEPERS ET ROSSI.**

Tableau des soldes intermédiaires de gestion ; commentaire ; tableau des emplois et ressources « pool de fonds » ; ratios de gestion ; évaluation de la rentabilité ; effet de levier financier ; diagnostic général.

**1986 : S.I.S.O.**

Compte de résultat, E.B.E. et capacité d'autofinancement prévisionnels ; plan de financement (avant et après augmentation de capital) ; évaluation du fonds de roulement normatif ; comparaison financement par emprunt et fonds propres et financement par crédit-bail.

**1987 : Dissertation** - Liquidité, rentabilité, risque : problématique et outils d'analyse.

**1988 : VESPORT.**

Tableau des soldes intermédiaires de gestion ; calcul de la capacité d'autofinancement ; tableau de financement ; calcul du fonds de roulement net global ; diagnostic financier ; recommandations ; B.F.D.R. normatif.

**1989 : ELECTRA.**

Tableau de financement P.C.G. 1982 ; valeur ajoutée, E.B.E., E.S.O., E.T.E. ; tableau pluriannuel des flux financiers ; diagnostic financier ; taux interne de rentabilité ; plan de financement.

# ORGANISATION NOUVELLE DES EXAMENS D'EXPERTISE COMPTABLE

Les examens menant à l'expertise comptable sont relativement complexes et ont été modifiés par un décret du 22 janvier 1988.

Afin que les candidats puissent se familiariser avec la nouvelle organisation et la nouvelle terminologie, on trouvera ci-dessous le contenu des trois diplômes.

## I. Le diplôme préparatoire aux études comptables et financières (D.P.E.C.F.)

Le D.P.E.C.F. remplace l'ancien C.P.E.C.F. Il comporte cinq épreuves écrites :

1 - Introduction au droit de l'entreprise ;
2 - Economie ;
3 - Méthodes quantitatives ;
4 - Comptabilité ;
5 - Expression et communication.

## II. Le diplôme d'études comptables et financières (D.E.C.F.)

Le D.E.C.F. remplace l'ancien D.E.C.S., première série. Il comporte sept épreuves écrites :

1 - Droit des sociétés et droit fiscal ;
2 - Relations juridiques de crédit, de travail et de contentieux ;
3 - Organisation et gestion de l'entreprise ;
4 - Gestion financière ;
5 - Mathématiques appliquées et informatique ;
6 - Comptabilité approfondie et révision ;
7 - Contrôle de gestion.

## III. Le diplôme d'études supérieures comptables et financières (D.E.S.C.F.)

Le D.E.S.C.F. remplace l'ancien D.E.C.S., deuxième série. Il comporte :

— *deux épreuves écrites :*

1. Synthèse de droit et de comptabilité ;
2. Synthèse d'économie et de comptabilité.

— *deux épreuves orales :*

1. Grand oral ;
2. Soutenance d'un compte rendu du stage d'initiation.

# Epreuve n° 9 - 1982

## SUJET

Une société de restauration collective, la S.A. Sorescol, disposant de certaines liquidités, a souhaité se diversifier.

Cette société, qui par ailleurs était propriétaire d'un vaste terrain dans un site agréable, à la périphérie d'une grande ville universitaire, a décidé de construire un centre d'affaires où pourront être organisés des séminaires, éventuellement des congrès et diverses manifestations.

Ce dernier comprendra en outre un système de salles modulables, cent chambres et deux restaurants. La dimension du terrain et la configuration des bâtiments permettront, en cas de besoin, d'augmenter les capacités d'accueil du centre. Sa construction et sa gestion sont confiés à la Société Semina, créée spécialement à cet effet.

Les travaux ont débuté il y a quelques mois et vous devez procéder à diverses études financières.

Voici les renseignements que vous avez pu rassembler :

*Caractéristiques de la société d'exploitation.*

Constituée en (N — 1), sous forme de société anonyme, Semina est une filiale à plus de 99 % de Sorescol. Le reste des actions appartient à des personnes physiques, cadres dirigeants de la maison-mère.

Les exercices comptables coïncident avec l'année civile.

Le terrain apporté par la maison-mère a été évalué à 2 000 000 F.

Enfin, les travaux de construction qui ont commencé début (N) devraient être terminés à la fin de l'année (N + 1). L'ouverture du centre est prévue pour le début de l'année (N + 2).

**Epreuve n° 9 - 1982**

*Investissements.*

Le budget des investissements hors taxe (1), valeur (N) (2), s'établit ainsi :

| | |
|---|---|
| Construction des voies d'accès .............. | 250 000 F |
| Fondations .................................. | 870 000 F |
| Constructions ............................... | 14 500 000 F |
| Mobilier et matériel ........................ | 4 050 000 F |

L'architecte facture ses honoraires au fur et à mesure de l'état d'avancement des travaux, à raison de 5 % des règlements hors taxe. Par ailleurs, ces honoraires supportent également la T.V.A. au taux de 18,60 %. Le mobilier et le matériel ont été commandés directement par la Société Semina. Ils ne subiront pas de hausse de prix, et de plus, ne supporteront pas les honoraires d'architecte. Les entreprises participant à la construction bénéficient toutes de cautions bancaires, de telle sorte qu'aucune retenue de garantie ne sera pratiquée.

En matière de récupération de T.V.A. sur les investissements, la société présentera pendant la durée de la construction des demandes de remboursements trimestrielles auprès de l'administration fiscale. En conséquence, il faut s'attendre à assurer en moyenne un financement de la taxe pendant une période de l'ordre de six mois. A titre de simplification, on considérera qu'il y aura un décalage d'un exercice sur l'autre de six mois de T.V.A. réglée aux entrepreneurs et fournisseurs.

Délais de règlements prévisionnels :

| | (N) | (N + 1) |
|---|---|---|
| | % | % |
| Voies d'accès .................... | 100 | |
| Fondations ....................... | 100 | |
| Constructions .................... | 60 | 40 |
| Matériel et mobilier ............. | 10 | 90 |

*Frais d'établissement et frais d'acquisition des immobilisations.*

Les frais d'établissement et les frais d'acquisition des immobilisations seront amortis sur les trois premiers exercices d'exploitation.

*Financement.*

Le capital social est de 22 000 000 F. Il sera libéré par quart en fonction des besoins.

---

(1) Taux de la T.V.A. : 18,60 %.

(2) Taux prévisionnel de revalorisation annuel des marchés : 14 %.

L'entreprise a entrepris les démarches nécessaires afin d'obtenir une subvention d'équipement qui serait de l'ordre de 1 500 000 F, à encaisser au cours de l'année (N + 1). En cas de perception, elle sera rapportée aux résultats à partir de (N + 2) par fractions égales sur une période de 30 ans, durée d'amortissement des constructions.

Les besoins complémentaires seront financés par des avances en compte courant de Sorescol, dont la rémunération n'est pas envisagée dans l'immédiat.

*Besoins en fonds de roulement en début de période.*

Stock de liquides : 90 jours de consommation.

Stock de nourriture : 15 jours de consommation.

Les achats sont réglés à 60 jours, les frais généraux à 90 jours.

Pour les charges de personnel, on retiendra un délai de règlement moyen de 30 jours, compte tenu notamment des dates de recouvrement des cotisations sociales.

En ce qui concerne la durée moyenne du crédit-clients, le délai de 45 jours a été retenu.

La T.V.A. est due sur les encaissements ; la T.V.A. déductible s'enregistre pendant 90 jours pour les achats et 120 jours pour les frais généraux, avant d'être effectivement récupérée. Quant à la T.V.A. collectée, elle est acquittée avec un délai de 45 jours. Le taux est de 18,60 %, tant sur les charges que sur les produits.

Disponible : 20 jours de chiffre d'affaires hors taxe.

Ces différents délais correspondent à une année de 360 jours.

*Taux prévisionnel de l'augmentation annuelle de l'indice des prix : 14 %*

*Calcul de l'impôt sur les sociétés.*

Les distorsions d'ordre fiscal seront négligées. Le taux de l'impôt est de 50 %.

*Taux du marché bancaire.*

17 % pour un financement de longue durée.

La maison-mère avait financé en (N — 3) un investissement important au moyen d'un emprunt à long terme au taux de 13 %.

*Exploitation.*

Prévisions en fonction du coefficient d'occupation :

— valeur (N) ;

— comptabilité tenue T.V.A. non comprise.

(en milliers de francs)

| | 50 % d'occupation | 60 % d'occupation | 70 % d'occupation | 80 % d'occupation |
|---|---|---|---|---|
| PRODUITS : | | | | |
| Chambres | 2 737 | 3 285 | 3 832 | 4 380 |
| Nourriture | 3 285 | 3 942 | 4 599 | 5 256 |
| Boissons | 953 | 1 143 | 1 334 | 1 524 |
| Locations de salles et recettes diverses | 274 | 329 | 383 | 438 |
| | 7 249 | 8 699 | 10 148 | 11 598 |
| CHARGES : | | | | |
| *Charges opérationnelles, consommation* | (1 600) | (1 920) | (2 240) | (2 559) |
| Nourriture | 1 314 | 1 577 | 1 840 | 2 102 |
| Boissons | 286 | 343 | 400 | 457 |
| *Charges de personnel directes* | (1 866) | (2 105) | (2 299) | (2 448) |
| Chambres | 383 | 427 | 460 | 482 |
| Restaurants | 1 483 | 1 678 | 1 839 | 1 966 |
| *Autres dépenses directes* (1) | 580 | 696 | 812 | 928 |
| TOTAL DES CHARGES OPÉRATIONNELLES | 4 046 | 4 721 | 5 351 | 5 935 |
| MARGE BRUTE | 3 203 | 3 978 | 4 797 | 5 663 |
| *Charges de structures :* | | | | |
| Administration générale (2) | 580 | 580 | 590 | 590 |
| Fournitures et entretien | 110 | 110 | 120 | 120 |
| Energie (3) | 400 | 420 | 441 | 463 |
| Publicité | 217 | 261 | 304 | 348 |
| TOTAL DES CHARGES DE STRUCTURES | 1 307 | 1 371 | 1 455 | 1 521 |
| EXCÉDENT BRUT D'EXPLOITATION | 1 896 | 2 607 | 3 342 | 4 142 |
| DOTATIONS AUX AMORTISSEMENTS (4) | 1 203 | 1 203 | 1 203 | 1 203 |
| BÉNÉFICE D'EXPLOITATION | 693 | 1 404 | 2 139 | 2 939 |

(1) Services extérieurs.

(2) Dont :

| | | | | |
|---|---|---|---|---|
| — Charges de personnel | 261 | 261 | 261 | 261 |
| — Impôts, taxes et versements assimilés | 200 | 200 | 200 | 200 |
| — Services extérieurs | 29 | 29 | 34 | 34 |
| — Autres services extérieurs | 90 | 90 | 95 | 95 |

(3) T.V.A. non récupérable sur l'énergie.

(4) Y compris l'amortissement des frais d'établissement et des frais d'acquisition des immobilisations.

Bilan de Semina au 31 décembre (N — 1)

| | | | |
|---|---|---|---|
| Actionnaires ........... | 16 500 000 | Capital ................. | 22 000 000 |
| Frais d'établissement ... | 300 000 | | |
| Terrain ................. | 2 000 000 | | |
| Banque ................. | 3 200 000 | | |
| | 22 000 000 | | 22 000 000 |

Les frais généraux de fonctionnement ont été pris en charge directement par la maison-mère, vu leur faible montant.

**TRAVAIL À FAIRE**

**1° Etablir le plan de financement des exercices (N) et (N + 1).**

**2° Calculer les besoins en fonds de roulement de l'année (N + 2), première année d'exploitation, sur la base d'une occupation de 50%.**

**3° Etablir le bilan et le compte de résultat prévisionnels de l'exercice (N + 2).**

**4° Que pensez-vous des modalités de financement de la société Semina ?**

**5° Parallèlement à l'étude financière que vous menez, un certain nombre de contacts commerciaux ont été entrepris, desquels il ressort que le lancement du centre sera plus difficile que prévu. Il semble qu'on ne puisse espérer dépasser le taux d'occupation de 50% avant plusieurs années.**

**Cependant, parmi les entreprises contactées, une société de grande dimension paraît intéressée par la construction, car elle recherche des locaux susceptibles de servir de centre de formation, et de réunions pour l'ensemble du groupe. Dans cette perspective, elle souhaiterait être la seule utilisatrice des installations. Il faut également savoir que celles-ci apparaissent un peu luxueuses à ce client potentiel.**

**Evaluer la valeur du centre terminé dans le cadre d'une cession à cette société.**

**Calculer un prix de location annuelle, de simple mise à disposition des locaux.**

**Quels sont les avantages et les inconvénients de chacune de ces deux solutions ?**

***N.B. — Les questions 1, 4 et 5 sont indépendantes.***

# Corrigé épreuve n° 9 - 1982

## Question 1 : Etablir le plan de financement des exercices N et N + 1.

L'établissement du plan de financement pour les deux premiers exercices présente peu de difficultés. L'entreprise n'a pas commencé son exploitation. Les emplois ne comprennent que les investissements. Les ressources sont constituées de ressources externes : augmentation de capital, subvention d'équipement. Les insuffisances éventuelles sont supposées être comblées par des avances en compte-courants non rémunérées de la part de Sorescol, la société-mère.

La construction de ce plan est réalisée dans les tableaux 1 et 2. Le tableau 1 présente les éléments relatifs au programme d'investissement et au règlement de la T.V.A. sur investissements. Le tableau 2 constitue le plan de financement après libération totale du capital.

TABLEAU 1 : ÉVALUATION DES INVESTISSEMENTS ET DES RÈGLEMENTS DE T.V.A.

| ÉVALUATION DES INVESTISSEMENTS | EXERCICE N | EXERCICE N + 1 | TOTAL |
|---|---|---|---|
| **POSTES** | | | |
| *TRAVAUX SOUMIS À HONORAIRES* | | | |
| — *Hors-taxes* | | | |
| Constructions des voies d'accès | 250 000 | | 250 000 |
| Fondations | 870 000 | | 870 000 |
| Constructions (1) (2) | 60 % × 14 500 000 = 8 700 000 | 40 % × 14 500 000 × 1,14 = 6 612 000 (revalorisation de 14 %) | 15 312 000 |
| Montant des honoraires hors-taxes | 5 % × 9 820 000 = 491 000 | 5 % × 6 612 000 = 330 600 | 821 600 |
| *TRAVAUX NON SOUMIS À HONORAIRES* | | | |
| — *Hors-taxes* | | | |
| Mobilier et matériel (1) | 10 % × 4 050 000 = 405 000 | 90 % × 4 050 000 = 3 645 000 | 4 050 000 |
| **TOTAL HORS-TAXES** | 10 716 000 | 10 587 600 | 21 303 600 |
| **T.V.A. au taux de 18,6 %** | 1 993 176 | 1 969 294 | 3 962 470 |

(1) On suppose qu'il y a identité entre les règlements, les réalisations ou les livraisons.
(2) La revalorisation de 14 % est supposée ne s'appliquer qu'aux réalisations de l'exercice N + 1.

| RÈGLEMENT DE LA T.V.A. | EXERCICE N | EXERCICE N + 1 |
|---|---|---|
| Montant de la T.V.A. déductible sur investissements et honoraires | 1 993 176 | 1 969 294 |
| T.V.A. récupérée pendant l'exercice (1) | 996 588 | 984 647 |
| T.V.A. à récupérer sur l'exercice suivant | 996 588 | 984 647 |
| Variation du poste T.V.A. à récupérer (2) | 996 588 | – 11 941 |

(1) D'après l'énoncé, on suppose qu'on récupère 50 % de la T.V.A. déductible pendant l'exercice.
(2) La variation de ce poste est égale à la variation de la T.V.A. à récupérer sur l'exercice suivant.

TABLEAU 2 : PLAN DE FINANCEMENT DES EXERCICES N ET N + 1

| PLAN DE FINANCEMENT | EXERCICE N | EXERCICE N + 1 |
|---|---|---|
| | | |
| **EMPLOIS** | 11 712 588 | 10 587 600 |
| Aménagements | 262 500 | |
| Fondations | 913 500 | |
| Constructions | 9 135 000 | 6 942 600 |
| Mobilier et matériel | 405 000 | 3 645 000 |
| **Total investissements hors-taxes (1)** | **10 716 000** | **10 587 600** |
| Augmentation T.V.A. à récupérer (2) | 996 588 | |
| **RESSOURCES** | 11 000 000 | 7 011 941 |
| Libération du capital (3) | 11 000 000 | 5 500 000 |
| Subvention d'équipement | | 1 500 000 |
| Diminution T.V.A. à récupérer (4) | | 11 941 |
| SOLDE ANNUEL RESSOURCES-EMPLOIS | – 712 588 | – 3 575 659 |
| TRÉSORERIE INITIALE (5) | 3 200 000 | 2 487 412 |
| **EXCÉDENT OU INSUFFISANCE À FINANCER (6)** | **2 487 412** | **– 1 088 247** |

(1) Chaque rubrique comprend le montant des honoraires de l'architecte qui lui correspond.
(2) Conformément à la logique des flux de fonds, il faut considérer l'emploi correspondant au montant de la variation du poste T.V.A. à récupérer ; il s'agit d'une rubrique appartenant à la variation du B.F.D.R. hors-exploitation.
(3) Il est nécessaire de libérer successivement 50 % puis 25 % du capital sur les exercices N et N + 1.
(4) La variation de ce poste constitue une ressource de l'exercice.
(5) La trésorerie initiale est constituée par le poste Banque d'un montant de 3 200 000.
(6) Le montant du capital libéré en N conduit à un excédent de trésorerie.

Le financement des besoins résiduels a été réalisé en procédant à une libération du capital de 50 %, lors de l'exercice N et de 25 % lors de l'exercice N + 1. Cette politique a conduit à disposer d'un excédent de trésorerie de 2 487 412 F à la fin de l'exercice N. A l'inverse, il est nécessaire d'avoir recours aux avances en comptes-courants de Sorescol à la fin de l'exercice N + 1.

## Question 2 : Calcul du besoin en fonds de roulement d'exploitation de l'année N + 2 (hypothèse : taux d'occupation 50%).

L'énoncé de la question conduit à déterminer directement le montant du B.F.D.R. d'exploitation en milliers de francs (K.F.). Cette évaluation s'écarte ainsi de la démarche la plus souvent utilisée, où on évalue dans un premier temps le B.F.D.R. en jours de chiffres d'affaires hors-taxes, puis dans un second temps son montant monétaire en fonction des prévisions d'activité. Cette seconde façon de procéder présente l'avantage de faciliter les prévisions de B.F.D.R. dans la construction des plans de financement pluri-annuels ; elle suppose cependant que les différents postes constitutifs du B.F.D.R. d'exploitation varient proportionnellement au niveau d'activité. Nous avons, par ailleurs, exclu de l'évaluation le montant de l'encaisse minimale qui appartient à la trésorerie et non au B.F.D.R. d'exploitation.

## Question 3 : Bilan et compte de résultat prévisionnels de l'exercice N + 2.

La construction du compte de résultat et du bilan prévisionnels ne présente pas de difficulté particulière. Le montant des honoraires, conformément aux recommandations comptables, a été inclus dans les postes d'immobilisations correspondants.

Compte tenu de l'autofinancement secrété au cours de l'exercice, la société Semina est à même de rembourser l'avance en compte-courant que lui a consentie Sorescol. Outre l'insuffisance de trésorerie constatée dans le plan de financement, nous avons supposé que les avances ont permis de financer l'encaisse nécessaire. Une présentation du bilan fonctionnel (F.D.R. fonctionnel-B.F.D.R.-trésorerie) et une analyse de la variation des disponibilités ont également été réalisées, afin de faciliter la réponse à la question 4 qui porte sur les modalités de financement.

TABLEAU 3 : EVALUATION DU B.F.D.R. D'EXPLOITATION DE L'ANNÉE N + 2

| | DÉLAI DE ROTATION | MONTANT DU FLUX (1) | MONTANT DU POSTE |
|---|---|---|---|
| **EMPLOIS :** | | | |
| Stocks de liquides | 90 jours de consommation | 286 × $(1,14)^2$ = 372 | 372 × (90/360) = 93 |
| Stocks de nourriture | 15 jours de consommation | 1 314 × $(1,14)^2$ = 1 708 | 1 708 × (15/360) = 71 |
| Crédit-clients | 45 jours de ventes T.T.C. | 7 249 × $(1,14)^2$ × 1,186 = 9 241 | 9 241 × (45/360) = 1 397 |
| T.V.A. déductible sur achats (2) | 90 jours de T.V.A. sur achats | 1 600 × $(1,14)^2$ × 0,186 = 387 | 387 × (90/360) = 97 |
| T.V.A. déductible sur frais généraux (3) | 120 jours de T.V.A. sur frais | 1 026 × $(1,14)^2$ × 0,186 = 248 | 248 × (120/360) = 83 |
| | | | **TOTAL 1 741** |
| **RESSOURCES :** | | | |
| Fournisseurs de marchandises | 60 jours d'achats T.T.C. | 1 600 × $(1,14)^2$ × 1,186 = 2 466 | 2 466 × (60/360) = 411 |
| Fournisseurs de frais généraux | 90 jours de frais T.T.C. | 1 026 × $(1,14)^2$ × 1,186 = 1 581 | 1 581 × (90/360) = 395 |
| Fournisseurs d'énergie (4) | 90 jours de frais d'énergie | 400 × $(1,14)^2$ = 520 | 520 × (90/360) = 130 |
| Frais de personnel (5) | 30 jours de frais de personnel | 2 127 × $(1,14)^2$ = 2 764 | 2 764 × (30/360) = 230 |
| T.V.A. collectée | 45 jours de T.V.A. sur ventes | 7 249 × $(1,14)^2$ × 0,186 = 1 752 | 1 752 × (45/360) = 219 |
| | | | **TOTAL 1 385** |
| **B.F.D.R. D'EXPLOITATION (6)** | | | **356** |

(1) Les flux de N + 2 sont égaux aux flux de l'année N multipliés par $(1,14)^2$.
(2) On suppose que les achats sont égaux aux consommations de nourriture et de boisson, soit 1 600 KF.
(3) Frais généraux soumis à T.V.A. = 580 + 1 307 − 261 − 200 − 400.
(4) Ils apparaissent à part afin de prendre en compte la non-déductibilité de la T.V.A.
(5) Frais de personnel directs 1 866 K.F. plus frais indirects 261 K.F.
(6) Le B.F.D.R. a été évalué sans tenir compte des disponibilités, c'est-à-dire conformément à sa définition ; si l'on tient compte des disponibilités, il faut ajouter (20/360) × C.A.H.T. = 523 K.F., soit un total de 879 K.F.

TABLEAU 4 : COMPTE DE RÉSULTAT PRÉVISIONNEL DE L'ANNÉE N + 2

| *CHARGES (1)* | | *PRODUITS* | |
|---|---|---|---|
| **CHARGES D'EXPLOITATION :** | **8 160** | **PRODUITS D'EXPLOITATION** | **9 421** |
| Consommations nourritures et boissons | 2 079 | Ventes | 9 421 |
| Autres consommations (2) | 1 853 | | |
| Impôts et taxes | 260 | | |
| Charges de personnel | 2 764 | | |
| Dotations aux amortissements | 1 203 | | |
| **RÉSULTAT D'EXPLOITATION** | **1 261** | | |
| | | **PRODUITS EXCEPTIONNELS** | **50** |
| | | Reprise de la subvention (3) | 50 |
| **RÉSULTAT EXCEPTIONNEL** | **50** | | |
| **IMPÔT SUR LES BÉNÉFICES** | **656** | | |
| **RÉSULTAT NET** | **656** | | |

(1) Les charges et les produits d'exploitation s'obtiennent en multipliant les charges et les produits du compte de résultat de l'exercice N par $(1,14)^2$.
(2) Autres dépenses directes + Fournitures... + Energie + Administration générale + Autres services extérieurs + Publicité.
(3) La subvention d'équipement est réintégrée par fractions égales sur 30 ans.

TABLEAU 5 : BILAN PRÉVISIONNEL - ANNÉE N + 2

| ACTIF | Valeurs brutes | Amortissements et provisions | Valeurs nettes | PASSIF | |
|---|---|---|---|---|---|
| *ACTIF IMMOBILISÉ* | *23 603 600* | *1 203 000* | *22 400 600* | *CAPITAUX PROPRES* | *24 106 000* |
| Frais d'établissement (1) | 300 000 | 100 000 | 200 000 | Capital | 22 000 000 |
| Immobilisations corporelles (2) | 23 303 600 | 1 103 000 | 22 200 600 | Résultat | 656 000 |
| | | | | Subventions d'équipement | 1 450 000 |
| *ACTIF CIRCULANT* | *3 746 400* | *0* | *3 746 400* | *DETTES* | *2 041 000* |
| Stocks (3) | 164 000 | 0 | 164 000 | Compte-courant Sorescol (6) | 0 |
| Créances clients | 1 397 000 | 0 | 1 397 000 | Dettes fournisseurs | 936 000 |
| Etat-T.V.A. déductible (4) | 180 000 | 0 | 180 000 | Dettes fiscales et sociales | 1 105 000 |
| Disponibilités (5) | 2 005 400 | 0 | 2 005 400 | - *Personnel* | *230 000* |
| | | | | - *Etat-T.V.A. collectée* | *219 000* |
| | | | | - *Etat-Impôt sur les bénéfices* | *656 000* |
| **TOTAL ACTIF** | **27 350 000** | **1 203 000** | **26 147 000** | **TOTAL PASSIF** | **26 147 000** |

(1) Les frais d'établissement sont amortis sur les trois premiers exercices.
(2) Montant des honoraires de l'architecte inclus.
(3) Le montant des différents postes du B.F.D.R. a été évalué d'après l'étude normative.
(4) La présentation des postes Etat-T.V.A. n'est pas orthodoxe ; elle correspond aux montants déterminés dans l'étude normative du B.F.D.R.
(5) Le montant a été évalué de façon résiduelle ; ce montant représente plus de 20 jours de C.A.H.T.
(6) Le compte-courant de Sorescol a pu être soldé compte tenu des ressources dégagées.

TABLEAU 6 : BILAN PRÉVISIONNEL FONCTIONNEL - ANALYSE DE LA VARIATION DES DISPONIBILITÉS

## BILAN PRÉVISIONNEL FONCTIONNEL

| | |
|---|---|
| **F.D.R. FONCTIONNEL** | **1 705 400** |
| ***EMPLOIS ACYCLIQUES STABLES*** | ***23 603 600*** |
| Immobilisations brutes | 23 603 600 |
| ***RESSOURCES ACYCLIQUES STABLES*** | ***25 309 000*** |
| Capital<br>Subvention d'équipement<br>Autofinancement cumulé | 22 000 000<br>1 500 000<br>1 809 000 |
| **B.F.D.R. EXPLOITATION** | **356 000** |
| ***EMPLOIS*** | ***1 741 000*** |
| Stocks<br>Créances-clients<br>Etat-T.V.A. déductible | 164 000<br>1 397 000<br>180 000 |
| ***RESSOURCES*** | ***1 385 000*** |
| Fournisseurs<br>Dettes Personnel<br>Etat-T.V.A. collectée | 936 000<br>230 000<br>219 000 |
| **B.F.D.R. HORS-EXPLOITATION** | **– 656 000** |
| ***EMPLOIS*** | ***0*** |
| ***RESSOURCES*** | ***656 000*** |
| Etat-Impôt sur les bénéfices | 656 000 |
| **TRÉSORERIE** | **2 005 400** |
| ***EMPLOIS*** | ***2 005 400*** |
| Disponibilités | 2 005 400 |
| ***RESSOURCES*** | ***0*** |

## VARIATION DES DISPONIBILITÉS

| | |
|---|---|
| **DISPONIBILITÉS INITIALES (1)** | **523 000** |
| + CAPACITÉ D'AUTOFINANCEMENT (2)<br>– VAR. B.F.D.R. EXPLOITATION<br>+ REMBOURSEMENT T.V.A./IMMOBILISATIONS<br>– REMBOURSEMENT C.C.A. (3)<br>+ VAR. IMPÔT À PAYER | 1 809 000<br>– 356 000<br>984 600<br>– 1 611 000<br>656 000 |
| **DISPONIBILITÉS FINALES** | **2 005 600** |

(1) 20 jours de C.A.H.T.
(2) Capacité d'autofinancement = Résultat net + Dotations – Reprise de la subvention d'équipement.
(3) Remboursement des C.C.A. = montant engagé pour financer l'insuffisance de trésorerie et l'encaisse minimale.

## Question 4 : Commentaires sur les modalités de financement de Semina.

A la fin de l'exercice N + 2, la situation financière de Semina apparaît très saine. Le F.D.R. fonctionnel couvre largement le B.F.D.R. d'exploitation et la trésorerie est largement positive ; le montant des disponibilités est très supérieur au minimum de 20 jours de chiffre d'affaires requis.

La structure de financement ne comporte aucune dette financière. Le financement a été intégralement assuré par des capitaux propres, ou des quasi-capitaux propres : augmentation de capital et subvention d'équipement, ainsi que par des avances en compte-courant de Sorescol qui ont été intégralement remboursées. Rappelons que 99 % du capital appartient à Sorescol qui assure donc le financement de Semina de façon intégrale.

*Commentaire sur l'absence de recours à l'endettement :*

Rappelons qu'il est possible d'accroître la rentabilité des capitaux propres en ayant recours à l'endettement, grâce à l'effet de levier financier dont la relation, évaluée à partir des valeurs comptables, est la suivante :

$$K^T{}_c = K^T{}_a + [K^T{}_a - K^T{}_d] \; D/CP$$

avec $K^T{}_c$, $K^T{}_a$ et $K^T{}_d$, respectivement le taux de rentabilité des capitaux propres après impôt, le taux de rentabilité économique après impôt et le coût de la dette après impôt. D et CP représentent les valeurs comptables des dettes financières et des capitaux propres.

Si le taux de rentabilité économique après impôt $K^T{}_a$ est plus élevé que le coût de la dette après impôt $K^T{}_d$, l'effet de levier joue favorablement et il est possible d'accroître le taux de rentabilité des capitaux propres $K^T{}_c$ en s'endettant.

Toutefois, cet accroissement de rentabilité des capitaux propres est contrebalancé par un accroissement du risque financier supporté par les actionnaires. L'absence de recours à la dette de Semina peut, par suite, s'expliquer éventuellement par un risque important supporté par Sorescol la maison-mère.

Par ailleurs, ainsi que nous l'avons dit, l'effet de levier financier ne joue favorablement et n'est utilisé que si le taux de rentabilité économique anticipé est plus élevé que le coût de la dette.

Evaluons rapidement le taux de rentabilité économique de Semina, en supposant que le résultat économique est constant et que la dotation aux amortissements correspond à la dépréciation économique réelle :

Résultat économique avant impôt =
E.B.E. – dotations aux amortissements =
Résultat d'exploitation = 1 261 K.F.

soit après impôt un résultat économique de :
1 261 × 50 % = 630 K.F.

Le montant de l'actif économique au début de l'année N + 1 est égal à la contrepartie des capitaux propres et des dettes financières. Ces dernières étant nulles, l'actif économique est égal à :

Actif économique =
Capital + Subvention d'équipement = 23 500 K.F.

Le taux de rentabilité économique évalué de façon comptable est donc $K^T_a$ = 630/23 500 = 2,68 %. Le coût de la dette après impôt est $K^T_d$ = 17 % × 50 % = 8,5 %.

Dans ce cas, l'effet de levier joue défavorablement si on a recours à l'endettement. Toutefois, le mode de détermination comptable de l'amortissement tend à sous-évaluer sensiblement l'évaluation du taux de rentabilité économique réel et ce résultat peut être fortement erroné, notamment pour des entreprises qui viennent de se créer comme Semina. Ainsi pour cette dernière, le taux de rentabilité économique réel est de 18,75 % (cf. question 5) et en fait, l'effet de levier pourrait être utilisé pour accroître le taux de rentabilité des capitaux propres, compte tenu du coût de la dette après impôt.

## Question 5 : Cession du centre d'affaires ou location.

### I. ÉVALUATION DE LA VALEUR DU CENTRE D'AFFAIRES DANS LE CADRE D'UNE CESSION À LA SOCIÉTÉ CONTACTÉE.

La détermination de la valeur de cession conduit à évaluer la valeur actuelle du centre. L'évaluation de cette dernière fait appel, de façon traditionnelle, à l'actualisation des flux de liquidités futurs.

## Corrigé épreuve n° 9 - 1982

### A. Evaluation des flux de liquidités futurs.

1° RAPPEL DES PRINCIPES FONDAMENTAUX.

*a) Les flux à considérer sont les flux de liquidités économiques après impôt.*

Les flux de liquidités à prendre en compte sont les flux secrétés par l'actif économique, avant toute considération des modalités de financement ; il n'y a pas lieu de tenir compte, dans le calcul de ces flux, ni d'une éventuelle rémunération des comptes courants des actionnaires, ni des frais financiers versés en cas de recours à l'endettement. Le coût du financement est pris en compte dans le processus d'actualisation ; le taux d'actualisation représente le coût du financement. Les flux doivent être considérés après impôt sur les bénéfices.

*b) Il s'agit des flux de liquidités et non des flux de fonds.*

Les flux de liquidités peuvent être évalués en partant de l'excédent brut d'exploitation (E.B.E.) produit par le centre. L'E.B.E. doit être corrigé de l'impôt sur les bénéfices et éventuellement de la variation du B.F.D.R. d'exploitation. L'E.B.E. ne peut être considéré sans correction ultérieure, car il s'agit d'un flux de fonds (déterminé d'après les critères de la comptabilité d'engagement et non d'après les critères d'encaissement et de décaissement), c'est-à-dire d'un flux de liquidités potentiel et non d'un flux de liquidités réel. On a la relation suivante entre le flux de liquidités réel, l'E.T.E. et l'E.B.E. :

E.T.E. (excédent de trésorerie d'exploitation) =
E.B.E. − variation B.F.D.R. exploitation

Cette relation concerne l'entreprise considérée globalement, mais elle peut être adaptée pour un investissement quelconque en considérant les flux qui lui sont spécifiques. Les flux d'exploitation sont dans ce cas identiques aux flux économiques secrétés par l'actif économique.

*c) Le problème de l'horizon et des cessions éventuelles.*

En l'occurrence, on considérera un horizon infini pour réaliser cette évaluation. Si tel n'était pas le cas, il faudrait prendre en compte les flux de liquidités qui se produiraient en fin d'exploitation, c'est-à-dire les valeurs de cession des actifs, corrigées de l'incidence fiscale des cessions et la récupération du B.F.D.R. d'exploitation.

2° LES FLUX DE LIQUIDITÉS DE LA SOCIÉTÉ SEMINA.

D'après l'énoncé, on supposera que le taux d'occupation est de 50 %. Cette hypothèse sera retenue pour un horizon infini. Il s'agit donc d'une hypothèse très pessimiste. Le taux d'inflation supposé est de 14 %, également sur un horizon infini.

Evaluons les flux de liquidités.

*a) Détermination de l'E.B.E.*

D'après le compte de résultat prévisionnel, l'E.B.E. pour l'année N + 2 sera de :

E.B.E. = Résultat d'exploitation (1 261)
+ Dotations aux amortissements (1 203) = 2 464 K.F.

Chaque année, l'E.B.E. sera indexé sur l'inflation au taux de 14 % ; en désignant par t l'année, on aura E.B.E.(t) = 2 464 $(1,14)^t$.

*b) Détermination de l'E.B.E. après impôt.*

L'impôt à considérer est égal au résultat d'exploitation multiplié par le taux d'imposition de 50 %, soit 1 261 × 50 % = 656 K.F. (après arrondi).

On ne doit jamais tenir compte des éventuels frais financiers pour calculer cet impôt puisqu'il s'agit d'un flux d'exploitation.

L'E.B.E. après impôt est par suite pour l'année N + 2 de 2 464 − 656 = 1 808 K.F.

Cette évaluation est plus complexe pour les années suivantes, car les dotations aux amortissements ne sont pas indexées sur l'inflation. Supposons pour simplifier qu'elles soient constantes ; dans ce cas, l'impôt sur les bénéfices d'une année t quelconque sera de :

[E.B.E.(t) − Dotations aux amortissements] × 50 %
= [2 464$(1,14)^t$ − 1 203] × 50 %

L'E.B.E. après impôt de l'année t, sera donc égal à :

E.B.E.(t) après impôt = [E.B.E.(t)$(1,14)^t$ × 50 %]
+ [Dot. amort.] × 50 %
= [2 464$(1,14)^t$ × 50 %] + 1 203 × 50 %
= 1 232$(1,14)^t$ + 602

*c) Détermination de la variation du B.F.D.R. d'exploitation.*

L'inflation va entraîner une variation du B.F.D.R. d'exploitation dont il faut tenir compte. Le B.F.D.R. d'exploitation a été évalué pour l'année N + 2 et pour un taux d'occupation de 50 % à 356 K.F. Ce montant va croître par suite de l'inflation au taux annuel de 14 %.

Pour une année t, la variation du B.F.D.R. sera donc de :

$$\begin{aligned} \text{Var. B.F.D.R.}(t) &= \text{B.F.D.R.}(t) - \text{B.F.D.R.}(t-1) \\ &= 356(1{,}14)^{t} - 356(1{,}14)^{t-1} \\ &= 356(1{,}14)^{t-1}\ (0{,}14) = 49{,}84(1{,}14)^{t-1} \end{aligned}$$

*d) Flux de liquidités final.*

$$\begin{aligned} \text{Flux de liquidités année } t &= \text{E.B.E.}(t) \text{ après impôt} - \text{Var. B.F.D.R.}(t) \\ &= 1\,232(1{,}14)^{t} + 602 - 49{,}84(1{,}14)^{t-1} \\ &= 1\,188{,}28(1{,}14)^{t} + 602 \end{aligned}$$

### B. Le choix du taux d'actualisation.

Le taux d'actualisation représente le *coût d'opportunité du capital investi*. Sa détermination dépend :

— du coût respectif des financements utilisés : fonds propres et dettes financières,

— de la structure de financement.

Le coût des fonds propres dépend du risque d'exploitation (variabilité du résultat d'exploitation), du risque financier (risque attaché à la rémunération des capitaux propres) et du risque de faillite (risque de cessation de paiement). Si on accroît l'endettement, le risque financier et le risque de faillite augmentent et les actionnaires deviennent plus exigeants, ce qui accroît le coût des fonds propres. Cette prime de risque peut éventuellement compenser la baisse du coût, provoquée par l'économie d'impôt liée à la déductibilité fiscale des frais financiers de la dette.

Compte tenu des éléments d'information dont on dispose, la détermination du taux d'actualisation, c'est-à-dire du coût du capital de Semina, n'est pas évidente. On considérera deux hypothèses :

*Hypothèse 1 : Semina se finance intégralement par fonds propres*

Cette structure correspond à la politique actuelle de Semina. On ne connaît pas le taux requis par les actionnaires. Cependant, comme le coût de la dette est de 17 % pour un financement de longue durée, on peut supposer que les actionnaires exigent au minimum une prime de risque d'exploitation de 3 %, ce qui porterait le coût des fonds propres et le taux d'actualisation à 20 %. Bien entendu, ces taux intègrent les anticipations d'inflation au taux de 14 %.

Nous n'avons pas retenu comme référence le taux de 13 % sur l'emprunt réalisé par la société-mère, car il correspond à un financement effectué en année N − 3, et les conditions de financement se sont modifiées entre-temps.

*Hypothèse 2 : Financement 2/3 par capitaux propres et 1/3 par dettes financières*

On retiendra comme précédemment un coût de la dette de $R_d$ = 17 % avant impôt. Si on suppose le risque de faillite nul, une relation classique déterminée par Modigliani et Miller nous permet d'évaluer le coût des fonds propres $R^T_c$, c'est-à-dire le taux de rentabilité requis par les actionnaires compte tenu de l'incidence de l'impôt :

$$R^T_c = R^T_a + [R^T_a - R_d]\ (1 - T)\ D/CP =$$
$$0{,}2 + [0{,}2 - 0{,}17]\ (1 - 0{,}5)\ 0{,}5 = 20{,}75\ \%$$

avec $R^T_a$ le taux de rentabilité économique compte tenu de l'impôt. Ce taux est égal, bien entendu, au taux requis par les actionnaires lorsqu'il n'y a pas d'endettement (cf. Hypothèse 1). T est le taux d'imposition de 50 %. D et CP représentent respectivement le montant des dettes et des capitaux propres (valeurs de marché).

Le coût du capital C.M.P. de Semina est alors de :

$$C.M.P. = [CP/(D+CP)]\ R^T_c + [D/(CP+D)]\ R_d(1-T)$$
$$C.M.P. = [2/3] \times 0{,}2075 + [1/3] \times 0{,}085 = 16{,}67\ \%$$

Ce coût du capital est le coût moyen pondéré du capital de la société Semina ; il peut être utilisé comme taux d'actualisation pour tous les projets d'investissement qui présentent le même niveau de risque d'exploitation que la société Semina et la même structure de financement.

### C. L'évaluation de Semina.

Evaluons pour les deux hypothèses précédentes, la valeur de Semina.

*Hypothèse 1 : Financement à 100 % par fonds propres*

Dans ce cas, la valeur actuelle de Semina au début de l'année N + 2 (fin de l'année N + 1) est de :

$$VA = \sum_{t=1}^{\infty} C_t/(1{,}20)^{t+1} = \sum_{t=1}^{\infty} [1\,188{,}28(1{,}14)^t + 602]/(1{,}20)^{t+1}$$

avec $C_t$ le flux économique de l'année t. Le décalage dans l'actualisation (t + 1) s'explique du fait que l'on a considéré l'indexation du flux de liquidités $C_t$ à partir de N + 2, alors que la valeur actuelle s'évalue en fin de N + 1.

La relation précédente peut s'écrire également :

$$VA = [1\,188{,}28/1{,}2] \sum_{t=1}^{\infty} (1{,}14/1{,}20)^t + [602/1{,}20] \sum_{t=1}^{\infty} 1/(1{,}20)^t$$

et compte tenu des résultats classiques de mathématiques financières :

$$VA = 990{,}23/[0{,}20 - 0{,}14] + 501{,}67/0{,}20 = 19012 \text{ K.F.}$$

A l'occasion, on peut utiliser cette relation pour déterminer de façon actuarielle, quel est le véritable taux de rentabilité économique de Semina. Il s'agit du taux interne de rentabilité $R^T{}_a$, tel que :

$$23\,500 = 990{,}23/[R^T{}_a - 0{,}14] + 501{,}67/R^T{}_a$$

23 500 étant le montant de l'actif économique et $R^T{}_a = 18{,}75$ %. On constate le biais très important introduit par l'utilisation de la mesure comptable du taux de rentabilité économique.

*Hypothèse 2 : Financement 2/3 par capitaux propres et 1/3 par dettes financières*

La valeur actuelle, compte tenu du coût du capital de 16,67 %, est alors de :

$$VA = \sum_{t=1}^{\infty} C_t/(1{,}1667)^{t+1} = \sum_{t=1}^{\infty} [1\,188{,}28(1{,}14)^t + 602]/(1{,}1667)^{t+1}$$

$$VA = [1\,188{,}28/1{,}1667] \sum_{t=1}^{\infty} (1{,}14/1{,}1667)^t$$

$$+ [602/1{,}1667] \sum_{t=1}^{\infty} 1/(1{,}1667)^t$$

$$VA = 1\,018{,}5/[0{,}1667 - 0{,}14] + 516{,}07/0{,}1667 = 41\,242 \text{ K.F.}$$

Les valeurs que nous venons de déterminer représentent les valeurs actuelles de l'ensemble des actifs. Si on désire évaluer la valeur des capitaux propres, il faut retirer la valeur des dettes financières.

Dans la première hypothèse, l'endettement étant supposé nul, la valeur des capitaux propres est égale à la valeur totale, soit 19 012 K.F. Dans la seconde hypothèse, le montant de l'endettement représente un tiers de la valeur totale ; par conséquent, la valeur des capitaux propres est de 41 242 × 2/3 = 27 495 K.F. La richesse des actionnaires apparaît donc supérieure dans cette seconde hypothèse.

Comparons les valeurs actuelles que nous venons de déterminer à la valeur comptable des capitaux propres de Semina. D'après le bilan prévisionnel qui a été établi et en tenant compte d'un impôt latent de 50 % sur la subvention d'équipement, on peut évaluer cette valeur comptable à la fin de N + 1 à :

| | |
|---|---|
| Capital | 22 000 |
| – Frais d'établissement | – 200 |
| + 50 % Subventions d'équipement | 750 |
| Actif net comptable | 22 550 |

En retenant l'hypothèse d'un financement intégral par fonds propres, la valeur actuelle approximativement de 19 000 K.F. apparaît ainsi inférieure à la valeur comptable. Cette dernière cependant n'a qu'une valeur historique, aucun élément ne permet d'affirmer que Sorescol pourrait vendre le centre à cette valeur. Il apparaît même probable, compte tenu de la vocation des locaux et de leur caractère luxueux, qu'une moins-value serait à attendre.

Par ailleurs, les hypothèses retenues sont pessimistes, puisqu'on a supposé que le taux d'occupation resterait de 50 % sur un horizon infini. Or, il est probable que ce taux sera plus élevé au bout de quelques années. On peut donc raisonnablement supposer que les actionnaires peuvent récupérer leur mise initiale de 22 000 K.F. (soit 16 % de plus que la valeur actuelle) et nous retiendrons cette dernière valeur comme prix probable de cession.

## II. CALCUL D'UN PRIX DE LOCATION DES LOCAUX.

Sur la base de cette valeur de cession de 22 000 K.F., il est possible d'évaluer le loyer minimum que Sorescol doit demander. On supposera que les loyers sont indexés annuellement au taux de 14 %.

Le seul problème délicat restant à résoudre est le choix du taux d'actualisation. En effet, le risque d'exploitation encouru en cas de location est moins élevé que si l'exploitation est faite directement par Sorescol. Par conséquent, la prime de risque d'exploitation exigée par les actionnaires devrait être moins élevée. On supposera également, pour évaluer ce loyer, deux hypothèses : une prime de risque d'exploitation inchangée de 3 % (taux d'actualisation de 20 %), une prime de risque d'exploitation minorée de 2 % (taux d'actualisation de 19 %). On suppose un horizon infini, comme dans la question précédente.

*Hypothèse 1 : Taux d'actualisation de 20 %*

L'équation d'évaluation du loyer L est alors :

$$22\,000 = \sum_{t=1}^{\infty} (L \times 50\,\%)(1{,}14)^t/(1{,}20)^t = (L \times 50\,\%)/(0{,}20 - 0{,}14)$$

d'où L = 2 640 K.F.

Nous avons déterminé le loyer de telle façon qu'en considérant l'imposition (50 %), l'indexation (14 %), un horizon infini et un taux d'actualisation permettant d'offrir une rentabilité de 20 % aux actionnaires, on obtienne une valeur actuelle de 22 000 K.F., égale à la valeur de cession proposée. Ce loyer sera indexé chaque année au taux de 14 %. On peut facilement adapter la relation pour prendre en compte un horizon limité par exemple à 30 ans, ou des hypothèses différentes quant à l'évolution de l'inflation.

*Hypothèse 2 : Taux d'actualisation de 19 %*

L'équation d'évaluation du loyer L est alors :

$$22\,000 = \sum_{t=1}^{\infty} (L \times 50\,\%)\,(1{,}14)^t/(1{,}19)^t = (L \times 50\,\%)/(0{,}19 - 0{,}14)$$

d'où L = 2 200 K.F.

## III. AVANTAGES ET INCONVÉNIENTS DES DEUX FORMULES.

### A. Formule de l'exploitation directe.

L'avantage est lié au fait qu'en cas de réalisation des hypothèses favorables (taux d'occupation plus élevé), la rentabilité peut se révéler beaucoup plus importante pour les actionnaires. *A contrario*, le risque est beaucoup plus élevé si les événements tournent défavorablement.

### B. Formule de la location.

Dans ce cas, la rentabilité des capitaux investis par les actionnaires est quasiment assurée sauf défaillance du locataire. Toutefois, un risque important subsiste lié à la clause d'indexation. Si l'indexation du loyer au taux de 14 % est insuffisante par rapport au véritable taux d'inflation, la rentabilité réelle peut s'effondrer. On peut remédier à cet inconvénient en prévoyant des clauses d'indexation révisables en fonction de l'inflation réelle.

# Epreuve n° 9 - 1983

## SUJET

La société Formatel de création récente, met au point des programmes de formation et d'information qu'elle enregistre sur des supports vidéo. Elle possède les installations techniques nécessaires : studio d'enregistrement avec régie, télécinéma, appareil de montage magnétoscope, unité de duplication, etc.

*Historique.*

A l'origine, la société était un centre de formation ayant abandonné le système traditionnel de cours, pour se consacrer à la création de programmes télévisuels servant d'aides pédagogiques à des animateurs. La production s'est rapidement diversifiée vers des programmes d'informations générales ou techniques et, plus récemment, vers l'élaboration de spots publicitaires destinés à être diffusés sur les réseaux de télévision.

Les besoins financiers étant très importants, la société a dû s'intégrer dans un groupe industriel, qui est aussi son principal client, pour se doter des moyens financiers nécessaires.

*Financement.*

Jusqu'à présent, l'actionnaire principal a consenti des avances portant intérêt au taux de 12,50 %, en fonction des besoins exprimés par sa filiale dans le cadre d'un plan de financement. Cependant, la presque totalité des investissements étant maintenant réalisée, la société-mère souhaite que Formatel étudie les modalités de remboursement des avances consenties.

*Exploitation.*

Il existe deux types de travaux :

— les programmes commandés par contrats, destinés à la formation, à l'information générale ou technique. Les spots publicitaires font également partie de cette catégorie de produits ;

— les programmes à diffuser. Il s'agit de programmes de formation individuelle vendus sous forme de cassettes vidéo par le réseau commercial de Formatel. La société immobilise les frais de fabrication des matrices, qu'elle amortit en quatre ans.

*Autres renseignements.*

CESSION D'IMMOBILISATIONS

(en milliers de F)

| Date | Valeur brute | Amortissements | Valeur nette comptable | Prix de vente | Moins-value |
|---|---|---|---|---|---|
| Année N + 2 | 1 850 | 925 | 925 | 650 | 275 |

Au cours de l'exercice N, certains travaux étaient sous-traités.
*Affectation des résultats :* report à nouveau.

BILANS RÉSUMÉS

**ACTIF** — **PASSIF**

(en milliers de F)

| ACTIF | N | N + 1 | N + 2 | PASSIF | N | N + 1 | N + 2 |
|---|---|---|---|---|---|---|---|
| Immobilisations incorporelles | | 180 (1) | | Capital | 1 000 | 10 000 | 10 000 |
| Immobilisations corporelles | 3 540 | 14 040 | 21 982 | Report à nouveau | 89 | 362 | 647 |
| Immobilisations financières | 360 | 1 656 (2) | 1 252 | Résultats | 273 | 285 | – 409 |
| Stocks et en-cours | 685 | 1 720 | 2 180 | Provisions pour risques et charges | – | – | 305 (3) |
| Créances diverses | 676 | 520 | 2 454 | Avances actionnaires | 3 254 | 5 663 | 15 259 |
| Disponibilités | 174 | 258 | 522 | Autres dettes diverses | 810 | 2 050 | 2 548 |
| Charges constatées d'avance | 15 | 18 | 12 | Produits constatés d'avance | 24 | 32 | 52 |
| | 5 450 | 18 392 | 28 402 | | 5 450 | 18 392 | 28 402 |

(1) Frais d'établissement amortis intégralement au cours de l'exercice N + 2.
(2) *Dont*, octroi d'un prêt de 1 000 000 F à une filiale, remboursable à raison de 500 000 F au cours de l'exercice N + 2, et 500 000 F, au cours de l'exercice N + 3.
(3) Provisions ayant le caractère de réserves.

RÉSULTATS

(en milliers de F)

| | N | N + 1 | N + 2 |
|---|---|---|---|
| Produits d'exploitation | 5 820 | 7 348 | 12 280 |
| Consommation | – 1 331 | – 1 543 | – 2 480 |
| Marge brute | 4 489 | 5 805 | 9 800 |
| Charges directes | – 1 920 | – 2 253 | – 3 906 |
| Marge directe | 2 569 | 3 552 | 5 894 |
| Charges de structures | – 994 | – 1 085 | – 1 423 |
| Résultat financier | – 560 | – 604 | – 1 620 |
| Résultat brut d'exploitation | 1 015 | 1 863 | 2 851 |
| Amortissements (2) | – 408 | – 1 218 | – 2 643 |
| Provisions | – | – 26 (1) | – 305 |
| Résultat exceptionnel | – 20 | – 12 | – 312 |
| Résultat net avant impôt | 587 | 607 | – 409 |
| Impôt sur les sociétés | – 314 | – 322 | – |
| Résultat de l'exercice | 273 | 285 | – 409 |

(1) Provision pour dépréciation des créances.
(2) Amortissements des immobilisations.

## TRAVAIL À FAIRE

**Vous êtes chargé d'étudier une demande de prêt présentée par la société Formatel dans le cadre de sa restructuration financière, pour un montant de 15 000 000 F remboursable en 12 ans. Il vous a été remis une courte note de présentation accompagnée des bilans et comptes de résultats résumés correspondant à l'énoncé.**

**Dans le cadre de cette étude, vous établirez :**

**Question 1.**

**Le tableau de financement de l'année N + 1 et celui de l'année N + 2.**

**Question 2.**

**Les éléments principaux du diagnostic financier de la société Formatel.**

**A ce sujet vous préciserez si les renseignements contenus dans l'énoncé sont suffisants pour procéder à une première étude, et, dans le cas contraire, vous indiquerez de quelles informations vous auriez souhaité disposer.**

**Question 3.**

**En vous appuyant sur les résultats de votre étude, vous direz quelles sont, à votre avis, les conditions à satisfaire pour envisager l'octroi du prêt demandé, à la société Formatel.**

**Question 4.**

**Parallèlement, l'entreprise envisage le remplacement d'un matériel par un modèle plus performant, d'une valeur de 3 000 000 F hors taxe, amortissable en 8 ans.**

**Vous rechercherez la meilleure solution financière entre un financement par crédit-bail et un financement par emprunt, en fonction des conditions précisées ci-après :**

***Crédit-bail :***

**Durée : 10 ans ; taux du loyer annuel 17%, payable d'avance.**

***Emprunt :***

**Durée : 8 ans ; taux : 14,50% ; tableau d'amortissement en annexe ; montant : 80% du prix H.T. du matériel.**

***Taux d'actualisation à retenir :*** **10%.**

**Vous disposez d'un extrait des tables financières en annexe.**

## ANNEXE

TABLEAU D'AMORTISSEMENT

| Année | Amortissements | Intérêts | Total |
|---|---|---|---|
| 1 | 300 000 | 348 000 | 648 000 |
| 2 | 300 000 | 304 500 | 604 500 |
| 3 | 300 000 | 261 000 | 561 000 |
| 4 | 300 000 | 217 500 | 517 500 |
| 5 | 300 000 | 174 000 | 474 000 |
| 6 | 300 000 | 130 500 | 430 500 |
| 7 | 300 000 | 87 000 | 387 000 |
| 8 | 300 000 | 43 500 | 343 500 |
| | 2 400 000 | 1 566 000 | 3 966 000 |

VALEUR ACTUELLE DE 1 F REÇU À LA FIN DE L'ANNÉE N.

i = taux d'actualisation : 10 %.

| N | 1 | 2 | 3 | 4 | 5 | 6 | 7 | 8 | 9 | 10 | 11 | 12 | 13 | 14 | 15 |
|---|---|---|---|---|---|---|---|---|---|---|---|---|---|---|---|
| $\frac{1}{(1+i)^N}$ | 0,91 | 0,83 | 0,75 | 0,68 | 0,62 | 0,56 | 0,51 | 0,47 | 0,42 | 0,39 | 0,35 | 0,32 | 0,29 | 0,26 | 0,24 |

# Corrigé épreuve n° 9 - 1983

## Question 1 : Construction du tableau de financement de l'année N + 1 et de l'année N + 2.

### I. LA STRUCTURE DU TABLEAU DE FINANCEMENT À RETENIR.

La structure du tableau de financement (ou tableau de flux d'emplois et de ressources) que nous avons retenue est fondée sur la relation traditionnelle :

Variation du F.D.R. fonctionnel - Variation du B.F.D.R.
= Variation de la trésorerie

Cette relation est également à la base du tableau de financement retenu par le plan comptable 1982. Ce dernier, cependant, adopte une présentation en deux tableaux :

— un premier tableau qui présente la variation du F.D.R. fonctionnel, dénommée variation du F.D.R. net global, expliquée à partir de la différence entre flux de ressources acycliques stables et flux d'emplois acycliques stables ;

— un second tableau qui présente également cette même variation du F.D.R., mais reconstituée à partir de la variation du besoin en fonds de roulement (B.F.D.R. d'exploitation et hors-exploitation) et de la variation de la trésorerie. Précisons, à l'occasion, que dans le tableau de financement « officiel », la variation du B.F.D.R. d'exploitation est déterminée sans réintégration des effets escomptés et non échus dans l'encours client ; par ailleurs, les valeurs mobilières de placement sont considérées dans le B.F.D.R. hors-exploitation et non en trésorerie. Ces deux options sont contraires à l'esprit de la démarche et peuvent biaiser fortement le diagnostic.

La présentation du P.C.G. 1982 conduit à privilégier l'analyse de l'évolution du F.D.R. fonctionnel au détriment de l'analyse de la variation de la trésorerie, ce qui est contraire à l'esprit de la démarche fonctionnelle à l'origine de la relation. En conséquence, nous présenterons le tableau de financement en un seul tableau qui se boucle sur la variation de la trésorerie.

## II. LA CONSTRUCTION DU TABLEAU DE FINANCEMENT.

### A. La balance des mutations.

1° RAPPEL DES PRINCIPES DE CONSTRUCTION.

La méthode la plus sûre (mais pas la plus rapide...) consiste à construire préalablement une « balance des mutations », c'est-à-dire une analyse des mouvements comptables qui ont affecté les différents postes du bilan avant d'établir le tableau de financement.

Il est souhaitable de procéder à cette analyse à partir d'un *bilan fonctionnel*, faisant apparaître le F.D.R. fonctionnel (Stocks de ressources acycliques stables - Stocks d'emplois acycliques stables), le B.F.D.R. d'exploitation (Stocks d'emplois liés au cycle d'exploitation - Stocks de ressources liées au cycle d'exploitation), le B.F.D.R. hors-exploitation (Stocks d'emplois acycliques instables - Stocks de ressources acycliques instables) et la trésorerie. Cette restructuration du bilan permet de déterminer directement les rubriques correspondantes du tableau de financement. En outre, elle permet d'analyser globalement l'équilibre de la structure F.D.R.-B.F.D.R.-Trésorerie.

La variation globale de chaque rubrique doit être analysée en distinguant les augmentations et les diminutions, ce qui conduit à préparer la détermination des flux d'emplois et de ressources :

— une augmentation de stocks d'emplois (« d'actif ») ou une diminution de stocks de ressources (« de passif ») correspond à un flux d'emplois ;

— une augmentation de stocks de ressources (« de passif ») ou une diminution de stocks d'emplois (« d'actif ») correspond à un flux de ressources.

Les « flux » ainsi identifiés doivent cependant être corrigés des mouvements purement comptables afin de présenter les flux de fonds économiquement significatifs, qui correspondent à terme, à des flux réels de trésorerie.

2° LES BALANCES DE MUTATION DES ANNÉES N + 1 ET N + 2 POUR FORMATEL.

Les balances de mutation de Formatel figurent dans les tableaux 1 et 2. Dans la balance des mutations de l'année N + 1, seule la variation globale a été indiquée, car l'identification des flux d'emplois et ressources est immédiate. L'analyse complète a, par contre, été réalisée pour l'année N + 2.

TABLEAU 1 : BALANCE DES MUTATIONS N + 1

| | N | N + 1 | Var. [(N+1) – (N)] |
|---|---|---|---|
| **F.D.R. FONCTIONNEL** | **716** | **460** | **– 256** |
| ***STOCKS D'EMPLOIS STABLES*** | ***4 308*** | ***17 502*** | ***13 194*** |
| Immobilisations incorporelles brutes | 0 | 180 | 180 |
| Immobilisations corporelles brutes (1) | 3 948 | 15 666 | 11 718 |
| Immobilisations financières brutes | 360 | 1 656 | 1 296 |
| ***STOCKS DE RESSOURCES STABLES*** | ***5 024*** | ***17 962*** | ***12 938*** |
| Capital | 1 000 | 10 000 | 9 000 |
| Report à nouveau | 89 | 362 | 273 |
| Résultat | 273 | 285 | 12 |
| Amortissements (2) | 408 | 1 626 | 1 218 |
| Provisions pour risques et charges | 0 | 0 | 0 |
| Provisions sur actif circulant (3) | 0 | 26 | 26 |
| Avances des actionnaires (4) | 3 254 | 5 663 | 2 409 |
| **B.F.D.R. D'EXPLOITATION (5)** | **542** | **202** | **– 340** |
| ***STOCKS D'EMPLOIS*** | ***1 376*** | ***2 284*** | ***908*** |
| Stocks et encours (montants bruts) | 685 | 1 720 | 1 035 |
| Créances diverses (montants bruts) | 676 | 546 | – 130 |
| Charges constatées d'avance | 15 | 18 | 3 |
| ***STOCKS DE RESSOURCES*** | ***834*** | ***2 082*** | ***1 248*** |
| Dettes diverses | 810 | 2 050 | 1 240 |
| Produits constatés d'avance | 24 | 32 | 8 |
| **TRÉSORERIE (= F.D.R. FONCTIONNEL – B.F.D.R.)** | **174** | **258** | **84** |
| Disponibilités | 174 | 258 | 84 |

(1) Le montant des immobilisations brutes a été déterminé en supposant qu'il n'y avait pas eu de cessions au cours des exercices N et N + 1 ; montant brut = immob. nettes + dotations amortissements cumulées.
(2) Selon l'optique fonctionnelle, on place le montant brut des immobilisations dans les emplois stables et l'ensemble des amortissements et des provisions dans les ressources stables.
(3) On suppose qu'il n'y a pas eu de reprises de provisions.
(4) Les avances des actionnaires rémunérées sont considérées comme dettes financières stables.
(5) Par manque d'information, on a supposé que le B.F.D.R. hors-exploitation était nul.

TABLEAU 2 : BALANCE DES MUTATIONS N + 2

| | N + 1 | N + 2 | Var. [(N+2) – (N+1)] | EMPLOIS (1) | RESSOURCES (2) |
|---|---|---|---|---|---|
| **F.D.R. FONCTIONNEL** | **460** | **2 568** | **2 108** | | |
| ***STOCKS D'EMPLOIS STABLES*** | ***17 502*** | ***26 578*** | ***9 076*** | | |
| Immobilisations incorporelles brutes | 180 | 180 | 0 | | |
| Immobilisations corporelles brutes (3) | 15 666 | 25 146 | 9 480 | 11 330 | 1 850 |
| Immobilisations financières brutes (4) | 1 656 | 1 252 | – 404 | 96 | 500 |
| ***STOCKS DE RESSOURCES STABLES*** | ***17 962*** | ***29 146*** | ***11 184*** | | |
| Capital | 10 000 | 10 000 | 0 | | |
| Report à nouveau | 362 | 647 | 285 | | 285 |
| Résultat | 285 | – 409 | – 694 | 694 | |
| Amortissements (5) | 1 626 | 3 344 | 1 718 | 925 | 2 643 |
| Provisions pour risques et charges | 0 | 305 | 305 | | 305 |
| Provisions sur actif circulant | 26 | 0 | – 26 | 26 | |
| Avances des actionnaires | 5 663 | 15 259 | 9 596 | | 9 596 |
| **B.F.D.R. D'EXPLOITATION** | **202** | **2 046** | **1 844** | | |
| ***STOCKS D'EMPLOIS*** | ***2 284*** | ***4 646*** | ***2 362*** | | |
| Stocks et encours (montants bruts) | 1 720 | 2 180 | 460 | 460 | |
| Créances diverses (montants bruts) | 546 | 2 454 | 1 908 | 1 908 | |
| Charges constatées d'avance | 18 | 12 | – 6 | | 6 |
| ***STOCKS DE RESSOURCES*** | ***2 082*** | ***2 600*** | ***518*** | | |
| Dettes diverses | 2 050 | 2 548 | 498 | | 498 |
| Produits constatés d'avance | 32 | 52 | 20 | | 20 |
| **TRÉSORERIE (= F.D.R. FONCTIONNEL – B.F.D.R.)** | **258** | **522** | **264** | | |
| Disponibilités | 258 | 522 | 264 | 264 | |
| | | | **TOTAUX (6)** | **15 703** | **15 703** |

(1) On considère comme flux d'emplois les augmentations de stocks d'emplois et les diminutions de stocks de ressources.
(2) On considère comme flux de ressources les diminutions de stocks d'emplois et les augmentations de stocks de ressources.
(3) Montant brut à la fin de N + 2 = 15 666 (montant de N + 1) + 11 330 (investissement) – 1 850 (amortissement sur cession).
(4) La filiale a remboursé 500 KF au cours de l'année N + 2.
(5) 3 344 = 1 626 (amortissement N + 1) + 2 643 (dotations N + 2) – 925 (amortissement sur cession).
(6) Le total des emplois doit être égal au total des ressources.

## B. Le tableau de financement.

Procédons à sa construction en fonction des éléments des balances de mutation d'une part, et d'une évaluation préalable de la capacité d'autofinancement d'autre part.

### 1° La détermination de la capacité d'autofinancement.

La capacité d'autofinancement a été évaluée dans le tableau 3 selon les deux méthodes recommandées par le P.C.G. 1982 et en respectant les options qu'il préconise, à savoir notamment l'intégration de l'ensemble des dotations aux provisions, lorsqu'on a recours à la méthode qui part du résultat net.

La capacité d'autofinancement peut également être reconstituée à partir de la balance des mutations. Ainsi, pour l'année N + 1, elle est égale à la somme des variations des postes : report à nouveau, résultat, provisions et amortissements (1 529 = 273 + 12 + 26 + 1 218) et pour l'année N + 2 à cette même somme corrigée des incidences de la cession (2 788 = 285 − 694 + 305 − 26 + 2 643 + 275).

Tableau 3 : Détermination de la capacité d'autofinancement

| ANNÉE | N | N + 1 | N + 2 |
|---|---|---|---|
| *Méthode 1 : à partir de l'E.B.E. :* | | | |
| E.B.E. | 1 575 | 2 467 | 4 471 |
| + Résultat financier (1) | − 560 | − 604 | − 1620 |
| + Résultat exceptionnel (2) | − 20 | − 12 | − 63 |
| − Impôt sur les bénéfices | − 314 | − 322 | 0 |
| **CAPACITÉ D'AUTOFINANCEMENT** | **681** | **1 529** | **2 788** |
| *Méthode 2 : à partir du résultat net :* | | | |
| Résultat net | 273 | 285 | − 409 |
| + Moins-value sur cession | 0 | 0 | 275 |
| + Dotations aux amortissements | 408 | 1 218 | 2 643 |
| + Dotations aux provisions (3) | 0 | 26 | 305 |
| − Reprise sur provisions | 0 | 0 | − 26 |
| **CAPACITÉ D'AUTOFINANCEMENT** | **681** | **1 529** | **2 788** |

(1) On suppose que le résultat financier n'est composé que de charges « décaissables » et de produits « encaissables ».
(2) Le résultat exceptionnel de N + 2 a été évalué en neutralisant l'incidence de la moins-value de cession et en supposant une reprise de provision sur créances de 26.
(3) Dans la mesure où les 305 sont des provisions pour risques et charges, il est vraisemblable qu'il y a eu par ailleurs une reprise des provisions sur créances de 26.

2° COMMENTAIRES SUR LE TABLEAU DE FINANCEMENT.

TABLEAU 4 : TABLEAU DE FINANCEMENT

| ANNÉE | N + 1 | N + 2 |
|---|---|---|
| **VARIATION DU F.D.R. FONCTIONNEL** | **– 256** | **2 108** |
| ***FLUX D'EMPLOIS STABLES*** | ***13 194*** | ***11 426*** |
| Acquisitions d'immobilisations incorporelles | 180 | 0 |
| Acquisitions d'immobilisations corporelles (1) | 11 718 | 11 330 |
| Acquisitions d'immobilisations financières | 1 296 | 96 |
| ***FLUX DE RESSOURCES STABLES*** | ***12 938*** | ***13 534*** |
| Capacité d'autofinancement | 1 529 | 2 788 |
| Cessions d'immobilisations corporelles (2) | 0 | 650 |
| Réductions d'immobilisations financières | 0 | 500 |
| Augmentation de capital | 9 000 | 0 |
| Augmentation des dettes financières (3) | 2 409 | 9 596 |
| **VARIATION DU B.F.D.R.** | **– 340** | **1 844** |
| ***FLUX D'EMPLOIS*** | ***908*** | ***2 362*** |
| Variation des stocks et encours | 1 035 | 460 |
| Variation des créances diverses (4) | – 127 | 1 902 |
| ***FLUX DE RESSOURCES*** | ***1 248*** | ***518*** |
| Variation des dettes diverses (5) | 1 248 | 518 |
| **VARIATION DE LA TRÉSORERIE** | **84** | **264** |
| Variation des disponibilités | 84 | 264 |

(1) Investissement = Variation des immobilisations nettes + Dotations aux amortissements sur immobilisations corporelles + V.N.C. des cessions.
(2) Flux de cession correspondant au prix de vente.
(3) Variation des avances des actionnaires.
(4) Y compris les charges constatées d'avance.
(5) Y compris les produits constatés d'avance.

La seule difficulté dans l'établissement de ce tableau, mis à part l'évaluation de la capacité d'autofinancement, réside dans la détermination de l'investissement en immobilisations corporelles. Cette dernière peut se faire facilement, soit à partir de la balance des mutations, soit en utilisant la relation comptable suivante :

Investissement = Variation des immobilisations corporelles nettes + Dotations aux amortissements sur immobilisations corporelles + Valeur nette comptable des cessions.

(Soit pour l'année N + 1 : 11 718 = 10 500 + 1 218
et pour l'année N + 2 : 11 330 = 7 942 + (2 643 – 180) + 925).

On vérifiera qu'on retrouve les variations du F.D.R. fonctionnel, du B.F.D.R. et de la trésorerie calculées dans la balance des mutations.

## Question 2 : Diagnostic financier de Formatel.

### I. ÉLÉMENTS GÉNÉRAUX.

Avant de procéder au diagnostic financier proprement dit, soulignons plusieurs points très importants pour l'interprétation des documents financiers :

— Formatel est une société de création récente, qui vient d'achever un important programme d'investissement et dont l'activité a progressé de 110 % en deux ans. Ce type d'entreprise connaît généralement des problèmes de maîtrise du B.F.D.R. et de rentabilité. Il faut un certain temps pour que les investissements secrètent une rentabilité suffisante. En outre, au départ, les charges de structure fixes pèsent lourdement sur la rentabilité ;

— Formatel est la filiale d'un groupe industriel qui est également son principal client. Ce groupe a assuré le financement de Formatel par augmentation de capital et par avances. Ce type d'intégration a une très grande importance dans le diagnostic puisque Formatel n'a pas le contrôle des éléments les plus importants de sa politique financière ;

— il y a deux activités : les programmes commandés sur contrat et la diffusion. On peut supposer que le premier type d'activité est plus aléatoire que le second et qu'ils entraînent des rentabilités et des besoins de financement très différents. Aucun élément d'information n'est donné quant à ces caractéristiques ; on ignore également quelles sont les parts respectives de chaque activité et leur évolution dans le chiffre d'affaires global.

### II. LA DÉMARCHE DU DIAGNOSTIC FINANCIER (1).

Deux grands axes de diagnostic financier sont généralement distingués :

— le diagnostic de la rentabilité des capitaux investis,

— le diagnostic du risque sous ses différentes formes (risque d'exploitation, risque financier, risque de faillite).

La démarche peut être illustrée par le schéma suivant :

(1) La question posée va nous permettre de présenter les principaux axes et outils du diagnostic financier. Bien entendu, il ne s'agit pas lors de l'examen de reprendre par le détail ces différents points. La réponse doit être proportionnée au temps dont on dispose et aux points attribués.

LA DÉMARCHE DU DIAGNOSTIC FINANCIER

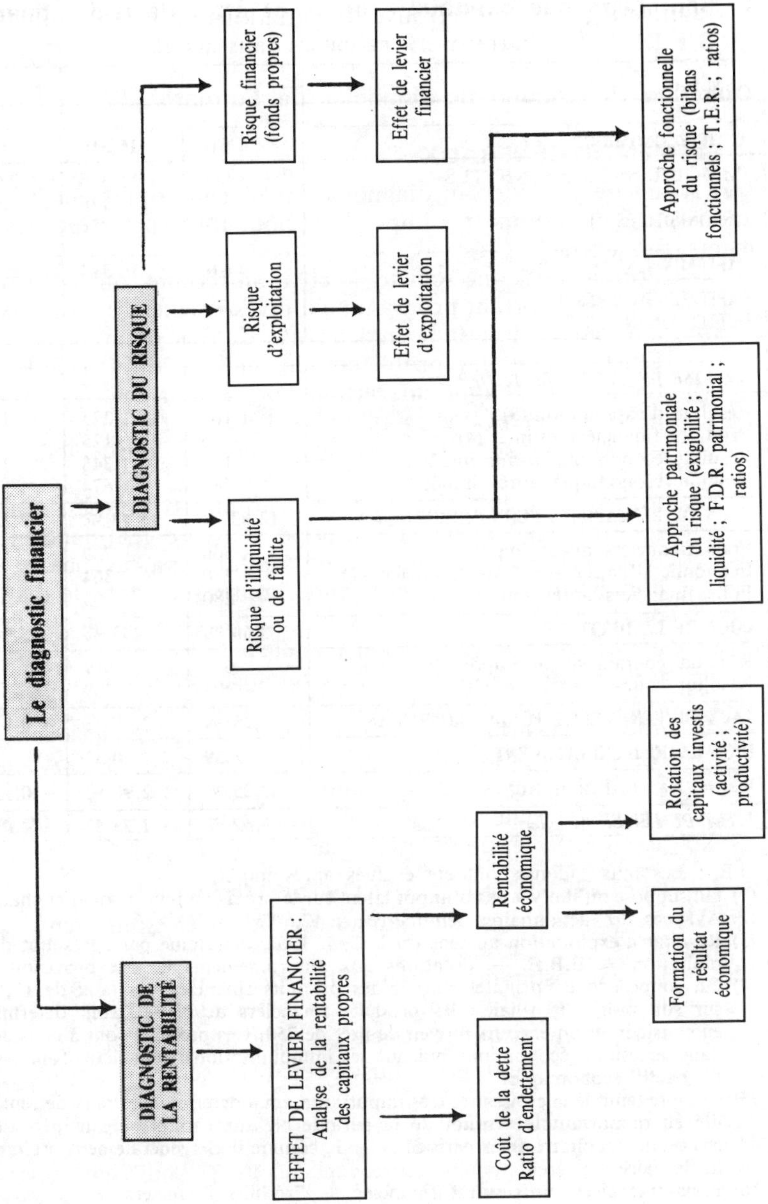

## III. LE DIAGNOSTIC DE LA RENTABILITÉ.

### A. Rentabilité des capitaux propres et effet de levier financier.

TABLEAU 5 : EFFET DE LEVIER FINANCIER

| ANNÉE | N | N + 1 | N + 2 |
|---|---|---|---|
| **ACTIF ÉCONOMIQUE** | **4 616** | **16 310** | **25 802** |
| IMMOBILISATIONS NETTES | 3 900 | 15 876 | 23 234 |
| B.F.D.R. | 542 | 176 | 2 046 |
| DISPONIBILITÉS | 174 | 258 | 522 |
| **CAPITAUX** | **4 616** | **16 310** | **25 802** |
| CAPITAUX PROPRES (1) | 1 362 | 10 647 | 10 543 |
| DETTES FINANCIÈRES (2) | 3 254 | 5 663 | 15 259 |
| *ANALYSE DE L'EFFET DE LEVIER* | | | |
| Résultat d'exploitation (3) | 1 167 | 1 223 | 1 523 |
| Produits financiers estimés (4) | 0 | 125 | 94 |
| Résultat économique avant impôt | 1 167 | 1 348 | 1 617 |
| Résultat économique après impôt | 583 | 674 | 808 |
| **TAUX DE RENTABILITÉ ÉCONOMIQUE Ka (5)** | **12,63 %** | **4,13 %** | **3,13 %** |
| Frais financiers avant impôt (6) | 560 | 729 | 1 714 |
| Economie d'impôt sur frais financiers (7) | 280 | 364 | 808 |
| Frais financiers après impôt | 280 | 365 | 906 |
| **COÛT DE LA DETTE Kd** | **8,60 %** | **6,45 %** | **5,94 %** |
| Résultat courant avant impôt | 607 | 619 | – 97 |
| Résultat courant après impôt | 303 | 309 | – 97 |
| **TAUX DE RENTABILITÉ FONDS PROPRES Kc** | **22,25 %** | **2,90 %** | **– 0,92 %** |
| **D/CP RATIO D'ENDETTEMENT** | **2,39** | **0,53** | **1,45** |
| Kc = Ka + [Ka – Kd] D/CP | 22,25 % | 2,90 % | – 0,92 % |
| *EFFET DE LEVIER Kc – Ka* | *9,62 %* | *– 1,23 %* | *– 4,05 %* |

N.B. : Les taux indiqués ont été évalués après impôt.

(1) On suppose qu'il n'y a pas d'impôt latent sur la provision pour risques et charges.

(2) Avances des actionnaires rémunérées à 12,5 %.

(3) Résultat d'exploitation au sens du P.C.G. 1982, déterminé par : Résultat d'exploitation = E.B.E. – dotations aux amortissements et aux provisions.

(4) On suppose que Formatel perçoit des produits financiers au taux de 12,5 % sur son prêt à la filiale ; les produits financiers de N + 2 sont déterminés en considérant un encours moyen de prêt de 750. Ces produits sont à considérer dans le résultat économique puisque les immobilisations financières font partie de l'actif économique.

(5) Compte tenu de la croissance très importante, on a déterminé les taux de rentabilité en rapportant le résultat de la période N, aux capitaux de la période N et non aux capitaux de la période N – 1, comme il est généralement préférable de le faire.

(6) Frais financiers = Résultat financier + Produits financiers.

(7) Sur l'année N + 2, on trouve un « butoir » fiscal, l'économie d'impôt liée à la déductibilité des frais financiers ne peut être supérieure au résultat économique après impôt.

L'analyse de ce tableau nous permet de constater que le taux de rentabilité des capitaux propres, mesuré de façon comptable est très faible ; il est même négatif en N + 2. Cette faiblesse provient d'une part, d'un taux de rentabilité économique très insuffisant à partir de N + 1 et d'autre part, d'un effet de levier qui joue négativement, le coût de la dette étant supérieur au taux de rentabilité économique et le ratio d'endettement s'étant accru.

Ces conclusions sont cependant à nuancer, compte tenu des déformations apportées par la mesure comptable de l'effet de levier qui pénalise fortement les sociétés jeunes et fortement endettées, ce qui est le cas de Formatel. Il est probable que la rentabilité réelle est supérieure.

## B. Analyse de la rentabilité économique.

### 1° Analyse de la décomposition taux de marge économique – Taux de rotation des capitaux investis.

TABLEAU 6 : ANALYSE DE LA RENTABILITÉ ÉCONOMIQUE

| ANNÉE | N | N + 1 | N + 2 |
|---|---|---|---|
| TAUX DE RENTABILITÉ ÉCONOMIQUE (1) | 12,63 % | 4,13 % | 3,13 % |
| TAUX DE MARGE ÉCONOMIQUE (2) | 10,02 % | 9,02 % | 6,53 % |
| TAUX DE ROTATION DE L'ACTIF ÉCONOMIQUE (3) | 1,26 | 0,46 | 0,48 |

(1) Egal au taux de marge économique multiplié par le taux de rotation.
(2) Résultat économique (produits d'exploitation + produits financiers).
(3) Produits/actif économique.

La décomposition du taux de rentabilité économique révèle que la baisse du taux provient simultanément d'une diminution de la marge et du taux de rotation. Cette baisse se comprend aisément compte tenu des investissements importants que vient de réaliser Formatel ; ces investissements n'ont pas encore contribué pleinement à la croissance de l'activité et à la rentabilité.

2° L'ÉVOLUTION DU TAUX DE MARGE ÉCONOMIQUE : L'ANALYSE DU COMPTE DE RÉSULTAT.

TABLEAU 7 : ANALYSE DU COMPTE DE RÉSULTAT

| COMPTE DE RÉSULTAT | N | % | N + 1 | % | N + 2 | % |
|---|---|---|---|---|---|---|
| **PRODUITS D'EXPLOITATION** | **5 820** | **100,0 %** | **7 348** | **100,0 %** | **12 280** | **100,0 %** |
| – Consommation | – 1 331 | – 22,9 % | – 1 543 | – 21,0 % | – 2 480 | – 20,2 % |
| MARGE BRUTE | 4 489 | 77,1 % | 5 805 | 79,0 % | 9 800 | 79,8 % |
| – Charges directes | – 1 920 | – 33,0 % | – 2 253 | – 30,7 % | – 3 906 | – 31,8 % |
| MARGES SUR CHARGES DIRECTES | 2 569 | 44,1 % | 3 552 | 48,3 % | 5 894 | 48,0 % |
| – Charges de structure | – 994 | – 17,1 % | – 1 085 | – 14,8 % | – 1 423 | – 11,6 % |
| **EXCÉDENT BRUT D'EXPLOITATION** | **1 575** | **27,1 %** | **2 467** | **33,6 %** | **4 471** | **36,4 %** |
| Dotations aux amortissements | – 408 | – 7,0 % | – 1 218 | – 16,6 % | – 2 643 | – 21,5 % |
| Variation des provisions | 0 | 0,0 % | – 26 | – 0,4 % | – 305 | – 2,5 % |
| **RÉSULTAT D'EXPLOITATION AVT I.S.** | **1 167** | **20,1 %** | **1 223** | **16,6 %** | **1 523** | **12,4 %** |
| Produits financiers estimés | 0 | 0,0 % | 125 | 1,7 % | 94 | 0,8 % |
| *– Charges financières* | *– 560* | *– 9,6 %* | *– 729* | *– 9,9 %* | *– 1 714* | *– 14,0 %* |
| RÉSULTAT FINANCIER | – 560 | – 9,6 % | – 604 | – 8,2 % | – 1 620 | – 13,2 % |
| **RÉSULTAT COURANT** | **607** | **10,4 %** | **619** | **8,4 %** | **– 97** | **– 0,8 %** |
| RÉSULTAT EXCEPTIONNEL | – 20 | – 0,3 % | – 12 | – 0,2 % | – 312 | – 2,5 % |
| IMPÔT SUR LES BÉNEFICES | – 314 | – 5,4 % | – 322 | – 4,4 % | 0 | 0,0 % |
| **RÉSULTAT NET** | **273** | **4,7 %** | **285** | **3,9 %** | **– 409** | **– 3,3 %** |

L'analyse du compte de résultat montre une amélioration substantielle de la marge brute et de la marge sur charges directes (gain de 4 %). Ce gain peut s'expliquer en partie par la récupération des activités sous-traitées. Le développement de l'activité permet, par ailleurs, une meilleure absorption des charges de structure. L'excédent brut d'exploitation représente, en N + 2, 36,4 % des produits d'exploitation et est en progression de 9 % en deux ans. Ce niveau et cette progression apparaissent très satisfaisants.

Le résultat d'exploitation, par contre, connaît une dégradation sensible, par suite des dotations aux amortissements très importantes. Or, ces dotations évaluées de façon comptable sont gonflées par rapport à la dépréciation économique réelle, d'autant plus que les frais d'établissement ont été intégralement amortis en N + 2. La nature des provisions pour risques et charges n'est pas connue avec précision. Il s'agirait, selon l'énoncé, de provisions ayant un caractère de réserves, donc non justifiées, auquel cas le résultat d'exploitation apparaîtrait indûment grevé. On en conclut que le taux de marge économique est fortement sous-évalué.

Si on poursuit l'analyse au-delà du résultat d'exploitation, on constate que le montant des frais financiers est extrêmement élevé (14 % des produits en N + 2) et qu'il absorbe la marge dégagée précédemment.

## C. Conclusion de l'analyse de la rentabilité.

La société Formatel dégage actuellement une rentabilité des capitaux propres insuffisante qui s'explique principalement par une rentabilité économique trop faible.

Il apparaît, cependant, que cette faiblesse de la rentabilité économique est due essentiellement au fait que les investissements viennent d'être réalisés, ce qui implique, d'une part, des dotations aux amortissements comptables surévaluées par rapport à la dépréciation économique réelle et, d'autre part, une rotation des capitaux investis momentanément trop lente.

Compte tenu de la croissance de l'activité et de l'évolution très favorable de la marge sur charges directes, il est vraisemblable que cette situation va rapidement s'améliorer. Il faut toutefois insister sur le poids très important des charges financières supportées actuellement par Formatel.

## IV. LE DIAGNOSTIC DU RISQUE.

### A. L'analyse du risque d'exploitation et du risque financier.

Rappelons tout d'abord que l'analyse du risque d'exploitation consiste à analyser la volatilité du résultat économique, alors que l'analyse du risque financier conduit à analyser cette même volatilité pour le résultat courant revenant aux actionnaires.

La méthode la plus simple pour diagnostiquer ces deux types de risques réside dans l'étude de la position de la société par rapport au point-mort déterminé avant (risque d'exploitation) et après considération des charges financières (risque financier). Plus le niveau d'activité de l'entreprise est proche du point-mort, plus le résultat est volatile, et plus le risque est élevé. Le degré de volatilité dépend notamment de l'importance de la marge sur coûts variables et du montant des charges fixes.

TABLEAU 8 : ANALYSE DU RISQUE D'EXPLOITATION ET DU RISQUE FINANCIER

| ANNÉE | N | N + 1 | N + 2 |
|---|---|---|---|
| *ANALYSE DU RISQUE D'EXPLOITATION* | | | |
| Produits d'exploitation (1) | 5 820 | 7 348 | 12 280 |
| Charges variables (2) | 3 251 | 3 796 | 6 386 |
| % Marge sur coûts variables | 44,14 % | 48,34 % | 48,00 % |
| Charges fixes d'exploitation (3) | 1 402 | 2 303 | 4 066 |
| **POINT-MORT D'EXPLOITATION** | **3 176** | **4 764** | **8 471** |
| **POSITION PAR RAPPORT AU POINT-MORT** | **83,24 %** | **54,23 %** | **44,96 %** |
| *ANALYSE DU RISQUE FINANCIER* | | | |
| Charges fixes après frais financiers | 1 962 | 3 032 | 5 780 |
| **POINT-MORT GLOBAL** | **4 445** | **6 272** | **12 042** |
| **POSITION PAR RAPPORT AU POINT-MORT** | **30,94 %** | **17,15 %** | **1,97 %** |

(1) Les produits financiers n'ont pas été pris en compte.
(2) On a supposé qu'elles étaient égales aux consommations plus les charges directes.
(3) Charges fixes d'exploitation = charges de structure + dotations aux amortissements ; les dotations aux provisions considérées aléatoires n'ont pas été prises en compte.

L'étude de la position par rapport au point-mort d'exploitation révèle que la position de Formatel est solide, même si apparemment elle semble se dégrader. Toutefois, cette dégradation est liée en majeure partie aux dotations aux amortissements qui sont surévaluées. Le niveau du risque d'exploitation semble donc faible selon cette analyse.

L'analyse du point-mort après considération des charges financières fait apparaître, au contraire, un risque financier élevé en année N + 2. Le risque financier s'est constamment accru sur les trois années étudiées.

## B. L'analyse du risque de faillite.

L'objectif de cette analyse est de cerner le risque que l'entreprise ne puisse faire face à ses paiements. Trois approches peuvent être utilisées pour diagnostiquer ce risque :

— L'analyse patrimoniale est l'analyse la plus traditionnelle ; elle privilégie les notions de solvabilité, de liquidité et d'exigibilité et est fondée sur l'analyse de la structure du bilan patrimonial (du type du bilan du plan comptable 1957).

— L'analyse fonctionnelle accorde une place prééminente à l'analyse des flux de fonds et au tableau de financement. Elle repose sur une conception de l'équilibre financier fondée sur la couverture du B.F.D.R. par le F.D.R. fonctionnel.

— L'analyse du risque par les flux de trésorerie a recours aux ratios de couverture des charges financières, fondés sur l'excédent de trésorerie d'exploitation (E.T.E.).

### 1° L'ANALYSE PATRIMONIALE DU RISQUE DE FAILLITE.

Elle nécessite préalablement la contruction du bilan patrimonial, lequel est élaboré en reclassant l'actif en fonction du degré de liquidité des différents actifs et le passif, en fonction du degré d'exigibilité des différents postes.

TABLEAU 9 : ANALYSE PATRIMONIALE DU RISQUE DE FAILLITE

| ANNÉE | N | N + 1 | N + 2 |
|---|---|---|---|
| *BILAN PATRIMONIAL*<br>*ACTIF* | *5 435* | *18 194* | *28 390* |
| **VALEURS IMMOBILISÉES NETTES** | **3 900** | **15 196** | **22 734** |
| Immobilisations corporelles | 3 540 | 14 040 | 21 982 |
| Immobilisations financières (à plus d'un an) (1) | 360 | 1 156 | 752 |

| ANNÉE | N | N + 1 | N + 2 |
|---|---|---|---|
| **ACTIF CIRCULANT** | **1 535** | **2 998** | **5 656** |
| Prêts à moins d'un an | 0 | 500 | 500 |
| Stocks et en cours (montants nets) (2) | 685 | 1 720 | 2 180 |
| Créances diverses (montants nets) | 676 | 520 | 2 454 |
| Disponibilités | 174 | 258 | 522 |
| *PASSIF (3)* | *5 435* | *18 194* | *28 090* |
| **CAPITAUX PROPRES CORRIGÉS (4)** | **1 347** | **10 449** | **10 531** |
| Capital | 1 000 | 10 000 | 10 000 |
| Report à nouveau | 89 | 362 | 647 |
| Résultat | 273 | 285 | – 409 |
| Provisions pour risques et charges (5) | 0 | 0 | 305 |
| – Immobilisations incorporelles | 0 | – 180 | 0 |
| – Charges constatées d'avance | – 15 | – 18 | – 12 |
| **DETTES À LONG TERME (à plus d'un an)** | **3 254** | **5 663** | **15 259** |
| **DETTES À COURT TERME (à moins d'un an)** | **834** | **2 082** | **2 300** |

(1) On exclut la partie du prêt à la filiale remboursable à moins d'un an.
(2) On considère les montants nets des stocks et des créances, conformément à l'optique patrimoniale.
(3) Le passif est rangé par ordre d'exigibilité croissante.
(4) On corrige les capitaux propres des non-valeurs, frais d'établissement et charges constatées d'avance.
(5) On suppose qu'il n'y a pas d'impôt latent, sinon il faudrait inscrire cet impôt en dettes à long ou à court terme selon la date probable de paiement.

| RATIOS DE STRUCTURE | | | |
|---|---|---|---|
| **F.D.R. PATRIMONIAL (Actif circulant - Dettes à C.T.)** | **701** | **916** | **3 356** |
| Capitaux permanents/valeurs immobilisées nettes | 1,18 | 1,06 | 1,13 |
| F.D.R. PROPRE (Val. immobilisées-Capx. propres) | – 2 553 | – 4747 | – 12 203 |
| **SOLVABILITÉ** | | | |
| Capitaux propres/Passif | 0,25 | 0,57 | 0,37 |
| Capitaux propres/Dettes | 0,33 | 1,35 | 0,60 |
| **LIQUIDITÉ** | | | |
| Actif circulant/dettes à court terme | 1,84 | 1,44 | 2,46 |
| Actif circulant-Stocks/dettes à court terme | 1,02 | 0,61 | 1,51 |
| Disponibilités/dettes à court terme | 0,21 | 0,12 | 0,23 |
| **AUTONOMIE FINANCIÈRE** | | | |
| Capitaux propres/dettes à long terme | 0,41 | 1,85 | 0,69 |

Ce bilan permet d'évaluer les indicateurs les plus traditionnels de l'analyse financière : F.D.R. patrimonial, ratios de solvabilité, ratios de liquidité et d'autonomie financière.

Le F.D.R. patrimonial apparaît positif et en croissance pour Formatel. Les ratios de liquidité sont bons en N + 2. L'endettement apparaît cependant élevé et l'autonomie financière nulle, si l'on se réfère aux normes habituelles (capitaux propres équivalents aux dettes à terme). Toutefois, la nature de l'endettement à terme (avances de l'actionnaire) et la situation de filiale de Formatel, font que cette dernière conclusion n'a pas grande signification. *A contrario*, si on substitue à l'avance de la société-mère le montant d'endettement demandé, l'endettement de Formatel apparaît alors élevé.

Au vu des ratios de liquidité, on peut cependant conclure que le risque est faible, mais les limites de ce type d'analyse sont bien connues.

## 2° ANALYSE FONCTIONNELLE ET ANALYSE PAR LES FLUX DE TRÉSORERIE.

### *a) Analyse fonctionnelle.*

L'analyse de la relation F.D.R. fonctionnel-B.F.D.R.-Trésorerie montre que le F.D.R. fonctionnel couvre le B.F.D.R. et que la trésorerie est toujours positive, ce qui constitue plutôt l'exception dans les structures financières actuelles.

TABLEAU 10 : ANALYSE FONCTIONNELLE - ANALYSE PAR L'E.T.E. DU RISQUE DE FAILLITE

**Analyse fonctionnelle du risque de faillite.**

| ANNÉE | N | N + 1 | N + 2 |
|---|---|---|---|
| **F.D.R. FONCTIONNEL/B.F.D.R.** | **1,32** | **2,28** | **1,26** |
| ***RATIOS D'ANALYSE DU B.F.D.R.*** | | | |
| **B.F.D.R. en jours de production** | **33,5** | **9,9** | **60,0** |
| Créances diverses en jours de production T.T.C. | 35,3 | 22,6 | 60,7 |
| Stocks en jours de production | 42,4 | 84,3 | 63,9 |
| Dettes diverses en jours de consommation et de charges directes | 89,7 | 194,4 | 143,6 |
| **DETTES À LONG TERME/M.B.A.** | **4,8** | **3,7** | **5,5** |

**Analyse du risque de faillite par l'excédent de trésorerie d'exploitation.**

| ANNÉE | N | N + 1 | N + 2 |
|---|---|---|---|
| **E.T.E. = E.B.E. - VARIATION DU B.F.D.R.** | | **2 807** | **2 627** |
| **E.T.E./FRAIS FINANCIERS + IMPÔT** | | **2,67** | **1,53** |

Examinons l'évolution de cette couverture. Le B.F.D.R. évalué en jours d'activité connaît de fortes fluctuations et il est difficile de savoir quelle est sa composante stable. Il apparaît particulièrement élevé en N + 2, ce gonflement étant dû, d'après les ratios de rotation, à l'importance du crédit-client accordé, or on sait que la société-mère est le principal client. Les emplois principaux en F.D.R. sont, bien entendu, les investissements. La société-mère a assuré l'équilibre global par une augmentation de capital et par des avances.

Le montant actuel des avances représente plus de cinq années de capacité d'autofinancement (ratio dettes à long terme/M.B.A.). Si on substitue aux avances la dette à long terme demandée, cela implique donc un risque important. Toutefois, la capacité d'autofinancement est censée croître de façon importante suite aux investissements réalisés, et Formatel devrait revenir rapidement en dessous du seuil théorique des trois ans.

*b) Analyse du risque par l'E.T.E.*

Le flux de trésorerie d'exploitation dégagé sur les exercices N + 1 et N + 2 permet de couvrir largement les frais financiers et l'impôt. Il est cependant en diminution par rapport à N + 1 suite à la croissance du B.F.D.R. dont on ignore si elle est permanente.

Si on suppose que le nouvel emprunt est contracté sur 12 ans, au taux de 14,5 % (hypothèse faite d'après l'énoncé de la question 4), l'annuité constante (frais financiers plus amortissement du capital) serait de 2 708 KF. En conséquence, même au niveau actuel, l'E.T.E. permettrait de faire face aux charges de l'emprunt ; le risque est donc faible, car il est probable que l'E.T.E. va croître.

### C. Conclusion quant au diagnostic du risque.

Dans l'état actuel, la société Formatel présente un risque financier élevé (qui concerne les actionnaires), mais un risque de faillite modéré. La structure financière est équilibrée, tant du point de vue patrimonial que fonctionnel, et la capacité de remboursement évaluée à partir de l'E.T.E. est satisfaisante. Si on anticipe une hausse vraisemblable de la M.B.A. et de l'E.T.E., pour les exercices à venir, le risque de non-remboursement est relativement faible.

## V. LES INFORMATIONS COMPLÉMENTAIRES.

Les informations complémentaires à acquérir seraient relatives aux points suivants :

— situation concurrentielle et tendances du secteur ; position de l'entreprise à l'intérieur du secteur ; compétences distinctives ; forces et faiblesses,
— part dans l'activité globale, rentabilité et besoins de financement respectifs des deux lignes de produits,
— activité à venir assurée par la société-mère,
— prévisions d'exploitation et plan de financement sur les trois prochaines années.

Ces informations doivent permettre d'apprécier la capacité bénéficiaire future de Formatel et sa capacité de remboursement.

## Question 3 : Conditions d'octroi du prêt.

L'emprunt demandé a pour but de rembourser les avances consenties par la société-mère qui ont servi à financer les investissements de Formatel.

A la suite du diagnostic précédent, nous avons vu que le risque de faillite était modéré mais qu'il était difficile de faire un diagnostic précis, compte tenu de la jeunesse de la société et du manque d'informations économiques. Par ailleurs, le montant du prêt demandé est important et dépasse les normes communément admises par la plupart des établissements financiers en matière d'octroi de prêt (capitaux propres supérieurs aux dettes à long terme, dettes à long terme inférieures à trois années de capacité d'autofinancement).

La situation de Formatel est cependant particulière puisqu'il s'agit d'une entreprise récente, filiale d'un groupe industriel qui peut garantir l'emprunt contracté par sa filiale.

Par conséquent, nous pensons que le prêt peut être accordé en prenant les garanties nécessaires (caution de la société-mère, nantissement du matériel) et éventuellement en demandant à la société-mère de retirer progressivement ses avances.

## Question 4 : Comparaison Financement par emprunt-Financement par crédit-bail.

La comparaison du coût d'un financement par emprunt et d'un financement par crédit-bail peut être résolue par plusieurs méthodes fondées sur des hypothèses différentes et qui peuvent donner des résultats contradictoires.

# I. LES MÉTHODES FONDÉES SUR LA SÉPARABILITÉ DES DÉCISIONS D'INVESTISSEMENT ET DE FINANCEMENT.

Ces méthodes supposent que le mode de financement n'a aucune incidence, ni sur les flux de liquidités économiques secrétés par l'investissement financé, ni sur la structure de financement de l'entreprise.

## A. La méthode de la valeur actuelle nette des financements (ou méthode du taux de l'emprunt de référence).

La notion de V.A.N. d'un financement est équivalente à celle d'un investissement. La V.A.N. d'un financement est égale au montant du financement moins la somme actualisée des flux après impôt entraînés par ce financement.

### 1° La V.A.N. de l'emprunt.

Pour l'emprunt la V.A.N. est nulle, le taux d'actualisation étant le coût de l'emprunt après impôt (taux de référence). Ainsi pour Formatel :

$$\text{V.A.N. emprunt} = M - \sum_{t=1}^{8} [R_t + I_t(1-T)]/[1+(1-T)K_d]^t = 0$$

avec $R_t$ l'amortissement de l'emprunt en année t ;
$I_t$ le montant des frais financiers de l'année t ;
T le taux d'imposition (T = 50 %) ;
$K_d$ le coût de la dette avant impôt ($K_d$ = 14,5 %) ;
M le montant du financement (M = 2 400 000).

### 2° La V.A.N. du crédit-bail.

La méthode consiste à calculer la V.A.N. du crédit-bail et à la comparer à la V.A.N. de l'emprunt. Si la V.A.N. du crédit-bail est positive, cela signifie que le crédit-bail est moins coûteux que l'emprunt.

La V.A.N. du crédit-bail s'évalue en actualisant les flux liés au crédit-bail au coût après impôt $K_d(1-T)$ de l'emprunt alternatif (l'emprunt de référence), soit 7,25 % dans le cas présent. Ce choix du taux est fondé sur l'hypothèse que le crédit-bail est un substitut parfait à l'emprunt quant au risque supporté et que, par conséquent, les flux sont à valoriser au même taux. Cette hypothèse suppose qu'il est possible de financer le même montant par les deux modes de financement. Ainsi, dans le cas présent, la différence de montant financé ne joue pas puisqu'on suppose qu'il est toujours possible de réaliser un emprunt complémentaire au taux de 14,5 % (2).

Les flux entraînés par le crédit-bail sont constitués :
— du flux constitué par le loyer après impôt $L_t(1-T)$,
— du flux constitué par la renonciation à l'économie d'impôt liée à la dotation aux amortissements qu'on pratiquerait si l'on était propriétaire du bien, soit $D_t(1-T)$.

La V.A.N. du crédit-bail s'obtient alors par la relation :

$$\text{V.A.N. crédit-bail} = M^* - L_0(1-T) - \sum_{t=1}^{9} [L_t(1-T)+D_tT]/[1+(1-T)K_d]^t$$

avec $L_0$ le loyer versé au début de l'année 1 (instant $t=0$) et $M^* = 3\,000\,000$, le montant du financement représenté par le crédit-bail.

Cette relation suppose que les flux d'économies d'impôt se produisent simultanément au versement des loyers et à la constatation des dotations aux amortissements. Il faudrait normalement aménager la relation pour tenir compte des décalages qui existent entre certains flux et les économies fiscales qui leur sont liées.

TABLEAU 11 : COMPARAISON EMPRUNT - CRÉDIT-BAIL

| FLUX LIÉS À L'EMPRUNT | Remboursement $R_t$ | Intérêt $I_t$ | Annuité $A_t$ | Economie d'impôt $I_t/2$ | Annuité $R_t+I_t/2$ après impôt |
|---|---|---|---|---|---|
| **Année 1** | 300 000 | 348 000 | 648 000 | 174 000 | 474 000 |
| **Année 2** | 300 000 | 304 500 | 604 500 | 152 250 | 452 250 |
| **Année 3** | 300 000 | 261 000 | 561 000 | 130 500 | 430 500 |
| **Année 4** | 300 000 | 217 500 | 517 500 | 108 750 | 408 750 |
| **Année 5** | 300 000 | 174 000 | 474 000 | 87 000 | 387 000 |
| **Année 6** | 300 000 | 130 500 | 430 500 | 65 250 | 365 250 |
| **Année 7** | 300 000 | 87 000 | 387 000 | 43 500 | 343 500 |
| **Année 8** | 300 000 | 43 500 | 343 500 | 21 750 | 321 750 |

**Taux actuariel avant impôt = 14,5 %.**
**Méthode 2 : Taux actuariel après impôt = 7,25 %.**
**Méthode 1 : V.A.N. de l'emprunt à 7,25 % = 0.**
**Méthode 3 : Valeur de l'emprunt = 515 688.**

(2) Il est possible d'adapter la méthode pour tenir compte de la différence de montant financé, en rapportant la valeur actuelle au montant financé, et en déterminant ainsi un indice de coût. Toutefois, il est facile de démontrer que les résultats donnés par cet indicateur sont identiques à la méthode de la V.A.N. du financement.

| FLUX LIÉS AU CRÉDIT-BAIL | Loyers $L_t$ | Dotations aux amortissements $D_t$ | $L_t/2 + D_t/2$ |
|---|---|---|---|
| **0 début année 1** | 510 000 | | 255 000 |
| **Année 1** | 510 000 | 375 000 | 442 500 |
| **Année 2** | 510 000 | 375 000 | 442 500 |
| **Année 3** | 510 000 | 375 000 | 442 500 |
| **Année 4** | 510 000 | 375 000 | 442 500 |
| **Année 5** | 510 000 | 375 000 | 442 500 |
| **Année 6** | 510 000 | 375 000 | 442 500 |
| **Année 7** | 510 000 | 375 000 | 442 500 |
| **Année 8** | 510 000 | 375 000 | 442 500 |
| **Année 9** | 510 000 | | 255 000 |

**Taux actuariel avant impôt = 14,36 %.**
**Méthode 2 : Taux actuariel après impôt = 7,31 %.**
**Méthode 1 : V.A.N. au coût de l'emprunt alternatif 7,25 % = – 7711.**
**Méthode 3 : Valeur du crédit-bail = 650 892.**

La V.A.N. du crédit-bail apparaît être négative (V.A.N. crédit-bail = – 7 711). L'emprunt est donc moins coûteux que le crédit-bail.

### B. La méthode du taux actuariel.

Cette méthode est équivalente à la détermination d'un taux interne de rentabilité pour un investissement. Ainsi, il suffit de déterminer le taux actuariel, tel que la valeur actuelle des flux entraînés par le financement soit égale au montant du financement (V.A.N. du financement nulle).

Pour l'emprunt, il faut déterminer le taux $K^T_d$ tel que :

$$M - \sum_{t=1}^{8} [R_t + I_t(1-T)]/(1+K^T_d)^t = 0$$

d'où $K^T_d$ = 7,25 %, taux indiqué précédemment.

Pour le crédit-bail, il faut calculer $K^T_l$ tel que :

$$M^* - L_0(1-T) - \sum_{t=1}^{9} [L_t(1-T) + D_tT]/(1+K^T_l)^t = 0$$

d'où $K^T_l$ = 7,31 %, ce qui confirme le caractère plus onéreux du crédit-bail.

## II. LA MÉTHODE FONDÉE SUR LA NON-SÉPARABILITÉ DES DÉCISIONS D'INVESTISSEMENT ET DE FINANCEMENT : LA MÉTHODE DE LA V.A.N. AJUSTÉE.

Cette méthode est la plus générale et peut s'employer si le financement utilisé a une incidence sur les flux d'exploitation ou sur la structure de financement.

Dans le cas de Formatel, aucun des financements n'a d'incidence sur les flux d'exploitation, mais la structure de financement des projets n'est pas identique et on peut supposer, compte tenu de l'importance de l'investissement, qu'il faut tenir compte de cette différence dans la structure de financement du projet, car elle aura une influence sur la structure de financement de l'entreprise.

Considérons la méthode de la *valeur actuelle nette ajustée* qui permet de prendre en compte de telles incidences. Cette méthode consiste à considérer globalement la valeur actuelle nette d'un ensemble composé du projet d'investissement et des modalités de son financement. Cette V.A.N. est dite V.A.N. ajustée. Elle s'évalue de la façon suivante :

V.A.N. ajustée = V.A.N. de base + V.A.N. du financement

La V.A.N. de base est égale à la V.A.N. du projet d'investissement évaluée en utilisant le coût des capitaux propres requis par les actionnaires compte tenu du risque d'exploitation du projet d'investissement. *A priori*, chez Formatel, la V.A.N. de base est identique, quel que soit le mode de financement, puisqu'aucune des modalités de financement envisagées n'a d'incidence sur les flux d'exploitation. Il suffit donc d'évaluer la V.A.N. du financement dans les deux cas. Cette V.A.N. correspond au gain de valeur procuré par un mode de financement particulier par rapport à un financement intégral du projet d'investissement par fonds propres.

La V.A.N. d'un financement dans cette méthode s'obtient en actualisant au *coût avant impôt*, habituel de la dette pour l'entreprise, les flux après impôt induits par chaque mode de financement.

### 1° V.A.N. DU FINANCEMENT PAR EMPRUNT.

Si on suppose que le taux de $K_d$ = 14,5 % correspond au coût habituel de la dette pour Formatel, la V.A.N. du financement par emprunt est égale à :

$$\text{V.A.N. de l'emprunt} = M - \sum_{t=1}^{8} (R_t + I_t(1-T))/(1+K_d)^t =$$

$$\sum_{t=1}^{8} I_t(1-T)/(1+K_d)^t$$

c'est-à-dire à la valeur actuelle des économies d'impôt sur les frais financiers. Dans le cas de Formatel, V.A.N. de l'emprunt = 515 688 F.

2° V.A.N. DU FINANCEMENT PAR CRÉDIT-BAIL.

On procède de façon similaire en actualisant les flux induits par le crédit-bail par rapport à un financement intégral par fonds propres au taux $K_d$ avant impôt, coût habituel de la dette.

V.A.N. du crédit-bail =

$$M^* - L_0(1-T) - \sum_{t=1}^{9} [L_t(1-T) + D_tT]/(1+K_d)^t$$

soit dans le cas de Formatel, V.A.N. du crédit-bail = 650 892 F.

Le crédit-bail apparaît alors plus intéressant que l'emprunt puisque par rapport à ce dernier, il apporte un gain de V.A.N. ajustée de 135 204 F. Cette différence de résultat par rapport aux deux premières méthodes se comprend aisément, puisque le pourcentage de financement du projet assuré par crédit-bail est plus important que le pourcentage de financement assuré par emprunt ; les deux premières méthodes ne prennent pas en compte les différences dans le montant financé compte tenu des hypothèses qu'elles supposent.

En conclusion, nous dirons que les deux premières méthodes sont à retenir pour des projets peu importants qui n'ont pas d'incidence sensible sur la structure de financement de l'entreprise. La méthode de la V.A.N. ajustée doit être utilisée dans le cas contraire. Formatel devrait donc retenir le crédit-bail pour financer son investissement, compte tenu de son importance.

# Epreuve n° 9 - 1984

*Durée : 4 heures*

SUJET

Le fonds de roulement dans l'analyse financière.

# Corrigé épreuve n° 9 - 1984

## PLAN PROPOSÉ

INTRODUCTION.

### PREMIÈRE PARTIE :
### LA CONCEPTION PATRIMONIALE DU FONDS DE ROULEMENT

**Section 1 : Les principes fondamentaux.**

§ 1. — Les notions de liquidité et d'exigibilité.

A. La notion de liquidité.
B. La notion d'exigibilité.

§ 2. — Le fonds de roulement patrimonial « matelas de sécurité ».

**Section 2 : Mise en œuvre et critique.**

§ 1. — La mise en œuvre.

A. La mesure du fonds de roulement patrimonial.
B. L'utilisation dans le diagnostic.

§ 2. — La critique de la conception patrimoniale.

### SECONDE PARTIE :
### LA CONCEPTION FONCTIONNELLE DU FONDS DE ROULEMENT

**Section 1 : Les principes fondamentaux.**

§ 1. — Le principe d'affectation : le financement stable du B.F.D.R. d'exploitation.

§ 2. — Le bilan fonctionnel.

**Section 2 : Mise en œuvre et critique.**

§ 1. — La mise en œuvre.

A. La mesure du fonds de roulement fonctionnel.
B. L'utilisation dans le diagnostic.

§ 2. — La critique de la conception fonctionnelle.

A. La surestimation du F.D.R. fonctionnel et le caractère discutable du B.F.D.R.
B. L'invalidité de la règle d'équilibre.

CONCLUSION.

## INTRODUCTION

Le domaine de l'analyse financière connaît actuellement de profonds bouleversements, tant en ce qui concerne les concepts que les méthodes utilisés. Ainsi, ces dernières années, a-t-on vu se développer les démarches fondées sur les flux, notamment les flux de trésorerie et remettre en cause les deux concepts les plus employés en analyse financière : le fonds de roulement et la capacité d'autofinancement. Parallèlement, le plan comptable a été réformé avec comme objectif avoué de faciliter l'analyse financière. Ces évolutions s'expliquent en majeure partie par les modifications successives des conditions économiques qui ont entraîné une transformation importante des structures financières des entreprises. On a pu constater que les méthodes, les normes et les concepts les plus traditionnels avaient perdu une grande partie de leur pertinence et, en particulier, la notion de fonds de roulement.

Cette dernière notion est probablement la plus répandue et la plus utilisée en matière d'analyse financière ; paradoxalement, il s'agit d'une notion relativement confuse, dont les définitions et les interprétations diffèrent selon les utilisateurs. Originellement, le fonds de roulement désigne le capital circulant, c'est-à-dire les actifs circulants ou actifs de roulement. Il conserve d'ailleurs cette signification sous le nom de *fonds de roulement brut* et dans le vocabulaire anglo-saxon, où il est désigné par le terme de *working-capital*. Progressivement, ce terme, qui désignait une certaine catégorie d'actifs, a été utilisé pour représenter le montant des fonds nécessaires pour financer l'actif circulant minoré de la ressource induite par le crédit fournisseur. La première interprétation de la notion de fonds de roulement est donc une interprétation réalisée en termes d'emplois et de ressources, c'est-à-dire une interprétation *fonctionnelle*, établie dans une perspective de gestion par des entrepreneurs.

Toutefois et sous l'impulsion du monde bancaire, le fonds de roulement a pris une signification très différente. La préoccupation majeure du banquier, dans sa décision d'octroi du prêt, est l'évaluation du risque de non-remboursement (ou risque de faillite). En rapprochant le montant des actifs les plus liquides qui correspondent normalement aux actifs circulants, au montant des dettes exigibles à court terme, on construit un indicateur de risque à court terme, dénommé fonds de roulement et égal à « actif circulant moins dettes à court terme ». Le risque, pour être faible, nécessite que le fonds de roulement soit positif, c'est-à-dire que le montant des actifs réalisables rapidement soit supérieur au montant des dettes exigibles à court terme. Cette optique diffère profondément de l'optique fonctionnelle ; elle appartient à la conception dite *patrimoniale* de l'analyse financière, qui se soucie principalement de l'évaluation de la valeur réelle de l'entreprise et de sa solvabilité. Cette conception est également qualifiée de conception externe et répond avant tout aux préoccupations des tiers, qu'ils soient créanciers ou actionnaires non dirigeants. Le plan comptable de 1957 permettait l'évaluation directe du fonds de roulement au sens patrimonial et on peut souligner le fait que la comptabilité générale repose sur des principes qui privilégient la conception patrimoniale, notamment le principe de prudence. La conception patrimoniale du fonds de roulement, qui est centrée sur l'évaluation du risque à court terme, a longtemps prévalu.

L'évolution récente de la notion de fonds de roulement constitue un retour à la conception fonctionnelle initiale. La croissance de l'Après-guerre et l'accroissement de l'inflation ont provoqué un gonflement important des actifs circulants qu'il a fallu financer. L'accroissement des sommes nécessaires à leur financement a conduit à reconsidérer la conception fonctionnelle du fonds de roulement et à la privilégier aux dépens de la conception patrimoniale en définissant différemment les règles de l'équilibre financier. La conception fonctionnelle a été quasiment officialisée par son utilisation par la Centrale des bilans de la Banque de France et par la réforme du plan comptable de 1982.

Nous traiterons successivement des conceptions patrimoniales et fonctionnelles du fonds de roulement en exposant les principes fondamentaux qui sous-tendent chaque conception, puis les problèmes posés par l'utilisation de la notion dans le diagnostic financier et la critique qui peut en être faite.

# Première Partie
# La conception patrimoniale du fonds de roulement

## SECTION 1 : LES PRINCIPES FONDAMENTAUX.

La notion de *fonds de roulement patrimonial* repose sur une analyse du risque de non-remboursement fondée sur les notions de liquidité et d'exigibilité et sur une conception du fonds de roulement en tant que « matelas de sécurité ».

### § 1. Les notions de liquidité et d'exigibilité.

A. La notion de liquidité.

La liquidité d'un actif caractérise sa capacité à être transformé rapidement en monnaie et sans perte de valeur. Cette définition fait intervenir deux aspects : la rapidité de la transformation en monnaie et la perte de valeur éventuellement subie.

La réalisation monétaire d'un actif suppose qu'il puisse être vendu, donc qu'il existe un marché pour ce type d'actif. La réalisation sera d'autant plus rapide que le marché sera organisé et que les transactions seront fréquentes. La perte de valeur s'apprécie relativement à la valeur d'acquisition ou de production de l'actif considéré. Elle est également fonction de l'existence d'un marché organisé et dépend du délai de réalisation de l'actif. Le plus souvent, la liquidation rapide d'un actif est accompagnée d'une perte de valeur importante.

Le caractère de liquidité d'un actif n'est pas identique au critère *circulatoire* d'un actif. Un actif *circulant* s'oppose à un actif *fixe*, dans la mesure où il est soumis à une rotation plus rapide dans des conditions normales d'exploitation. Ainsi, un produit en stock est supposé être renouvelé plus rapidement qu'une immobilisation. Toutefois, une immobilisation peut, dans cetains cas, être un bien beaucoup plus liquide qu'un produit stocké, selon le marché considéré, même dans des conditions normales d'exploitation.

Le degré de liquidité global de l'actif du bilan s'apprécie en fonction du degré de liquidité des actifs qui le composent. Afin de simplifier l'analyse, on associe la notion d'actif circulant aux actifs les plus liquides, c'est-à-dire ceux dont le délai de réalisation théorique est normalement inférieur à un an et on exprime le caractère plus ou moins liquide de l'actif en rapportant le montant de l'actif immobilisé à celui de l'actif circulant.

B. LA NOTION D'EXIGIBILITÉ.

Le caractère d'exigibilité d'une dette s'apprécie en fonction de l'échéance de la dette. Les dettes sont réputées être à court terme, si leur échéance est située à moins d'un an.

Le caractère d'exigibilité du passif du bilan s'apprécie en distinguant les capitaux propres, c'est-à-dire les capitaux non exigibles, les dettes à long et moyen termes, dettes dont l'échéance se situe au-delà d'un an et les dettes à court terme. La somme des capitaux propres et des dettes à long et moyen termes constitue les capitaux permanents. Le critère de *permanence* s'apprécie, par conséquent, par rapport au critère d'exigibilité.

### § 2. Le fonds de roulement patrimonial « matelas de sécurité ».

Le principe qui préside à la définition du fonds de roulement patrimonial est très simple. Le montant des actifs les plus liquides doit être supérieur au montant des dettes exigibles à court terme. Ce principe se justifie d'autant plus que l'exigibilité des dettes à court terme est généralement connue de façon certaine, alors que le degré de liquidité des actifs est le plus souvent aléatoire. Par conséquent, la prudence veut que le fonds de roulement soit positif et constitue le *matelas de sécurité* de l'entreprise, selon le terme consacré.

L'assimilation des actifs les plus liquides à l'actif circulant conduit à mesurer le fonds de roulement patrimonial par la relation :

F.D.R. patrimonial = Actif circulant – Dettes à court terme

SCHÉMA 1 : LE F.D.R. PATRIMONIAL

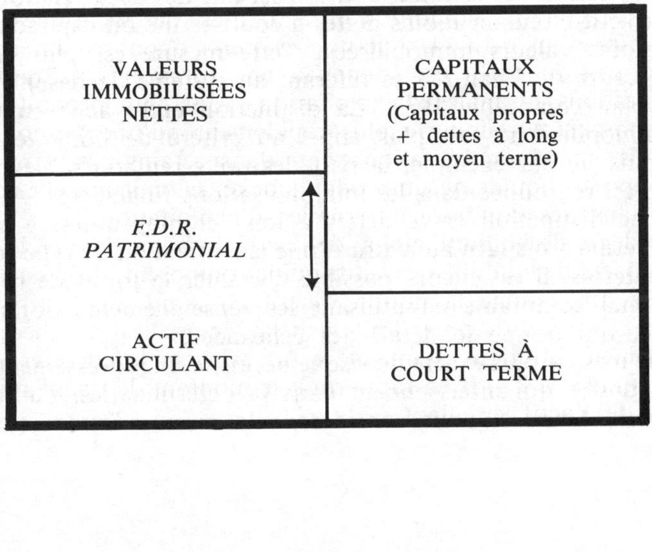

L'équilibre bilantiel permet également la mesure du fonds de roulement patrimonial par la relation :

F.D.R. patrimonial = Capitaux permanents – Valeurs immobilisées nettes

Cette seconde mesure du fonds de roulement patrimonial, qui est la plus utilisée, conduit généralement à une interprétation qui ne correspond pas à l'esprit de la démarche patrimoniale. On conclut le plus souvent, à partir de cette relation, que les capitaux permanents doivent financer les valeurs immobilisées ; une telle interprétation est de type fonctionnel et conduit à confondre les deux conceptions pourtant très différentes.

## SECTION 2 : MISE EN ŒUVRE ET CRITIQUE.

### § 1. La mise en œuvre.

#### A. LA MESURE DU FONDS DE ROULEMENT PATRIMONIAL.

La mesure du fonds de roulement patrimonial peut s'effectuer, soit à partir de la valeur comptable des différents postes concernés, soit en corrigeant ces derniers, afin de prendre en compte leur degré réel de liquidité et d'exigibilité.

La mesure comptable du fonds de roulement était extrêmement simple dans le plan comptable 1957. Il suffisait de considérer le bilan après affectation des résultats et d'utiliser une des deux relations précédentes : actif circulant moins dettes à court terme ou capitaux permanents moins valeurs immobilisées. Cette mesure est plus complexe dans le cadre du bilan (en se référant au système de base) préconisé par le plan comptable 1982. La distinction entre actif circulant et actif immobilisé ne fait plus appel au critère de liquidité au sens strict, puisque par exemple, la part des prêts remboursables à moins d'un an est regroupée dans les immobilisations financières. Au passif, l'ancienne distinction entre dettes à long et moyen terme et dettes à court terme a disparu au profit d'une classification de type fonctionnel. Toutefois, il est encore possible d'évaluer le fonds de roulement patrimonial comptable en utilisant les renseignements donnés dans l'annexe, qui donne le détail des échéances.

Une mesure plus exacte du risque nécessite un redressement préalable des postes qui interviennent dans la détermination du fonds de roulement. Ainsi, si nous considérons la mesure fondée sur l'actif circulant minoré des dettes à court terme, il faut notamment procéder aux corrections suivantes : élimination des *charges activées* (non-valeurs), inclusion dans les dettes à court terme des provisions correspondant à des risques réels et de l'imposition latente devant se produire à court terme.

B. L'UTILISATION DANS LE DIAGNOSTIC.

Le critère d'analyse que constitue le F.D.R. patrimonial est extrêmement pauvre. On requiert que le F.D.R. patrimonial soit positif, mais aucune norme n'est définie à laquelle on puisse le comparer. La seule comparaison qui puisse être réalisée se fait en fonction des caractéristiques d'entreprises qui exercent une activité similaire. Bien entendu, il est également possible d'analyser l'évolution du F.D.R. patrimonial dans le temps. En fait, l'exigence d'un F.D.R. patrimonial positif a longtemps constitué la règle-plancher à ne jamais enfreindre pour octroyer un prêt.

Ce type d'analyse peut éventuellement être prolongé en ayant recours aux traditionnels ratios de liquidité : liquidité globale (actif circulant/dettes à court terme), liquidité réduite ([actif circulant-stocks]/dettes à court terme) et liquidité immédiate (disponibilités/dettes à court terme). Ces ratios permettent d'affiner l'analyse, en prenant en compte la composition de l'actif circulant, mais dans ce cas également, le problème lié à l'absence de normes se pose.

### § 2. La critique de la conception patrimoniale.

L'approche patrimoniale repose sur la mise en correspondance de la structure de liquidité de l'actif et de la structure d'exigibilité des dettes. Une dette échéant à une date donnée doit pouvoir être couverte par un actif réalisable à la même date ou par un volant de disponibilités. Si le principe est fondé, sa mise en œuvre fait du F.D.R. patrimonial un outil peu fiable. Outre les problèmes d'estimation liés à l'utilisation de l'information comptable, le fait de considérer l'actif circulant et les dettes à court terme comme deux ensembles homogènes est extrêmement critiquable. Le degré réel de liquidité des stocks ou des créances-clients est très différent de celui des disponibilités. Quant aux dettes à court terme, on ne peut comparer le degré réel d'exigibilité d'une dette envers un fournisseur et celui d'un crédit de trésorerie de type *revolving*, c'est-à-dire qui sera remplacé quasi automatiquement à son échéance par un autre crédit de même type. Par ailleurs, ainsi que nous l'avons dit précédemment, mis à part l'exigence d'un F.D.R. positif, aucune norme n'est définie.

Une mise en œuvre sérieuse de la conception patrimoniale supposerait l'élaboration d'un indicateur, qui prendrait en compte les structures réelles de liquidité et d'exigibilité et intégrerait notamment une évaluation du risque lié à l'incertitude portant sur le montant des actifs liquides.

## Seconde Partie
## La conception fonctionnelle du fonds de roulement

### SECTION 1 : LES PRINCIPES FONDAMENTAUX.

#### § 1. Le principe d'affectation : le financement stable du B.F.D.R. d'exploitation.

La conception fonctionnelle du fonds de roulement considère qu'il représente le montant des fonds nécessaires pour financer les actifs de roulement, déduction faite des ressources induites par le crédit-fournisseurs. L'adaptation récente de ce principe exclut des actifs de roulement l'encaisse nécessaire aux transactions et considère que le montant à financer de façon stable est représenté par la composante stable pendant l'exercice comptable, du besoin lié au cycle d'exploitation.

Le besoin lié au cycle d'exploitation dans une activité de production est représenté par le cycle d'opérations « achat-production-ventes ». On le mesure en termes bilantiels de la façon suivante :

Besoin lié au cycle d'exploitation =
Stocks + Créances d'exploitation-Dettes d'exploitation

Ce besoin évolue de façon sensible au cours de l'exercice comptable, quelle que soit l'activité et plus particulièrement pour les activités qui connaissent une forte saisonnalité. On doit normalement retenir la composante stable du besoin lié au cycle d'exploitation. Ce besoin est généralement connu sous le terme de Besoin en Fonds de Roulement d'exploitation (B.F.D.R. d'exploitation).

Selon la conception fonctionnelle, le B.F.D.R. d'exploitation doit être couvert par une ressource stable, c'est-à-dire par un financement considéré comme stable lors de la décision de financement (capitaux propres ou dettes à long et moyen terme par nature). Le critère de *stabilité* diffère ainsi du critère de *permanence*, utilisé pour mesurer le F.D.R. patrimonial. Ainsi, on considère comme stable la partie remboursable à moins d'un an des dettes à long et moyen terme, alors qu'elle est exclue des capitaux permanents.

L'équilibre financier se définit alors par la couverture des emplois stables : immobilisations (emploi acyclique) et B.F.D.R. d'exploitation, par les ressources acycliques stables : capitaux d'origine propre et endettement stable. Le terme *acyclique* désigne alors les emplois et les ressources non liés au cycle d'exploitation. Cette conception de l'équilibre suppose donc l'*affectation* des ressources stables aux emplois stables.

Le F.D.R. fonctionnel se définit alors par :

F.D.R. fonctionnel
= Ressources acycliques stables − Emplois acycliques stables

Dans la terminologie utilisée par la Centrale des bilans de la Banque de France, le F.D.R. fonctionnel est dénommé Financement stable du besoin lié au cycle d'exploitation. L'équilibre financier est censé être réalisé si le F.D.R. fonctionnel couvre le B.F.D.R. d'exploitation.

### § 2. Le bilan fonctionnel.

La conception fonctionnelle suppose une représentation très particulière du bilan en termes d'emplois et de ressources. Les emplois et les ressources doivent normalement être évalués en fonction de leur valeur d'origine. Ainsi, on doit considérer comme emplois, les montants bruts des différents actifs et comme ressources l'ensemble des fonds qui ont été secrétés de façon interne, c'est-à-dire l'autofinancement cumulé. Au contraire, la détermination du F.D.R. patrimonial s'opère à partir des valeurs nettes.

Certains postes bilantiels n'appartiennent ni au F.D.R. fonctionnel, ni au B.F.D.R. d'exploitation. Les postes de nature *acyclique* et *transitoire* sont regroupés dans le B.F.D.R. hors-exploitation. Enfin, les disponibilités et les valeurs mobilières de placement constituent les emplois de trésorerie et les concours bancaires de trésorerie (dont l'escompte qui doit être réintégré) les ressources de trésorerie. Globalement, on a la relation :

Trésorerie = F.D.R. fonctionnel − B.F.D.R. d'exploitation
− B.F.D.R. hors-exploitation

Trésorerie = F.D.R. fonctionnel − B.F.D.R. global

**Corrigé épreuve n° 9 - 1984**

Le bilan fonctionnel se représente par le schéma suivant :

SCHÉMA 2 : LE BILAN FONCTIONNEL

| STOCKS D'EMPLOIS | STOCKS DE RESSOURCES |
|---|---|
| EMPLOIS ACYCLIQUES STABLES<br>- Immobilisations brutes | RESSOURCES ACYCLIQUES STABLES<br>- Fonds propres d'origine externe<br>- Fonds propres d'origine interne<br>- Dettes à long et moyen terme (dont partie échéant à moins d'un an) |
| BESOIN DE FINANCEMENT LIÉ AU CYCLE D'EXPLOITATION OU B.F.D.R. D'EXPLOITATION | *F.D.R. FONCTIONNEL*<br>*(ressources acycliques stables moins emplois acycliques stables)* |
| | B.F.D.R. HORS-EXPLOITATION<br>(éléments transitoires non liés au cycle d'exploitation) |
| | TRÉSORERIE<br>(disponibilités + titres de placement moins concours bancaires courants) |

## SECTION 2 : MISE EN ŒUVRE ET CRITIQUE.

### § 1. La mise en œuvre.

A. LA MESURE DU FONDS DE ROULEMENT FONCTIONNEL.

La mesure du F.D.R. fonctionnel nécessite la connaissance des valeurs d'origine des emplois et des ressources. Elles se déterminent aisément à partir du bilan du plan comptable 1982. Il suffit d'inscrire les immobilisations brutes en emplois acycliques stables et l'ensemble des amortissements et des provisions (y compris les provisions sur actif circulant) en ressources acycliques stables. De façon corollaire, le B.F.D.R. d'exploitation sera mesuré à partir des montants bruts, ce qui se justifie pleinement dans l'optique fonctionnelle. Soulignons que cette mesure du F.D.R. fonctionnel est la seule qui permette de retrouver la variation du F.D.R. qui se situe dans le tableau de financement proposé par le plan comptable 1982. Par conséquent, la conception du F.D.R. adoptée par le plan comptable 1982 est une conception fonctionnelle, même si cette option n'est pas toujours explicite.

La mesure du F.D.R. fonctionnel diffère du F.D.R. patrimonial lorsqu'on évalue celui-ci à partir de la relation capitaux permanents-valeurs immobilisées nettes, sur les points suivants :

— utilisation des valeurs brutes des immobilisations,
— intégration des immobilisations financières réalisables à moins d'un an ;
— intégration de l'ensemble des amortissements et des provisions dans les ressources ;
— intégration des dettes financières à long et moyen termes (par nature) dont l'échéance se situe à moins d'un an ;
— non-intégration des dettes à plus d'un an qui appartiennent au cycle d'exploitation ou qui sont à classer en B.F.D.R. hors-exploitation (par exemple, les fournisseurs d'équipement dans certains cas).

B. L'UTILISATION DANS LE DIAGNOSTIC.

Le fondement du diagnostic réside dans l'analyse de la couverture du B.F.D.R. Si la trésorerie est positive, l'équilibre est censé être réalisé. Cependant, il est parfois difficile d'évaluer quelle est la composante stable du B.F.D.R. et donc d'apprécier le degré réel de couverture. L'analyse la plus intéressante consiste à étudier l'évolution de l'équilibre, c'est-à-dire à utiliser un tableau de financement, afin d'étudier quels ont été les mouvements économiques principaux qui ont fait évoluer le F.D.R. et le B.F.D.R. au cours de l'exercice.

Contrairement à l'optique patrimoniale, il est possible d'évaluer normativement le montant du F.D.R. fonctionnel. Il suffit de déterminer le montant normal du B.F.D.R. d'exploitation, en utilisant par exemple la méthode normative dite *des experts-comptables*, qui conduit à une évaluation du B.F.D.R. en jours de chiffre d'affaires, en fonction des délais de rotation normaux de chaque rubrique du B.F.D.R. et de la structure du compte de résultat. Le montant obtenu exprimé monétairement en fonction du niveau du chiffre d'affaires, donne le montant souhaitable du F.D.R. fonctionnel. On peut alors effectuer un diagnostic en comparant le F.D.R. souhaitable au F.D.R. réel.

## § 2. La critique de la conception fonctionnelle.

### A. La surestimation du F.D.R. fonctionnel et le caractère discutable du B.F.D.R.

Si nous reconsidérons le principe initial, le F.D.R. fonctionnel se définit comme le montant des fonds qui doit permettre de couvrir le besoin de financement lié au cycle d'exploitation. Or, le mode d'évaluation de ce dernier par le bilan conduit généralement à une surévaluation. Au sens strict, le besoin de financement lié au cycle d'exploitation ne comprend que les liquidités immobilisées dans les différents postes de ce besoin. Ainsi, si nous analysons le poste clients, il apparaît que ce dernier est évalué au prix de vente et que, par conséquent, il comprend des éléments non déboursés par l'entreprise (résultat et dotations aux amortissements) ; les stocks de produits finis comprennent également des éléments liés aux dotations aux amortissements. Par suite, le montant du B.F.D.R. d'exploitation est surestimé du montant d'autofinancement inclus dans les postes clients et dans les stocks. Il faut souligner, cependant, que cette surévaluation n'a pas d'incidence sur le diagnostic de l'équilibre financier, car elle est compensée exactement par la surévaluation du F.D.R. fonctionnel ; le même montant d'autofinancement étant pris en compte dans les ressources stables.

Une critique plus grave concerne la nature même du B.F.D.R. L'analyse fonctionnelle a trouvé son origine dans l'étude du fonctionnement d'activités industrielles relativement traditionnelles. La transposition de la notion de B.F.D.R. à certains types d'activités, telles que, par exemple, la construction aéronautique, les travaux publics, l'hôtellerie ou les services en général, présente souvent très peu d'intérêt, soit parce que la séparation entre cycle d'exploitation et cycle d'investissement est difficile à faire, soit parce que le B.F.D.R. est négligeable, voire négatif dans certaines de ces activités. On peut d'ailleurs souligner que les outils de gestion sont trop souvent fondés sur des schémas industriels qui ne constituent plus, dans l'environnement économique des pays développés, les activités principales.

### B. L'invalidité de la règle d'équilibre.

L'observation des structures financières révèle que la majeure partie des entreprises ont une trésorerie négative de façon permanente, autrement dit, que le F.D.R. fonctionnel n'assure pas la couverture totale du B.F.D.R. La conception fonctionnelle de l'équilibre impliquerait donc que la plupart des entreprises seraient dans une situation précaire. A l'évidence, il apparaît que la règle est trop sévère et ne correspond pas à une norme toujours acceptable. Certains analystes ont tenté de remédier à cet inconvénient en imposant des limites au caractère négatif de la trésorerie. Ainsi, la trésorerie négative ne devrait pas dépasser, par exemple, deux mois de chiffre d'affaires. Ces normes sont extrêmement critiquables et même si elles constituent un palliatif pratique, elles sont difficilement justifiables pour toutes les activités.

Par ailleurs, il faut préciser que cette conception de l'équilibre financier mène à considérer de façon indépendante les dettes financières stables et les concours bancaires à court terme et à ne plus avoir une vision globale de la gestion du pool d'endettement. Or, en période de fluctuations des taux d'intérêt, les arbitrages entre endettement à court terme et à long terme peuvent avoir une incidence très importante sur la rentabilité et le risque de l'entreprise ; l'approche fonctionnelle conduit à ignorer totalement cet aspect pourtant fondamental de la gestion financière.

**Conclusion.**

Il apparaît, à la suite de ces développements, que tant la conception patrimoniale, que la conception fonctionnelle du fonds de roulement sont finalement d'un apport limité pour le diagnostic financier.

Différentes analyses fondées principalement sur les tableaux de flux tentent actuellement de remédier aux insuffisances des conceptions patrimoniales et fonctionnelles. L'appréhension du risque s'effectue alors le plus souvent en évaluant des ratios de couverture de flux. Par exemple, l'excédent de trésorerie d'exploitation doit permettre de faire face au paiement des charges financières. Ces analyses, de nature dynamique, cependant, ne peuvent pas se substituer de façon totale aux analyses fondées sur la structure du bilan, dont la vision est beaucoup plus globale. Une analyse de flux ne présente qu'un intérêt limité si on ne connaît pas l'état initial et l'état final de la structure financière. Il est possible d'avoir un équilibre précaire en termes de flux, alors qu'une analyse des masses du bilan révèlerait des déséquilibres potentiels importants à terme.

Les analyses de flux et les analyses de la structure financière sont en fait complémentaires. Même si l'analyse financière de la structure du bilan est actuellement délaissée par suite de la remise en cause de la notion de fonds de roulement, il ne faut pas oublier qu'elle est fondamentale. En outre, une réhabilitation de l'approche patrimoniale pourrait, peut-être, être réalisée en construisant un indicateur qui pourrait prendre en compte, plus précisément, les degrés respectifs de liquidité et d'exigibilité de l'actif et du passif du bilan.

## Bibliographie indicative

BAROLET, MEUNIER (1971), *Les besoins en fonds de roulement : Analyse financière*, n° 6, 3e trimestre.

C.N.M.E. (1973), *Quel est le fonds de roulement des entreprises ? : Bulletin C.N.M.E.*, n° 61.

C.N.M.E. (1974), *Le cycle d'exploitation, son importance et son ampleur : Bulletin C.N.M.E.*, n° 62.

CHARREAUX (1984), *L'analyse financière par les flux : synthèse et critique des approches récentes : Analyse financière*, n° 58, 3e trimestre.

CHARREAUX (1984), *Les tableaux de financement : contenu descriptif et normatif : Banque*, nos 444 et 445.

CHARREAUX (1986), *Gestion financière*, Litec.

GUILLOU (1979), *Fonds de roulement et besoin en fonds de roulement : Banque*, n° 382.

GUILLOU (1979), *Vers une nouvelle approche financière de l'entreprise : Analyse financière*, n° 38.

GUILLOU (1981), *La banque à l'heure de l'endettement permanent : Banque*, n° 402.

GUYON, USUNIER (1982), *La notion de besoins en fonds de roulement est-elle périmée ? : La revue du financier*, n° 15.

HANNOSET, MÉRIAUX (1981), *Plan comptable révisé et analyse financière : Analyse financière*, n° 51.

LAVAUD (1979), *Fonds de roulement, endettement et stratégie financière de la firme : Banque*, n° 384.

LEVASSEUR (1979), *Gestion de trésorerie*, Economica.

MÉRIGOT (1981), *La controverse sur le fonds de roulement : une nouvelle querelle des anciens et des modernes : Banque*, n° 411.

MEUNIER, BAROLET et BOULMER (1970), *La trésorerie des entreprises*, Dunod.

NAVATTE (1979), *Le fonds de roulement et sa signification aujourd'hui : Analyse financière*, n° 38.

RAMAN (1979), *Une redéfinition du capital de la firme : Revue française de gestion.*

VERNIMMEN (1981), *Finance d'entreprise : tome 1, analyse et gestion*, Dalloz.

# Epreuve n° 9 - 1985

*Durée : 4 heures*

SUJET

SOCIÉTÉS DE TRANSPORT DE VOYAGEURS « LEPERS » ET « ROSSI »

Vous êtes embauché par la S.A. Lepers dont le concurrent le plus redoutable est la S.A. Rossi. Afin de mieux apprécier les risques dans cette compétition, votre nouvel employeur vous demande d'étudier un dossier comportant :

— les comptes de la S.A. Rossi arrêtés au 31 décembre 1984, présentés conformément au plan comptable 1982 (cf. annexe 1) ;
— une étude réalisée par la chambre de commerce présentant une analyse de la situation financière des six autres entreprises de transport de voyageurs de la région, représentatives de l'ensemble des entreprises de ce secteur installées en France ;
— quelques informations provenant de l'annexe des comptes de l'exercice 1984 de la S.A. Rossi.

Afin de structurer votre travail, vous envisagez de présenter votre rapport en cinq parties, comme suit.

**TRAVAIL À FAIRE**

**1° Etablir le tableau des soldes intermédiaires de gestion de cette société en faisant tout particulièrement ressortir :**
**— la valeur ajoutée ;**
**— l'excédent brut d'exploitation.**
**Commenter les résultats obtenus.**

2° Etablir le tableau des emplois et des ressources de l'exercice clos le 31 décembre 1984. Regrouper les emplois et les ressources en distinguant :
— les flux liés au financement de l'exploitation ;
— les flux liés à l'activité financière de la société ;
— les flux liés au financement par fonds propres ;
— les flux liés au financement par dettes.

Vous placerez au centre de votre analyse, le concept d'excédent brut d'exploitation.

Commenter les résultats obtenus.

3° Calculer les ratios de rotation des stocks, le crédit moyen accordé à la clientèle et par les fournisseurs durant l'exercice clos le 31 décembre 1984. Commenter.

4° Calculer la rentabilité courante avec impôt et la rentabilité nette. Décomposer ces rentabilités en faisant plus particulièrement ressortir les marges de la société Rossi et l'effet de levier qui la caractérise. Commenter.

5° Conclusion générale.

REMARQUE. — *Pour traiter ces différentes questions, il vous est conseillé de retenir des milliers de francs.*

## Annexe I

## BILAN ET COMPTE DE RÉSULTAT DE LA S.A. ROSSI

cerfa N° 30 1747

Formulaire obligatoire (article 53 A du Code général des impôts)

# ① BILAN — ACTIF

D.G.I. N° 2050-N

Désignation de l'entreprise: S.A. Rossi — Durée de l'exercice exprimée en nombre de mois *: 12

Adresse de l'entreprise: 21 rue du Buisson 59700 MARCQ EN BAROEUL — Durée de l'exercice précédent *: 12

Numéro SIRET*: — Code APE:

| | (Ne pas reporter le montant des centimes) * | | Exercice N, clos le : 31 12 84 — Brut 1 | | Amortissements, provisions 2 | Net 3 | Exercice précédent (N-1) clos le 31 12 83 — Net 4 |
|---|---|---|---|---|---|---|---|
| | Capital souscrit non appelé (0) | AA | | | | | |
| ACTIF IMMOBILISÉ* — Immobilisations incorporelles | Frais d'établissement* | AB | 169 252 | AC | 169 252 | 0 | |
| | Frais de recherche et développement* | AD | | AE | | | |
| | Concessions, brevets et droits similaires | AF | 1 114 003 | AG | | 1 114 003 | 1 114 003 |
| | Fonds commercial (1) | AH | | AI | | | |
| | Autres immobilisations incorporelles | AJ | | AK | | | |
| | Avances et acomptes sur immobilisations incorporelles | AL | | AM | | | |
| Immobilisations corporelles | Terrains | AN | | AO | | | |
| | Constructions | AP | 1 123 768 | AQ | 292 265 | 831 503 | 796 220 |
| | Installations techniques, matériel et outillage industriels | AR | 465 387 | AS | 194 678 | 270 709 | 254 910 |
| | Autres immobilisations corporelles | AT | 28 161 750 | AU | 16 733 727 | 11 428 023 | 12 062 875 |
| | Immobilisations en cours | AV | | AW | | | |
| | Avances et acomptes | AX | 596 450 | AY | | 596 450 | |
| Immobilisations financières (2) | Participations | AZ | 206 625 | BA | | 206 625 | 151 000 |
| | Créances rattachées à des participations | BB | | BC | | | |
| | Autres titres immobilisés | BD | | BE | | | |
| | Prêts | BF | 56 910 | BG | | 56 910 | 65 035 |
| | Autres immobilisations financières* | BH | 105 770 | BI | | 105 770 | 92 785 |
| | **TOTAL (I)** | BJ | 31 999 915 | BK | 17 389 922 | 14 609 993 | 14 536 828 |
| ACTIF CIRCULANT — Stocks* | Matières premières, approvisionnements | BL | 1 025 615 | BM | | 1025 615 | 947 385 |
| | En-cours de production de biens | BN | | BO | | | |
| | En-cours de production de services | BP | | BQ | | | |
| | Produits intermédiaires et finis | BR | | BS | | | |
| | Marchandises | BT | | BU | | | |
| | Avances et acomptes versés sur commandes | BV | 48 950 | BW | | 48 950 | 1 505 |
| Créances | Clients et comptes rattachés (3)* | BX | 5 633 368 | BY | 211 355 | 5 422 013 | 5 129 560 |
| | Autres créances (3) | BZ | 553 658 | CA | 28 240 | 525 418 | 278 695 |
| | Capital souscrit et appelé, non versé | CB | | CC | | | |
| Divers | Valeurs mobilières de placement (dont actions propres : ) | CD | 2 505 002 | CE | | 2 505 002 | 4 250 000 |
| | Disponibilités | CF | 3 211 303 | CG | | 3 211 303 | 3 223 186 |
| Comptes de régularisation | Charges constatées d'avance (3)* | CH | 57 664 | CI | | 57 664 | |
| | **TOTAL (II)** | CJ | 13 035 560 | CK | 239 595 | 12 795 965 | 13 830 331 |
| | Charges à répartir sur plusieurs exercices* (III) | CL | | | | | |
| | Primes de remboursement des obligations (IV) | CM | | | | | |
| | Écarts de conversion actif* (V) | CN | | | | | |
| | **TOTAL GÉNÉRAL (0 à V)** | CO | 45 035 475 | 1A | 17 629 517 | 27 405 958 | 28 367 159 |

Renvois : (1) Dont droit au bail : — (2) part à moins d'un an des immobilisations financières nettes : CP — (3) Part à plus d'un an : CR

Clause de réserve de propriété : * — Immobilisations : — Stocks : — Créances :

* Des explications concernant cette rubrique sont données dans la notice n° 2032-N

N° 2050 N · Série G · IN 6403082 L 88 (49) · Novembre 1985

cerfa N° 30-1544

Formulaire obligatoire (article 53 A du Code général des impôts)

② **BILAN — PASSIF avant répartition**

D.G.I. N° 2051-N

Désignation de l'entreprise S.A. ROSSI

| | (Ne pas reporter le montant des centimes) * | | Exercice N, clos le : 31.12.84 (1) | Exercice N – 1 clos le : 31.12.83 (2) |
|---|---|---|---|---|
| CAPITAUX PROPRES | Capital social ou individuel (1) * (Dont versé : ..........) | DA | 2 157 600 | 2 157 600 |
| | Primes d'émission, de fusion, d'apport, .... | DB | | |
| | Ecarts de réévaluation (2)* | DC | | |
| | Réserve légale (3) | DD | 68 400 | 55 015 |
| | Réserves statutaires ou contractuelles | DE | | |
| | Réserves réglementées (3) (4) | DF | | |
| | Autres réserves | DG | 1 212 635 | 1 045 290 |
| | Report à nouveau | DH | | |
| | **RÉSULTAT DE L'EXERCICE (bénéfice ou perte)** | DI | 32 758 | 267 730 |
| | Subventions d'investissement | DJ | 295 700 | 392 000 |
| | Provisions réglementées * | DK | 439 500 | |
| | **TOTAL (I)** | DL | 4 206 593 | 3 917 635 |
| Autres fonds propres | Produit des émissions de titres participatifs | DM | 750 000 | 750 000 |
| | Avances conditionnées | DN | | |
| | **TOTAL (II)** | DO | 750 000 | 750 000 |
| Provisions pour risques et charges | Provisions pour risques | DP | 376 735 | 343 775 |
| | Provisions pour charges | DQ | | |
| | **TOTAL (III)** | DR | 376 735 | 343 775 |
| DETTES (5) | Emprunts obligataires convertibles | DS | | |
| | Autres emprunts obligataires | DT | | |
| | Emprunts et dettes auprès des établissements de crédit (6) | DU | 14 701 983 | 14 982 040 |
| | Emprunts et dettes financières divers (7) | DV | 551 267 | 690 535 |
| | Avances et acomptes reçus sur commandes en cours | DW | 1 678 553 | 1 329 178 |
| | Dettes fournisseurs et comptes rattachés | DX | 1 584 072 | 3 144 983 |
| | Dettes fiscales et sociales | DY | 3 386 943 | 3 153 290 |
| | Dettes sur immobilisations et comptes rattachés | DZ | | |
| | Autres dettes | EA | 169 812 | 55 723 |
| Compte régul. | Produits constatés d'avance (5) | EB | | |
| | **TOTAL (IV)** | EC | 22 072 630 | 23 355 749 |
| | Ecarts de conversion passif * **(V)** | ED | | |
| | **TOTAL GÉNÉRAL (I à V)** | EE | 27 405 958 | 28 367 159 |

Total du bilan de l'exercice N en francs et centimes *

| | | | | |
|---|---|---|---|---|
| RENVOIS | (1) Écart de réévaluation incorporé au capital | 1B | | |
| | (2) Dont Réserve spéciale de réévaluation (1959) | 1C | | |
| | Ecart de réévaluation libre | 1D | | |
| | Réserve de réévaluation (1976) | 1E | | |
| | (3) Dont réserve réglementée des plus-values à long terme * | EF | | |
| | (4) Dont réserve spéciale des profits de construction * | 1F | | |
| | (5) Dettes et produits constatés d'avance à moins d'un an | EG | | |
| | (6) Dont concours bancaires courants, et soldes créditeurs de banques et CCP | EH | | |
| | (7) Dont emprunts participatifs | EI | | |

* Des explications concernant cette rubrique sont données dans la notice n° 2032-N.

N° 2051 N - Série G - IN 6403083.L.95 (49) - Novembre 1985

cerfa N° 30-1545 (3) **COMPTE DE RÉSULTAT DE L'EXERCICE (En liste)** D.G.I. N° 2052-N

Formulaire obligatoire (article 53 A du Code général des impôts)

Désignation de l'entreprise : S.A. ROSSI

| (Ne pas reporter le montant des centimes) * | | | Exercice N, clos le : 31.12.84 — France 1 | | Exportation 2 | | Total 3 | Exercice précédent (N-1) clos le : 31 12 83 — 4 |
|---|---|---|---|---|---|---|---|---|
| PRODUITS D'EXPLOITATION | Ventes de marchandises * | FA | | FB | | FC | | |
| | Production vendue — biens | FD | 855 | FE | | FF | 855 | |
| | Production vendue — services * | FG | 36 354 870 | FH | 1 559 820 | FI | 37 914 690 | 34 952 664 |
| | **Chiffres d'affaires net** * | FJ | 36 355 725 | FK | 1 559 820 | FL | 37 915 545 | 34 952 664 |
| | Production stockée * | | | | | FM | | |
| | Production immobilisée * | | | | | FN | | |
| | Subventions d'exploitation | | | | | FO | 470 395 | 349 298 |
| | Reprises sur amortissements et provisions, transfert de charges * | | | | | FP | 12 135 | |
| | Autres produits (1) | | | | | FQ | 3 875 | |
| | **Total des produits d'exploitation** (2) **(I)** | | | | | FR | 38 401 950 | 35 301 962 |
| CHARGES D'EXPLOITATION | Achats de marchandises (y compris droits de douane) * | | | | | FS | 2 952 300 | 2 632 900 |
| | Variation de stock (marchandises) * | | | | | FT | | |
| | Achats de matières premières et autres approvisionnements (y compris droits de douane) * | | | | | FU | 6 469 483 | 6 344 268 |
| | Variation de stock (matières premières et approvisionnements) * | | | | | FV | −78 230 | |
| | Autres achats et charges externes (3) * | | | | | FW | 5 429 318 | 4 006 763 |
| | Impôts, taxes et versements assimilés * | | | | | FX | 1 058 078 | 813 887 |
| | Salaires et traitements * | | | | | FY | 10 461 168 | 9 499 250 |
| | Charges sociales | | | | | FZ | 3 853 637 | 3 506 030 |
| | DOTATIONS D'EXPLOITATION — Sur immobilisations — dotations aux amortissements * | | | | | GA | 6 060 843 | 6 170 763 |
| | DOTATIONS D'EXPLOITATION — Sur immobilisations — dotations aux provisions | | | | | GB | | |
| | DOTATIONS D'EXPLOITATION — Sur actif circulant : dotations aux provisions * | | | | | GC | 127 413 | 34 925 |
| | DOTATIONS D'EXPLOITATION — Pour risques et charges : dotations aux provisions | | | | | GD | 56 885 | |
| | Autres charges | | | | | GE | 62 500 | 77 688 |
| | **Total des charges d'exploitation** (4) **(II)** | | | | | GF | 36 453 395 | 33 086 474 |
| **1 - RÉSULTAT D'EXPLOITATION (I − II)** | | | | | | GG | 1 948 555 | 2 215 488 |
| opérations en commun | Bénéfice attribué ou perte transférée * **(III)** | | | | | GH | | |
| | Perte supportée ou bénéfice transféré * **(IV)** | | | | | GI | | |
| PRODUITS FINANCIERS | Produits financiers de participations (5) | | | | | GJ | 3 235 | 3 143 |
| | Produits des autres valeurs mobilières et créances de l'actif immobilisé (5) | | | | | GK | 252 883 | 74 275 |
| | Autres intérêts et produits assimilés (5) | | | | | GL | | |
| | Reprises sur provisions et transferts de charges | | | | | GM | | |
| | Différences positives de change | | | | | GN | 763 | |
| | Produits nets sur cessions de valeurs mobilières de placement | | | | | GO | 67 815 | |
| | **Total des produits financiers (V)** | | | | | GP | 324 696 | 77 418 |
| CHARGES FINANCIÈRES | Dotations financières aux amortissements et provisions * | | | | | GQ | | |
| | Intérêts et charges assimilées (6) | | | | | GR | 2 629 125 | 2 366 643 |
| | Différences négatives de change | | | | | GS | 813 | 1 408 |
| | Charges nettes sur cessions de valeurs mobilières de placement | | | | | GT | | |
| | **Total des charges financières (VI)** | | | | | GU | 2 629 938 | 2 368 051 |
| **2 - RÉSULTAT FINANCIER (V − VI)** | | | | | | GV | −2 305 242 | −2 290 633 |
| **3 - RÉSULTAT COURANT AVANT IMPÔTS (I − II + III − IV + V − VI)** | | | | | | GW | − 356 687 | − 75 145 |

(RENVOIS : voir tableau n° 2053-N) * Des explications concernant cette rubrique sont données dans la notice n° 2032-N.

N° 2052-N - Série G - IN 6403084 L 05 (49) - Novembre 1985

cerfa N° 30-1546

Formulaire obligatoire (article 53 A du Code général des impôts)

# ④ COMPTE DE RÉSULTAT DE L'EXERCICE (Suite)

D.G.I. N° 2053-N

Désignation de l'entreprise S.A. ROSSI

| (Ne pas reporter le montant des centimes) * | | | Exercice N, clos le : 31 12 84 (1) | Exercice N – 1 clos le : 31 12 83 (2) |
|---|---|---|---|---|
| PRODUITS EXCEPTIONNELS | Produits exceptionnels sur opérations de gestion | HA | 37 005 | 10 063 |
| | Produits exceptionnels sur opérations en capital * | HB | 2 921 300 | 1 586 333 |
| | Reprises sur provisions et transferts de charges | HC | 266 188 | |
| | **Total des produits exceptionnels** (7) **(VII)** | HD | 3 224 493 | 1 596 396 |
| CHARGES EXCEPTIONNELLES | Charges exceptionnelles sur opérations de gestion | HE | 65 175 | 1 778 |
| | Charges exceptionnelles sur opérations en capital * | HF | 1 860 695 | 859 477 |
| | Dotations exceptionnelles aux amortissements et provisions | HG | 681 763 | 181 538 |
| | **Total des charges exceptionnelles** (7) **(VIII)** | HH | 2 607 633 | 1 042 793 |
| **3 – RÉSULTAT EXCEPTIONNEL (VII – VIII)** | | HI | 616 860 | 553 603 |
| Participation des salariés aux fruits de l'expansion **(IX)** | | HJ | | |
| Impôts sur les bénéfices * **(X)** | | HK | 227 415 | 210 728 |
| **TOTAL DES PRODUITS (I + III + V + VII)** | | HL | 41 951 138 | 36 975 776 |
| **TOTAL DES CHARGES (II + IV + VI + VIII + IX + X)** | | HM | 41 918 381 | 36 708 046 |
| **4 – BÉNÉFICE OU PERTE (total des produits – total des charges)** | | HN | 32 757 | 267 730 |

RENVOIS

| | | | | |
|---|---|---|---|---|
| (1) | Dont produits nets partiels sur opérations à long terme | HO | | |
| (2) | Dont produits d'exploitation afférents à des exercices antérieurs (à détailler au (8) ci-dessous) | 1G | | |
| (3) | Dont – Crédit-bail mobilier | HP | | |
| | Dont – Crédit-bail immobilier | HQ | | |
| (4) | Dont charges d'exploitation afférentes à des exercices antérieurs (à détailler au (8) ci-dessous) | 1H | | |
| (5) | Dont produits concernant les entreprises liées | 1J | | |
| (6) | Dont intérêts concernant les entreprises liées | 1K | | |

| (7) Détail des produits et charges exceptionnels (Si ce cadre est insuffisant, joindre un état du même modèle) : | Exercice N – Charges exceptionnelles | Exercice N – Produits exceptionnels |
|---|---|---|
| Produits de cession d'immobilisations | | 2 587 500 |
| Subventions d'équipement | | 333 800 |
| Valeur comptable des éléments d'actif cédés | 1 860 695 | |
| Amendes et pénalités | 14 133 | |

| (8) Détail des produits et charges sur exercices antérieurs : | Exercice N – Charges antérieures | Exercice N – Produits antérieurs |
|---|---|---|
| Charges sur exercices antérieurs | 8 263 | |
| Produits sur exercices antérieurs | | 10 060 |

* Des explications concernant cette rubrique sont données dans la notice n° 2032-N

N° 2053-N · Série G · IN 6403085 L 12 (31) Novembre 1985

## Annexe II

## ANALYSE DE SIX ENTREPRISES DE TRANSPORT DE VOYAGEURS DE LA RÉGION DU NORD
## (autres que les S.A. Rossi et Lepers)

| | A | B | C | D | E | F |
|---|---|---|---|---|---|---|
| $\frac{\text{Fonds de roulement}}{\text{Chiffre d'affaires H.T.}} \times 100$ | + 6 % | − 7 % | − 10,4 % | − 1,8 % | − 3,4 % | − 1,5 % |
| $\frac{\text{Passif}}{\text{Capitaux propres (après affectation)}}$ | 3,69 | 6,31 | 11 | 2,70 | 5,7 | 7,62 |
| $\frac{\text{Résultat courant avant impôt}}{\text{Capitaux propres (avant affectation)}} \times 100$ | − 25,5 % | − 66,5 % | − 18,3 % | − 3,7 % | − 81,4 % | + 17,3 % |
| $\frac{\text{Résultat net}}{\text{Capitaux propres (avant affectation)}} \times 100$ | + 10,2 % | + 8,3 % | + 4,3 % | − 1,7 % | − 28,4 % | + 17,8 % |
| $\frac{\text{Frais de personnel}}{\text{Valeur ajoutée}} \times 100$ | 73 % | 82 % | 82,3 % | 81,4 % | 92,9 % | 59,7 % |
| $\frac{\text{Excédent brut d'exploitation}}{\text{Chiffres d'affaires H.T.}} \times 100$ | 15,3 % | 4,5 % | 12,8 % | 5,6 % | 1,9 % | 23,7 % |
| $\frac{\text{Stocks} \times 360}{\text{Chiffre d'affaires H.T.}}$ | 3 | 3,5 | 5 | 6,5 | 5 | 2 |
| Crédit clients (en jours) | 43 | 29 | 60 | 68 | 57 | 72 |
| Crédit fournisseurs (en jours) | 85 | 32 | 82 | 65 | 90 | 41 |

## Annexe III

## COMPLÉMENTS D'INFORMATIONS TIRÉS DE « L'ANNEXE »

1. *Détail du poste « Autres créances ».*

| | 31-12-1983 | 31-12-1984 |
|---|---|---|
| TOTAL | 278 695 | 553 658 |
| *Dont :* Produits à recevoir | 167 705 | 444 775 |
| T.V.A. déductible AB et S | 110 990 | 108 883 |

2. *Détail du poste « Provisions réglementées ».*

| | 31-12-1983 | 31-12-1984 |
|---|---|---|
| TOTAL | – | 439 500 |
| *Dont :* Amortissements dérogatoires | – | 439 500 |

3. *Renseignements relatifs aux « Emprunts et dettes auprès des établissements de crédit ».*

| | |
|---|---|
| Emprunts souscrits au cours de l'exercice clos le 31-12-1984 | 3 536 812 |
| Emprunts remboursés au cours de ce même exercice ..... | 3 816 869 |

4. *Détail du poste « Provisions pour risque » au 31 décembre 1984.*

| | 31-12-1983 | 31-12-1984 |
|---|---|---|
| TOTAL ........ | | 376 735 |
| *Dont :* Provision pour litiges ........ | | 56 885 |
| + Provision pour impôt ........ | | + 242 263 |
| – *Reprise sur provisions* ........ | | – *266 188* |
| Mouvement : | | + 32 960 |
| solde au 31-12-1983 ........ | | 343 775 |
| solde au 31-12-1984 ........ | | 376 735 |

5. *Détail du poste « Emprunts et dettes financières dus ».*

| | 31-12-1983 | 31-12-1984 |
|---|---|---|
| TOTAL ........ | 690 535 | 551 267 |
| *Dont :* CC associés ........ | 499 972 | 383 210 |
| Intérêts courus sur emprunts ........ | 190 563 | 168 057 |

REMARQUE. — *Les comptes courants d'associés peuvent être considérés comme* stables *à hauteur de 300 000 F.*

6. *Détail du poste « Dettes fiscales et sociales ».*

| | 31-12-1983 | 31-12-1984 |
|---|---|---|
| | – | – |
| Rémunérations dues | 643 445 | 694 072 |
| Provisions pour congés payés | 656 600 | 785 980 |
| Sécurité sociale et organismes sociaux | 1 471 910 | 1 561 263 |
| Impôt sur les sociétés | 93 800 | 18 393 |
| T.V.A. collectée | 287 535 | 327 235 |
| | 3 153 290 | 3 386 943 |

7. *Détail du poste « Autres dettes ».*

| | | |
|---|---|---|
| TOTAL | 55 723 | 169 812 |
| *Dont :* Charges à payer | – | 132 180 |
| Intérêts courus s/comptes courants | 55 723 | 37 632 |

8. *Autres informations utiles.*

| | 31-12-1983 | 31-12-1984 |
|---|---|---|
| | – | – |
| Engagements de crédit-bail : | | |
| mobilier | 771 028 | 2 061 978 |
| immobilier | – | – |
| Effets portés à l'escompte et non échus | – | – |
| Loyers de crédit-bail | 362 455 | 858 398 |

# Corrigé épreuve n° 9 - 1985

## Question 1 : Etablissement du tableau des soldes intermédiaires de gestion.

TABLEAU 1 : TABLEAU DES SOLDES INTERMÉDIAIRES DE GESTION

| ANNÉE | 1984 | % Production | 1983 | % Production |
|---|---|---|---|---|
| Production vendue | 37 915 545 | 100,0 % | 34 952 664 | 100,0 % |
| **PRODUCTION DE L'EXERCICE** | **37 915 545** | **100,0 %** | **34 952 664** | **100,0 %** |
| – Coût d'achat des marchandises | 2 952 300 | 7,8 % | 2 632 900 | 7,5 % |
| – Consommation de matières et autres approvisionnements | 6 391 253 | 16,9 % | 6 344 268 | 18,2 % |
| – Autres achats et charges externes | 5 429 318 | 14,3 % | 4 006 763 | 11,5 % |
| – *CONSOMMATIONS* | *14 772 871* | *39,0 %* | *12 983 931* | *37,1 %* |
| **VALEUR AJOUTÉE PRODUITE** | **23 142 674** | **61,0 %** | **21 968 733** | **62,9 %** |
| + Subventions d'exploitation | 470 395 | 1,2 % | 349 298 | 1,0 % |
| – Impôts et taxes | 1 058 078 | 2,8 % | 813 887 | 2,3 % |
| – Charges de personnel | 14 314 805 | 37,8 % | 13 005 280 | 37,2 % |
| **EXCÉDENT BRUT D'EXPLOITATION** | **8 240 186** | **21,7 %** | **8 498 864** | **24,3 %** |
| + Reprise sur charges et transfert de charges | 12 135 | 0,0 % | 0 | 0,0 % |
| + Autres produits | 3 875 | 0,0 % | 0 | 0,0 % |
| – Dotations aux amortissements et provisions | 6 245 141 | 16,5 % | 6 205 688 | 17,8 % |
| – Autres charges | 62 500 | 0,2 % | 77 688 | 0,2 % |
| **RÉSULTAT D'EXPLOITATION** | **1 948 555** | **5,1 %** | **2 215 488** | **6,3 %** |
| + Produits financiers | 324 696 | 0,9 % | 77 418 | 0,2 % |
| – *Charges financières* | *2 629 938* | *6,9 %* | *2 368 051* | *6,8 %* |
| **RÉSULTAT COURANT AVANT IMPÔTS** | **– 356 687** | **– 0,9 %** | **– 75 145** | **– 0,2 %** |
| + Produits exceptionnels | 3 224 493 | 8,5 % | 1 596 396 | 4,6 % |
| – Charges exceptionnelles | 2 607 633 | 6,9 % | 1 042 793 | 3,0 % |
| **RÉSULTAT EXCEPTIONNEL** | **616 860** | **1,6 %** | **553 603** | **1,6 %** |
| – Impôts sur les bénéfices | 227 415 | 0,6 % | 210 728 | 0,6 % |
| **RÉSULTAT DE L'EXERCICE** | **32 758** | **0,1 %** | **267 730** | **0,8 %** |

Les ventes de marchandises ayant été nulles, nous avons regroupé les consommations de marchandises avec les autres consommations. Conformément aux options du plan comptable 1982, la valeur ajoutée et l'excédent brut d'exploitation ont été calculés sans opérer de correction pour les loyers de crédit-bail. Si nous avions fait ces corrections, la valeur ajoutée aurait représenté respectivement 63,9 % et 63,3 % de la production et l'E.B.E. respectivement 25,4 % et 24 % de la production pour 1983 et 1984.

La croissance de l'activité a été de 8,5 % en 1984, soit une croissance faible en termes réels. La valeur ajoutée s'est dégradée de près de 2 %, mais si on élimine l'incidence du crédit-bail, cette dégradation est très faible (0,5 %). Le gain de marge obtenu au niveau des consommations de matières et autres approvisionnement a été intégralement absorbé par les autres charges externes.

L'excédent brut d'exploitation connaît une dégradation plus importante, même après neutralisation des effets du crédit-bail. Cette baisse est, pour l'essentiel, due à un léger glissement des charges de personnel, qui ont crû de 10,1 % au cours de l'exercice.

L'absence d'informations précises sur le crédit-bail ne permet pas de répartir les loyers en charges financières et en amortissement du capital. On peut supposer cependant que les résultats d'exploitation apparaîtraient légèrement supérieurs, et que la dégradation de 1984 serait en fait moins élevée. Cette même correction, si elle était pratiquée, amplifierait le montant des charges financières, ainsi que leur accroissement en 1984.

Globalement, le résultat courant apparaît négatif et en légère dégradation sur l'année 1984. Cette dégradation est due, sur le plan de l'exploitation, au léger glissement des frais de personnel. Le résultat d'exploitation apparaît insuffisant pour faire face au paiement des charges financières qui, même avant prise en compte du crédit-bail, sont très élevées (près de 7 % du C.A.H.T.).

Par comparaison aux entreprises du même secteur, la situation de la S.A. Rossi semble cependant « bonne », puisque son ratio de marge E.B.E./C.A. est l'un des meilleurs, ainsi que son ratio Frais de personnel/Valeur ajoutée (61,9 % en 1984). Si on considère le ratio Résultat courant avant impôt/Capitaux propres, il semble qu'il y ait une crise de rentabilité quasi générale dans le secteur (secteur du transport...).

**Question 2 : Le tableau d'emplois et ressources.**

Bien que l'énoncé oriente vers la présentation d'un tableau de financement bien particulier, nous avons cependant construit tout d'abord le tableau de financement de type fonctionnel, proche de celui préconisé par le P.C.G. 1982, avant de présenter un tableau d'emplois et ressources structuré en fonction des différentes catégories de flux citées.

## I. LE TABLEAU DE FINANCEMENT FONCTIONNEL.

Ce tableau est bâti en fonction de la relation : Variation de la trésorerie = Variation du F.D.R. fonctionnel – Variation du B.F.D.R. Faute d'informations précises sur les amortissements et les provisions du bilan 1983, nous n'avons pu réaliser une balance des mutations. Toutefois, nous avons construit de façon imparfaite un bilan fonctionnel afin de déterminer le F.D.R. fonctionnel, le B.F.D.R. d'exploitation, le B.F.D.R. hors-exploitation et la trésorerie, en vue de faciliter l'élaboration du tableau de financement.

### A. Le bilan fonctionnel.

TABLEAU 2 : F.D.R. FONCTIONNEL - B.F.D.R. - TRÉSORERIE

| ANNÉE | 1984 | 1983 |
|---|---|---|
| **F.D.R. FONCTIONNEL** | **5 964 913** | **5 880 939** |
| ***STOCKS D'EMPLOIS ACYCLIQUES STABLES (1)*** | ***14 609 993*** | ***14 536 828*** |
| Immobilisations incorporelles | 1 114 003 | 1 114 003 |
| Immobilisations corporelles | 13 126 685 | 13 114 005 |
| Immobilisations financières | 369 305 | 308 820 |
| ***STOCKS DE RESSOURCES ACYCLIQUES STABLES (2)*** | ***20 574 906*** | ***20 417 767*** |
| *RESSOURCES PROPRES* | *4 822 923* | *4 385 727* |
| Capital | 2 157 600 | 2 157 600 |
| Réserves légales + autres réserves | 1 281 035 | 1 100 305 |
| Résultat de l'exercice | 32 758 | 267 730 |
| Subventions d'investissement | 295 700 | 392 000 |
| Provisions réglementées | 439 500 | 0 |
| Provisions pour risques et charges | 376 735 | 343 775 |
| Provisions sur actif circulant (3) | 239 595 | 124 317 |
| *DETTES FINANCIÈRES STABLES* | *15 751 983* | *16 032 040* |
| Titres participatifs (4) | 750 000 | 750 000 |
| Emprunts auprès des établissements de crédit (5) | 14 701 983 | 14 982 040 |
| Emprunts et dettes financières divers (6) | 300 000 | 300 000 |

| ANNÉE | 1984 | 1983 |
|---|---|---|
| **B.F.D.R. D'EXPLOITATION (montants bruts) (7)** | **185 641** | **– 1 219 894** |
| *EMPLOIS* | *6 816 816* | *6 313 757* |
| Stocks | 1 025 615 | 947 385 |
| Clients + autres créances (8) + avances | 5 791 201 | 5 366 372 |
| *RESSOURCES* | *6 631 175* | *7 533 651* |
| Avances et acomptes | 1 678 553 | 1 329 178 |
| Dettes Fournisseurs et comptes rattachés | 1 584 072 | 3 144 983 |
| Dettes fiscales et sociales (9) | 3 368 550 | 3 059 490 |
| **B.F.D.R. HORS-EXPLOITATION** | **146 177** | **– 172 381** |
| *EMPLOIS* | *502 439* | *167 705* |
| Produits à recevoir | 444 775 | 167 705 |
| Charges constatées d'avance (10) | 57 664 | 0 |
| *RESSOURCES* | *356 262* | *340 086* |
| Intérêts courus sur emprunts | 168 057 | 190 563 |
| Impôt sur les sociétés | 18 393 | 93 800 |
| Autres dettes (11) | 169 812 | 55 723 |
| **TRÉSORERIE = F.D.R. FONCTIONNEL – B.F.D.R.** | **5 633 095** | **7 273 214** |
| *EMPLOIS* | *5 716 305* | *7 473 186* |
| Valeurs mobilières de placement (12) | 2 505 002 | 4 250 000 |
| Disponibilités | 3 211 303 | 3 223 186 |
| *RESSOURCES* | *83 210* | *199 972* |
| C.C.A. partie instable | 83 210 | 199 972 |

(1) Les montants bruts des postes pour 1983 n'étant pas connus, le F.D.R. fonctionnel a été déterminé à partir des montants nets.
(2) Elles ont été évaluées hors-amortissements, ce qui compense leur absence dans l'évaluation des emplois.
(3) Le montant de 1983 a été évalué à partir de celui de 1984 en tenant compte de la dotation (127 413) et de la reprise (12 135).
(4) Ils ont été considérés comme dettes financières.
(5) Les concours bancaires sont nuls.
(6) Après soustraction de la partie instable des C.C.A. et des intérêts courus.
(7) On a supposé que les provisions ne concernaient que les créances.
(8) Les produits à recevoir ont été considérés en hors-exploitation.
(9) A l'exclusion de l'impôt sur les sociétés.
(10) Elles ont été considérées comme hors-exploitation.
(11) Elles ont été considérées comme hors-exploitation.
(12) Contrairement aux recommandations du P.C.G. 1982, nous les avons classées en emplois de trésorerie.

Ce bilan a été établi, faute d'informations suffisantes, sans réintégrer les biens financés par crédit-bail ; si on assimile le crédit-bail à une forme d'endettement particulière, l'endettement réel apparaît plus important.

La structure de ce bilan fait apparaître que le F.D.R. fonctionnel couvre largement le B.F.D.R. et que la trésorerie de la S.A. Rossi est nettement positive. La société utilise ce surcroît de F.D.R. fonctionnel pour acquérir des valeurs mobilières de placement. La trésorerie a baissé en 1984 à la suite d'un accroissement du B.F.D.R. d'exploitation qui est devenu positif, alors qu'auparavant, il constituait une ressource. Cette évolution du B.F.D.R. d'exploitation est due à une baisse très importante du crédit-fournisseurs dont on ignore la cause. Il ne semble pas que cette baisse du crédit-fournisseur ait été négociée contre un escompte de règlement, car le compte de résultat ne fait pas apparaître de produits financiers de cette nature. Au vu des ratios des autres entreprises, il semble cependant que le ratio actuel de 60 jours soit plus conformes aux habitudes du secteur que le ratio précédent de 120 jours.

## B. La construction du tableau de financement.

### 1° LA DÉTERMINATION DE LA CAPACITÉ D'AUTOFINANCEMENT.

La capacité d'autofinancement a été déterminée à partir des deux méthodes traditionnelles.

TABLEAU 3 : CAPACITÉ D'AUTOFINANCEMENT

| | 1984 |
|---|---|
| **MÉTHODE 1 : à partir de l'E.B.E.** | |
| **E.B.E.** | **8 240 186** |
| + Transfert de charges (1) | 0 |
| + Autres produits | 3 875 |
| − Autres charges d'exploitation (2) | − 62 500 |
| + Produits financiers (3) | 324 696 |
| − Charges financières | − 2 629 938 |
| + Produits exceptionnels (4) | 37 005 |
| − Charges exceptionnelles (5) | − 65 175 |
| − Impôts sur les bénéfices | − 227 415 |
| **CAPACITÉ D'AUTOFINANCEMENT** | **5 620 734** |
| | |
| **MÉTHODE 2 : à partir du résultat** | |
| **RÉSULTAT** | **32 757** |
| + V.N.C. des éléments cédés | 1 860 695 |
| − Produits de cession | − 2 587 500 |
| − Reprise de subvention | − 333 800 |
| + Dotations amort. et prov. exceptionnelles | 681 763 |

| | 1984 |
|---|---|
| – Reprises de provisions exceptionnelles<br>+ Dotations amort. et prov. d'exploitation<br>– Reprises de provisions d'exploitation | – 266 188<br>6 245 141<br>– 12 135 |
| **CAPACITÉ D'AUTOFINANCEMENT** | **5 620 733** |

(1) On a supposé que les transferts de charges étaient nuls.
(2) Aucune correction n'a été apportée pour tenir compte des pertes sur exercice antérieur.
(3) Compte tenu de leur mode de comptabilisation, les cessions de valeurs mobilières de placement ne sont traitées comme les autres cessions.
(4) A l'exclusion des produits de cession et de la reprise de subvention d'équipement.
(5) A l'exclusion des V.N.C. des éléments cédés.

2° La détermination des autres flux.

*a) Les dividendes distribués.*

Il s'agit des dividendes prélevés sur le résultat de 1983 et versés en 1984. On les détermine par différence entre le résultat de 1983, soit 267 730 et la variation des réserves, soit 180 730. On en conclut qu'un dividende de 87 000 a été versé en 1984.

*b) Acquisitions et cessions d'immobilisations.*

— *Immobilisations incorporelles :* elles se sont accrues de 169 252.
— *Immobilisations corporelles :* on peut les déterminer à partir de la relation :

Acquisition = Variation Immobilisations nettes + Dotations aux amortissements + V.N.C. des cessions

soit

7 764 966 = 12 680 + (6 060 843 – 169 252) + 1 860 695

les 169 252 étant les dotations aux amortissements sur frais d'établissement.

Les cessions ont été d'un montant de 2 587 500 F.

— *Immobilisations financières :* il y a eu un accroissement des participations et des autres immobilisations financières pour un montant de 68 610 F. On suppose que le prêt a été remboursé pour 8 125 F.

*c) Les subventions d'équipement.*

La variation globale de la subvention a été de – 96 300 F ; il y a eu une reprise de 333 800 F ; par conséquent, une nouvelle subvention de 237 500 F a été accordée.

*d) Les mouvements sur emprunts.*

Ils sont donnés en annexe de l'énoncé. Un nouvel emprunt a été contracté pour un montant de 3 536 812 F, et un remboursement a été effectué pour un montant de 3 816 869 F.

3° LE TABLEAU DE FINANCEMENT FONCTIONNEL.

TABLEAU 4 : TABLEAU DE FINANCEMENT

| | 1984 |
|---|---|
| **VARIATION DU F.D.R. FONCTIONNEL** | **83 974** |
| ***FLUX D'EMPLOIS*** | ***11 906 697*** |
| Distributions de dividendes | 87 000 |
| Acquisitions d'éléments d'actifs immobilisés : | |
| – Immobilisations incorporelles | 169 252 |
| – Immobilisations corporelles | 7 764 966 |
| – Immobilisations financières | 68 610 |
| Remboursement de dettes financières | 3 816 869 |
| ***FLUX DE RESSOURCES*** | ***11 990 671*** |
| Capacité d'autofinancement | 5 620 734 |
| Cessions ou réductions de l'actif immobilisé : | |
| – Cessions d'immobilisations corporelles | 2 587 500 |
| – Réductions d'immobilisations financières | 8 125 |
| Subvention d'équipement | 237 500 |
| Augmentation des dettes financières | 3 536 812 |
| **VARIATION DU B.F.D.R. D'EXPLOITATION** | **1 405 535** |
| Variation des stocks d'emplois d'exploitation | 503 059 |
| Variation des stocks de ressources d'exploitation | – 902 476 |
| **VARIATION DU B.F.D.R. HORS-EXPLOITATION** | **318 558** |
| Variation des stocks d'emplois | 334 734 |
| Variation des stocks de ressources | 16 176 |
| **VARIATION DE LA TRÉSORERIE** | **– 1 640 119** |
| Variation des emplois de trésorerie | – 1 756 881 |
| Variation des ressources de trésorerie | – 116 762 |

Ce tableau révèle que, pendant l'exercice, les ressources acycliques stables ont permis de financer les emplois acycliques stables. Le F.D.R. fonctionnel a légèrement augmenté. Mais, par ailleurs, les B.F.D.R. d'exploitation et hors-exploitation se sont accrus sensiblement. Cette croissance du B.F.D.R. a conduit la S.A. Rossi à liquider une partie importante de ses valeurs mobilières de placement. On peut supposer, compte tenu de la brusque variation du crédit-fournisseurs, qu'un tel phénomène est ponctuel et que l'équilibre F.D.R. fonctionnel - B.F.D.R. - Trésorerie, très satisfaisant actuellement, n'est pas menacé.

On remarquera l'importance des investissements de l'année, qui représentent environ 25 % des immobilisations brutes corporelles de 1984 (sans tenir compte des biens financés par crédit-bail). La capacité d'autofinancement et le produit des cessions ont permis de faire face à ces investissements. Notons que dans une telle activité (le transport), le flux de cession est régulier et peut représenter une part non négligeable du financement des nouveaux équipements.

## II. LE TABLEAU DE FINANCEMENT STRUCTURÉ EN FONCTION DES OPÉRATIONS SUR ACTIFS ET DES OPÉRATIONS DE FINANCEMENT.

La présentation de ce tableau (1) est fondée sur la séparation entre les flux sur opérations réelles, secrétés par les actifs industriels (flux liés au financement de l'exploitation) et par les actifs financiers (flux liés à l'activité financière) et les flux sur opérations de financement qui représentent les flux qui se produisent entre l'entreprise et ses actionnaires (flux liés au financement par fonds propres) et ses créanciers financiers (flux liés au financement par dettes). Bien entendu, la somme des flux sur opérations réelles est égale à la somme des flux sur opérations de financement.

---

(1) Ce type de tableau (V. page suivante) est dû à M. LEVASSEUR. On peut en trouver une présentation dans : LEVASSEUR, *Initiation à la comptabilité générale et à l'analyse financière*, Masson 1980, et dans LEVASSEUR, *Gestion de trésorerie*, Economica 1979. Une version légèrement différente a été proposée par CHARREAUX, *L'analyse financière par les flux : synthèse et critique des approches récentes : Analyse financière*, 3e trimestre 1984.

Cet ensemble de flux peut être représenté par le schéma suivant :

| FLUX SUR OPÉRATIONS RÉLLES | | | FLUX SUR OPÉRATIONS DE FINANCEMENT |
|---|---|---|---|
| Emplois<br>– Investissements<br>– Var. B.F.D.R. exp.<br>Ressources<br>– E.B.E.<br>– Cessions | **ACTIFS INDUSTRIELS**<br>*Flux liés au financement de l'exploitation* | **ACTIONNAIRES**<br>*Flux liés au financement par fonds propres* | Emplois<br>– Dividendes<br>Ressources<br>– Augmentation de capital |
| Emplois<br>– Participations<br>– Placement<br>– Prêts<br>Ressources<br>– Produits financiers<br>– Cessions | **ACTIFS FINANCIERS**<br>*Flux liés à l'activité financière* | **CRÉANCIERS FINANCIERS**<br>*Flux liés au financement par dettes* | Emplois<br>– Remboursements<br>– Frais financiers<br>Ressources<br>– Emprunts<br>– Concours bancaires de trésorerie |

L'identification des flux en fonction des catégories précédentes posent parfois des problèmes difficiles à résoudre par manque d'information, notamment quant à la nature de certains éléments du B.F.D.R. hors-exploitation et quant aux corrections à apporter à l'E.B.E.

Cette représentation nécessite également une décomposition du montant global de l'impôt, afin de faire apparaître, pour chaque catégorie de flux, l'impôt qui la concerne. Ainsi, on a évalué le montant de l'impôt sur les bénéfices qu'aurait dû acquitter la S.A. Rossi, si elle n'avait pas de charges et de produits financiers. L'impôt relatif à ces deux rubriques apparaît alors de façon séparée.

## TABLEAU 5 : TABLEAU DE FLUX

| | | | |
|---|---|---|---|
| **FLUX LIÉS AU FINANCEMENT DE L'EXPLOITATION (ou flux sur actifs industriels)** | **2 120** | **FLUX LIÉS AU FINANCEMENT PAR FONDS PROPRES** | **150 500** |
| *EMPLOIS* | 9 358 735 | *EMPLOIS* | 87 000 |
| Acquisition d'immobilisations incorporelles | 169 252 | Dividendes | 87 000 |
| Acquisition d'immobilisations corporelles | 7 764 966 | | |
| Variation B.F.D.R. d'exploitation | 1 405 535 | *RESSOURCES* | 237 500 |
| Eléments divers de la variation B.F.D.R. hors-exp. (1) | 18 982 | Subvention d'équipement | 237 500 |
| *RESSOURCES* | 9 360 855 | | |
| E.B.E. | 8 240 186 | **FLUX LIÉS AU FINANCEMENT PAR DETTES** | **– 1 734 294** |
| – Impôt théorique (2) | – 1 380 036 | | |
| – Corrections éléments exceptionnels (3) | – 86 795 | *EMPLOIS* | 5 271 106 |
| Cessions d'immobilisations corporelles | 2 587 500 | Charges financières | 2 629 938 |
| **FLUX LIÉS À L'ACTIVITÉ FINANCIÈRE (ou flux sur actifs financiers)** | **1 581 674** | – Economie d'impôt sur charges financières | – 1 314 969 |
| | | Remboursement de dettes | 3 816 869 |
| *EMPLOIS* | 345 680 | Réduction des C.C.A. | 116 762 |
| Variation des produits à recevoir (4) | 277 070 | Variation Intérêts courus sur emprunt | 22 506 |
| Acquisition d'immobilisations financières | 68 610 | *RESSOURCES* | 3 536 812 |
| *RESSOURCES* | 1 927 354 | Emprunt | 3 536 812 |
| Produits financiers | 324 696 | | |
| Impôt théorique sur produits financiers | – 162 348 | | |
| Remboursement du prêt | 8 125 | | |
| Baisse des disponibilités | 11 883 | | |
| Cession des valeurs mobilières de placement (5) | 1 744 998 | | |
| **FLUX SUR OPÉRATIONS RÉELLES** | **1 583 794** | **FLUX SUR OPÉRATIONS DE FINANCEMENT** | **– 1 583 794** |

(1) Variation (charges constatées d'avance + impôt + autres dettes) = 57 664 + 75 407 – 114 089.
(2) L'impôt théorique est évalué en neutralisant l'incidence des produits et des charges financières, soit 1 380 036 = 227 415 + [2 629 938 – 324 696]/2.
(3) Eléments exceptionnels = Produits exceptionnels – charges exceptionnelles + autres produits – autres charges, soit – 86 795.
(4) On a supposé que les produits à recevoir étaient des produits financiers.
(5) Le flux correspond à la variation du poste comptable ; le flux réel est différent mais ne peut être évalué compte tenu du mode de comptabilisation des cessions des valeurs mobilières de placement.

Ce tableau, établi pour la S.A. Rossi, conduit aux conclusions suivantes :

— Le flux sur opérations réelles a été positif et a permis de faire face au flux négatif sur opérations de financement.

— Le flux global sur actifs industriels est très faible, les ressources ont tout juste permis de faire face aux emplois. L'effort d'investissement et la variation du B.F.D.R. ont absorbé l'ensemble des flux secrétés par ces actifs. Si l'investissement représente un investissement de croissance, cette situation n'a rien d'alarmante à court terme. A long terme, elle signifierait que la rentabilité est insuffisante.

— Le flux global sur actifs financiers est important. Il résulte principalement des cessions de valeurs mobilières de placement qui ont été réalisées.

— Les flux secrétés par les actifs réels augmentés du flux lié au financement par fonds propres, qui provient de la subvention d'équipement, a permis de faire face au flux global négatif qui revient aux créanciers. Compte tenu du nouvel emprunt contracté, qui compense le remboursement des anciens emprunts, ce flux négatif représente essentiellement le paiement des frais financiers.

L'élément inquiétant, qui résulte de ce tableau, est qu'il a fallu recourir à des cessions de titres de placement, et donc à la liquidation d'actifs, pour pouvoir assurer la rémunération des créanciers. Une telle situation ne peut durer très longtemps. Il appartient normalement, pour ce type d'activité, au flux sur actif industriel d'assurer la couverture des charges financières. Cependant, on ne peut émettre de diagnostic définitif au vu d'une seule année, notamment s'il s'agit d'une année de fort investissement.

## Question 3 : Ratios de rotation.

L'analyse des ratios de rotation est utile pour diagnostiquer l'évolution du B.F.D.R. d'exploitation. Au vu des chiffres du tableau 6, et des données de l'annexe II de l'énoncé, il apparaît que le ratio-clients est plutôt inférieur à la moyenne, alors que le ratio de rotation des stocks est légèrement plus élevé. La baisse brutale du crédit fournisseurs, déjà évoquée, fait revenir la S.A. Rossi légèrement en dessous des ratios des autres entreprises. Globalement, la S.A. Rossi ne semble pas plus mal placée que ses concurrents.

TABLEAU 6 : RATIOS DE ROTATION

| ANNÉE | 1983 | 1984 |
|---|---|---|
| RATIOS DE ROTATION | | |
| Ratio de crédit-client (jours de C.A.T.T.C.) | 45,6 | 45,1 |
| Ratio de rotation des stocks (jours de consommation) | 53,8 | 57,8 |
| Ratio de rotation des stocks (jours de C.A.H.T.) | 9,8 | 9,7 |
| Ratio de rotation fournisseurs (achats T.T.C.) | 126,1 | 60,5 |

## Question 4 : Etude de la rentabilité - Effet de levier financier.

L'étude de l'effet de levier financier va nous permettre d'étudier l'évolution de la rentabilité des capitaux propres à partir de la rentabilité économique, en fonction du recours à l'endettement.

La relation de l'effet de levier est la suivante :

$$K_c = K_a + [K_a - K_d] \; D/CP$$

avec $K_c$ taux de rentabilité des capitaux propres après impôt,
$K_a$ le taux de rentabilité économique (de l'actif économique) après impôt,
$K_d$ le coût de la dette après impôt,
D/C.P. le ratio comptable Dettes financières/capitaux propres, évalué de façon comptable.

TABLEAU 7 : DÉTERMINATION DE L'EFFET DE LEVIER FINANCIER

| ANNÉE | 1983 | 1984 |
|---|---|---|
| **ACTIF ÉCONOMIQUE** | **20 227 234** | **20 119 373** |
| Immobilisations nettes | 14 536 828 | 14 609 993 |
| B.F.D.R. d'exploitation (montant net) (1) | – 1 344 211 | – 53 954 |
| B.F.D.R. hors-exploitation corrigé (2) | – 438 569 | – 152 971 |
| Valeurs mobilières de placement | 4 250 000 | 2 505 002 |
| Disponibilités | 3 223 186 | 3 211 303 |
| **CAPITAUX** | **20 227 234** | **20 119 373** |
| *CAPITAUX PROPRES* | *3 995 222* | *4 284 180* |
| Capital | 2 157 600 | 2 157 600 |
| Réserves (3) | 1 368 035 | 1 313 793 |
| Subventions d'équipement | 392 000 | 295 700 |
| Provisions réglementées | 0 | 439 500 |
| Provisions pour risques et charges (4) | 77 587 | 77 587 |

## Corrigé épreuve n° 9 - 1985

| ANNÉE | 1983 | 1984 |
|---|---|---|
| *DETTES FINANCIÈRES (5)* | ***16 232 012*** | ***15 835 193*** |
| Titres participatifs<br>Emprunts auprès des établissements de crédit<br>Emprunts et dettes financières divers (C.C.A.) | 750 000<br>14 982 040<br>499 972 | 750 000<br>14 701 983<br>383 210 |
| **RÉSULTAT ÉCONOMIQUE AVANT IMPÔT** | **2 292 906** | **2 273 251** |
| Résultat d'exploitation avant impôt<br>Produits financiers | 2 215 488<br>77 418 | 1 948 555<br>324 696 |
| **RÉSULTAT ÉCONOMIQUE APRÈS IMPÔT** | **1 146 453** | **1 136 625** |
| *TAUX DE RENTABILITÉ ÉCONOMIQUE Ka* | *5,67 %* | *5,65 %* |
| Frais financiers avant impôt<br>Economie d'impôt sur frais financiers (6)<br>Frais financiers après impôt | 2 368 051<br>1 146 453<br>1 221 598 | 2 629 938<br>1 136 625<br>1 493 313 |
| *COÛT DE LA DETTE Kd* | *7,53 %* | *9,43 %* |
| RÉSULTAT COURANT AVANT IMPÔT | – 75 145 | – 356 687 |
| **RÉSULTAT COURANT APRÈS IMPÔT** | **– 75 145** | **– 356 687** |
| *TAUX DE RENTABILITÉ DES FONDS PROPRES Kc* | *– 1,88 %* | *– 8,33 %* |
| **EFFET DE LEVIER FINANCIER** | **– 7,55 %** | **– 13,98 %** |
| RATIO D'ENDETTEMENT D/CP<br>Kc = Ka + [Ka – Kd] D/CP (7) | 4,06<br>– 1,88 % | 3,70<br>– 8,33 % |

(1) L'actif économique est évalué dans l'optique patrimoniale, donc après correction des provisions.
(2) Le B.F.D.R. hors-exploitation a été corrigé des provisions pour risques et charges correspondant à des dettes à court terme (provision pour impôt et litiges).
(3) Il aurait fallu normalement neutraliser l'incidence des dividendes.
(4) Après correction des provisions pour impôt et litiges.
(5) Elles ont été évaluées en prenant l'ensemble des capitaux ayant au moins partiellement une rémunération fixe.
(6) L'économie d'impôt n'est pas égale à 50 % des frais financiers, compte tenu de la faiblesse du résultat économique ; il y a un phénomène de butoir.
(7) Les taux considérés sont après impôt ; ils ont été évalués en rapportant le résultat de la période aux capitaux de la même période.

D'après ce tableau, la rentabilité des capitaux propres est négative. Ce caractère négatif provient d'une rentabilité économique insuffisante (moins de 6 %) et d'un effet de levier défavorable. Le coût de la dette étant supérieur au taux de rentabilité économique, l'effet de levier joue négativement et ampute la rentabilité des capitaux propres de près de 14 % en 1984.

Si on décompose le taux de rentabilité économique, en taux de marge économique et en taux de rotation des capitaux investis, il apparaît un taux de marge faible. Toutefois, le diagnostic respectif du taux de marge et du taux de rotation est difficile, sans référence sectorielle.

TABLEAU 8 : DÉCOMPOSITION DU TAUX DE RENTABILITÉ ÉCONOMIQUE

| | 1983 | 1984 |
|---|---|---|
| Taux de rentabilité économique après impôt | 5,67 % | 5,62 % |
| Taux de marge économique = Ka | 3,28 % | 3,00 % |
| Rotation de l'actif économique = C.A.H.T./Actif économique | 1,73 | 1,87 |

TABLEAU 9 : RATIOS DE RENTABILITÉ ET DE STRUCTURE

| | 1983 | 1984 |
|---|---|---|
| Fonds de roulement fonctionnel/C.A.H.T. | 16 83 % | 15,73 % |
| Passif/capitaux propres (après affectation) | 7,4 | 6,5 |
| Résultat courant avant impôt/capitaux propres (avant affectation) | – 1,92 % | – 8,48 % |
| Résultat net/capitaux propres (avant affectation) | 6,83 % | 0,78 % |
| Frais de personnel/Valeur ajoutée | 59,20 % | 61,85 % |
| Excédent brut d'exploitation/C.A.H.T. | 24,32 % | 21,73 % |

## Question 5 : Conclusion générale.

Si on compare la S.A. Rossi aux autres entreprises du secteur, sa situation, pourtant défavorable, apparaît être l'une des meilleures, à l'exception de la société F qui dégage une bien meilleure rentabilité, avec des caractéristiques assez voisines. La S.A. Rossi présente, en outre, une particularité : elle est quasiment la seule à présenter un fonds de roulement positif. L'endettement de cette société est très important, mais il s'agit d'une caractéristique du secteur.

Le problème de cette société, compte tenu des frais financiers importants entraînés par l'endettement, est de recouvrer une rentabilité économique suffisante. Actuellement, la S.A. Rossi vend ses titres de placement pour payer les créanciers et évite ainsi un recours plus important à l'endettement. Une telle situation ne peut durer très longtemps, même si cette société dispose encore de réserves financières et est dans une meilleure position que la plupart des autres entreprises du secteur.

# Epreuve n° 9 - 1986

N.B. — *Les trois parties du sujet sont indépendantes*

## PREMIÈRE PARTIE

I.1. La Société Industrielle du Sud-Ouest (S.I.S.O.) dont le siège social est situé à Bordeaux est spécialisée dans la fabrication de pièces détachées utilisées dans l'automobile et l'aéronautique. Vous êtes appelé(e) en consultation par les dirigeants de cette société en vue de procéder à plusieurs études financières.

Le bilan et le compte de résultats de la société S.I.S.O. se présentent ainsi pour l'année 1985 :

BILAN AU 31-12-1985 AVANT RÉPARTITION DU BÉNÉFICE
(en milliers de francs)

| ACTIF | | PASSIF | |
|---|---|---|---|
| Immobilisations corporelles | 80 000 | Capital (800 000 actions) | 80 000 |
| Immobilisations financières | 20 000 | Résultat (profit) | 17 000 |
| Stock matières premières | 12 000 | Emprunts (2) | 40 000 |
| Stock produits finis (1) | 18 000 | Fournisseurs | 8 000 |
| Clients | 17 000 | Autres dettes (3) | 5 000 |
| Disponibilités | 3 000 | | |
| | 150 000 | | 150 000 |

(1) Correspondant à environ 200 000 pièces détachées.
(2) Emprunt à plus d'un an remboursable :
7 000 en juin 1986 ;
7 000 en juin 1987 ;
10 000 en juin 1988 ;
10 000 en juin 1989 ;
6 000 en juin 1990.
(3) T.V.A. à décaisser : 2 000.
Etat impôt sur sociétés (solde 1985) : 3 000.

## Epreuve n° 9 - 1986

COMPTE DE RÉSULTAT 1985
(en milliers de francs)

| ACTIF | | PASSIF | |
|---|---|---|---|
| Achats matières premières ........ | 58 000 | Chiffre d'affaires ................ | 180 000 |
| Variation stocks matières premières | – 4 000 | Production stockée .............. | 5 000 |
| Autres charges externes .......... | 30 000 | | |
| Charges de personnel ............ | 37 000 | | |
| Dotations aux amortissements ..... | 18 000 | | |
| Charges financières .............. | 6 000 | | |
| Participation des salariés ......... | 4 000 | | |
| Impôt sur les bénéfices .......... | 19 000 | | |
| Résultat de l'exercice ............. | 17 000 | | |
| | 185 000 | | 185 000 |

*Renseignements complémentaires sur les comptes*

— perspectives de production retenues : + 30 % pour l'ensemble des pièces détachées ;
— production 1985 : 1 000 000 de pièces détachées ;
— les achats sont tous réglés à 60 jours fin de mois ;
— les ventes sont réglées à 60 jours fin de mois ;
— dans le compte « Autres charges externes » se trouvent les frais de transport sur ventes pour 5 000 kF, les frais de publicité pour 3 000 kF ;
— une analyse fonctionnelle des charges fait apparaître que : les autres frais de distribution sont représentés par les charges de personnel commercial : 4 000 kF (charges sociales comprises) ;
les frais généraux communs comprennent divers frais de gestion autres que les frais de publicité pour 2 000 kF (inclus dans les « autres charges externes »), les charges financières pour 6 000 kF et les frais de personnel administratif pour 1 000 kF ;
— les charges de personnel correspondent à un effectif de 500 salariés en 1985 : le nombre de jours ouvrés est de 240 jours par an ;
— la répartition des ventes est la suivante :
pièces détachées automobile : 80 % du chiffre d'affaires ;
pièces détachées aéronautique : 20 % du chiffre d'affaires.

Les dirigeants de la société S.I.S.O. ont établi les prévisions suivantes pour l'année 1986 :

— accroissement du chiffre d'affaires de 20 % avec la même structure des ventes qu'en 1985 ;

— matières premières achetées : accroissement de 15 %, fin 1986 le stock de matières premières en valeur sera au même niveau qu'en début d'année ;

— on prévoit une implantation à l'étranger, le pourcentage des ventes à l'exportation devant passer de 10 % en 1985 à 20 % en 1986. Cela nécessitera une augmentation de 40 % du nombre de pièces détachées en stock afin d'éviter une rupture de stock ;

— les frais de transport et de publicité devraient s'accroître de 30 % ;

— un effort particulier permettra de limiter la hausse des autres charges externes à 20 % ;

— les effectifs en personnel seront en moyenne de 540 en 1986 ; les charges de personnel augmenteront par salarié de 12 % en moyenne pour un nombre de jours ouvrés de 240 ;

— les charges financières devraient être de 7 000 kF pour 1986 ;

— investissements prévus :
en immobilisations : avril 1986 : 10 000 kF ;
septembre 1986 : 10 000 kF ;
en titres de participation : mars 1986 : 4 000 kF ;

— dotation aux amortissements prévue : 16 000 kF ;

— participation des salariés en 1986 : 5 000 kF.

## TRAVAIL À FAIRE

**Les dirigeants de la société S.I.S.O. vous demandent de leur établir le compte de résultat prévisionnel de l'année 1986 et de déterminer l'excédent brut d'exploitation et la capacité d'autofinancement prévisionnels.**

**I.2. Les dirigeants de la société vous communiquent les informations suivantes complémentaires :**

**— ils prévoient d'assurer une croissance modérée du dividende net par action (hors avoir fiscal) qui de 20 F par action en 1985 devrait passer à 25 F en 1986 et 28 F en 1987 ;**

**— la poursuite du programme de développement nécessitera des investissements en immobilisations de 25 000 kF en 1987 et de 30 000 kF en 1988. Compte tenu de ces investissements, la dotation aux amortissements s'élèvera à 19 000 kF en 1987 et 22 000 kF en 1988 ;**

**— en 1988 l'installation d'un nouvel équipement piloté par ordinateur sera accompagnée de la cession pour un prix de 4 000 kF d'une chaîne automa-**

tique acquise en 1985 pour 6 000 kF et dont la valeur comptable sera alors de 3 000 kF ;
- le chiffre d'affaires 1987 devrait s'accroître de 25 % par rapport à 1986 ;
- le chiffre d'affaires 1988 devrait s'accroître de 20 % par rapport à 1987 ;
- les dirigeants de la société souhaitent que le besoin en fonds de roulement soit entièrement financé par des ressources à long terme ;
- la capacité d'autofinancement prévisionnel est de 50 000 kF pour l'année 1987 et 54 000 kF pour l'année 1988 ;
- participation des salariés prévue : pour 1987 : 6 000 kF, pour 1988 : 8 000 kF ;
- la capacité d'autofinancement prévue ne tient pas compte de l'incidence des ressources qui devront éventuellement être mises en place pour financer la totalité des emplois prévus.

### TRAVAIL À FAIRE

Les dirigeants de la société vous demandent d'établir un projet de plan de financement pour chacune des trois années 1986, 1987 et 1988 et de calculer au total pour l'ensemble de la période, le solde des besoins restant à financer après utilisation des ressources dégagées par la société elle-même.

I.3. Les dirigeants de la société S.I.S.O. envisagent de faire face au montant des besoins restant à couvrir par l'émission en 1986 d'actions nouvelles (50 000 actions nouvelles émises au prix de 300 F chacune). Les frais et droits d'enregistrement s'élèveraient à environ 500 kF.

### TRAVAIL À FAIRE

Indiquez l'incidence de cette opération sur le projet de plan de financement. Présentez le plan de financement définitif.

## DEUXIÈME PARTIE

II.1. Les dirigeants de la société aimeraient disposer d'une analyse financière complémentaire concernant une production particulière. A cet effet, ils vous demandent de déterminer le fonds de roulement normatif de ce produit à l'aide des informations relatives à son cycle d'exploitation.

— le chiffre d'affaires hors taxe annuel a été pour l'année 1985 de 2 500 000 F soumis à la T.V.A. au taux normal de 18,6 % ;
— le crédit accordé aux clients est de 60 jours ;
— les achats de matières premières représentent 50 % du chiffre d'affaires hors taxe. Ces achats sont soumis à la T.V.A. au taux normal de 18,6 % ;
— pour les achats, le crédit fournisseurs est de 90 jours ;
— la main-d'œuvre de production représente 30 % du chiffre d'affaires hors taxe ;
— la durée du processus de production est de 10 jours ;
— la durée moyenne de stockage des matières premières est de 70 jours ;
— la durée moyenne de stockage des produits finis est de 20 jours ;
— les autres dépenses d'exploitation représentent 3 % du chiffre d'affaires hors taxe et supportent la T.V.A. au taux normal de 18,6 % ;
— le crédit obtenu pour les autres dépenses d'exploitation est de 30 jours ;
— les charges de personnel commercial représentent en moyenne 5 % du chiffre d'affaires hors taxe ;
— les charges de personnel (de production et commercial) englobent les charges sociales patronales estimées à 35 % des salaires bruts ;
— les cotisations salariales sont en moyenne de 15 % des salaires bruts ;
— les salaires sont réglés en fin de mois et les charges sociales patronales et salariales le 15 du mois suivant ;
— la société est soumise à la T.V.A. au régime de droit commun et la T.V.A. est réglée le 25 du mois suivant.

II.2. Les dirigeants voudraient également savoir quel serait l'excédent de trésorerie d'exploitation prévisionnel pour 1986 pour ce produit selon qu'ils prévoient un accroissement du chiffre d'affaires de 5 % (prévision pessimiste) ou de 10 % (prévision optimiste).

Qu'en concluez-vous ?

**Epreuve n° 9 - 1986**

## TROISIÈME PARTIE

Les dirigeants de la société désirent diversifier davantage leur production en fabriquant un nouveau produit.

Pour ce faire, ils hésitent entre deux modes de financement de l'investissement qu'ils ont retenu : financement par fonds propres et emprunt ou bien financement par crédit-bail.

Le matériel qu'ils souhaitent acquérir est d'un coût hors taxe de 600 000 F ; sa durée de vie est de 5 ans, l'amortissement constant.

La société peut financer ce matériel :

1° Soit en empruntant 400 000 F et en finançant le surplus par des fonds propres.

L'emprunt serait contracté au taux de 16 % et serait remboursable par amortissement constant en 5 annuités de fin de période.

A l'expiration des 5 années d'utilisation, la valeur vénale du matériel serait de 60 000 F (avant impôt sur les bénéfices).

2° Soit par crédit-bail.

Le contrat qui serait signé prévoirait le versement de 4 redevances de 150 000 F chacune au début des quatre premières années d'utilisation.

Option d'achat à la fin de la quatrième année : prix 40 000 F.

En cas d'achat, le matériel serait utilisé la cinquième année et amorti intégralement à la fin de cette cinquième année.

### TRAVAIL À FAIRE

**Les dirigeants de la société aimeraient que vous leur indiquiez le mode de financement le plus avantageux.**

**Taux d'actualisation à retenir : 25% (taux de rentabilité des capitaux propres).**

**EXTRAIT DES TABLES FINANCIÈRES**

**Valeurs de $(1 + i)^{-n}$ pour $i = 0,25$**

| Périodes ............ | 1 | 2 | 3 | 4 | 5 |
|---|---|---|---|---|---|
| Valeurs de $(1 + i)^{-n}$ ... | 0,800 | 0,640 | 0,512 | 0,409 | 0,328 |

# Corrigé épreuve n° 9 - 1986

## Première partie

## I. ÉTABLISSEMENT DU COMPTE DE RÉSULTAT PRÉVISIONNEL DE L'ANNÉE 1986 - DÉTERMINATION DE L'EXCÉDENT BRUT D'EXPLOITATION ET DE LA CAPACITÉ D'AUTOFINANCEMENT PRÉVISIONNELS.

### A. Etablissement du compte de résultat prévisionnel de l'année 1986.

Le compte de résultat prévisionnel pour 1986, de la société S.I.S.O. est présenté dans le tableau 1. Les commentaires explicatifs sont indiqués en dessous du tableau.

TABLEAU 1 : S.I.S.O.-COMPTE DE RÉSULTAT

| CHARGES | Montants | PRODUITS | Montants |
|---|---|---|---|
| Achats de matières premières (1) | 66 700 | Chiffre d'affaires (7) | 216 000 |
| Variation du stock de matières premières (2) | 0 | Production stockée (8) | 13 183,6 |
| Autres charges externes | 36 800 | | |
| — Frais de transport (3) | 6 500 | | |
| — Frais de publicité (3) | 3 900 | | |
| — Autres charges externes (4) | 26 400 | | |
| Charges de personnel (5) | 44 755,2 | | |
| Dotations aux amortissements (6) | 16 000 | | |
| Charges financières (6) | 7 000 | | |
| Participation des salariés (6) | 5 000 | | |
| Impôt sur les bénéfices (9) | 24 264 | | |
| Résultat de l'exercice | 28 664,4 | | |
| TOTAUX | 229 183,6 | TOTAUX | 229 183,6 |

(1) Accroissement de 15 % : 58 000 × 1,15 = 66 700.
(2) Le stock de matières premières reste au même niveau.
(3) Les frais de transport et de publicité s'accroissent de 30 % :
— frais de transport : 5 000 × 1,3 = 6 500 ;
— frais de publicité : 3 000 × 1,3 = 3 900.
(4) Les autres charges externes s'accroissent de 20 % :
(30 000 − 8 000) × 1,2 = 26 400.
(5) Les charges de personnel s'accroissent
— du fait de la croissance des effectifs : 540 contre 500 ;
— d'une croissance du salaire de 12 %,
au total on a (37 000) × (540/500) × 1,12 = 44 755,2.
(6) Chiffres donnés dans l'énoncé.
(7) Accroissement des ventes de 20 % : 180 000 × 1,2 = 216 000.
(8) Cf. tableau 2 : évaluation du coût de production et détails des calculs.
(9) Cf. tableau 3 : évaluation du bénéfice fiscal.

**Corrigé épreuve n° 9 - 1986**

Deux points nécessitent un commentaire explicatif approfondi :
— l'évaluation de la production stockée ;
— la détermination de l'impôt sur les bénéfices.

*L'évaluation de la production stockée.*

L'évaluation de la production stockée suppose la connaissance du coût de production des pièces fabriquées en 1986, lequel est calculé dans le tableau 2 :

TABLEAU 2 : S.I.S.O.-EVALUATION DU COÛT DE PRODUCTION

| RÉPARTITION FONCTIONNELLE DES CHARGES | TOTAL | COÛT DE PRODUCTION | COÛT DE DISTRIBUTION | FRAIS GÉNÉRAUX COMMUNS (hors frais financiers) |
|---|---|---|---|---|
| *MATIÈRES PREMIÈRES CONSOMMÉES* | 66 700 | 66 700 | | |
| | | | | |
| *AUTRES CHARGES EXTERNES DE PRODUCTION* | 36 800 | 24 000 | 10 400 | 2 400 |
| • Frais de transport sur ventes : 5 000 × 1,30 | | | 6 500 | |
| • Frais de publicité : 3 000 × 1,30 | | | 3 900 | |
| • Frais divers de gestion : 2 000 × 1,20 | | | | 2 400 |
| • Charges de production (solde) | | 24 000 | | |
| | | | | |
| *CHARGES DE PERSONNEL (1)* | 44 755,2 | 39 155,2 | 4 480 | 1 120 |
| • Personnel commercial : 4 000 × 1,12 | | | 4 480 | |
| • Personnel administratif : 1 000 × 1,12 | | | | 1 120 |
| • Personnel de production (solde) | | 39 155,2 | | |
| | | | | |
| *DOTATIONS AUX AMORTISSEMENTS (2)* | 16 000 | 16 000 | | |
| **TOTAUX** | **164 255,2** | **145 855,2** | **14 880** | **3 520** |
| **SOUS RÉPARTITION DES FRAIS COMMUNS AU PRORATA DES FRAIS de prod. et de distrib.** | | | | |
| Frais communs (3) | 3 520 | 3 194,14 | 325,86 | |
| **COÛTS DE PRODUCTION ET DE DISTRIBUTION** | | **149 049,34** | **15 205,86** | |

Remarques

(1) On suppose que l'augmentation des effectifs ne concerne que la production.

(2) On suppose que les dotations aux amortissements concernent exclusivement la production.

(3) On suppose que les frais communs peuvent être répartis entre les deux fonctions proportionnellement à leurs coûts respectifs ; ainsi pour la fonction de production, on a :
$3\,520 \times [145\,855{,}2/(145\,855{,}2 + 14\,880)] = 3\,194{,}14$.

Le coût de production final a été évalué en répartissant les frais généraux communs (autres que les frais financiers) au prorata des coûts de production et de distribution (avant affectation des charges communes).

Connaissant ce coût de production, deux méthodes peuvent être utilisées pour calculer la production stockée : coût moyen unitaire pondéré ou règle F.I.F.O. (First in, First out).

**Méthode 1 :** *Evaluation par la méthode du coût moyen pondéré*

Le nombre d'unités produites en 1986 est de : 1 000 000 × 1,30 = 1 300 000. Par ailleurs le stock initial comprend 200 000 pièces et est évalué à 18 000 kF.

En conséquence, le coût moyen unitaire pondéré est de :
(montant du stock initial + coût de la production) / nombre total de pièces
[18 000 + 149 049,34] / (200 000 + 1 300 000) = 111,37 F

Le stock final comprend : 200 000 × 1,40 = 280 000 pièces détachées, qui représentent un montant de :
280 000 × 111,37 F = 31 183 600 F, soit 31 183,6 kF.

La production stockée s'évalue par différence entre le stock final et le stock initial, soit :
Production stockée = Stock final − Stock initial = 31 183,6 − 18 000 = 13 183,6 kF.

On retiendra cette évaluation pour établir le compte de résultat.

**Méthode 2 :** *Méthode F.I.F.O.*

Dans ce cas, le coût moyen des pièces en stock en fin d'année est de :
(coût de production / nombre de pièces produites en 1986) = 149 049,34 kF/1 300 000 = 114,65 F.
La valeur du stock final s'élève à : 280 000 × 114,65 = 32 102 kF.
Le montant de la production stockée est alors de :
32 102 − 18 000 = 14 102 kF

*La détermination de l'impôt sur les bénéfices.*

Afin d'évaluer l'impôt sur les bénéfices, il nous faut évaluer le résultat comptable avant impôt, à partir du tableau 4. Ce résultat est de 52 928,4 kF.

Le calcul de l'impôt se fait alors en réintégrant la participation de 1986 qui sera déductible en 1987 et en déduisant la participation de 1985.

TABLEAU 3 : S.I.S.O.-EVALUATION DE L'IMPÔT

| ÉVALUATION DE L'IMPÔT SUR LES BÉNÉFICES | |
|---|---|
| RÉSULTAT COMPTABLE AVANT IMPÔT | 52 928,4 |
| + Réintégration participation 1986 (déductible en 1987)<br>– Déduction participation 1985 | 5 000<br>– 4 000 |
| BASE IMPOSABLE | 53 928,4 |
| arrondie à la dizaine de francs inférieure | 53 920 |
| IMPÔT AU TAUX DE 45 % | 24 264 |

## B. Détermination de l'excédent brut d'exploitation et de la capacité d'autofinancement prévisionnels

L'évaluation de l'E.B.E. est réalisée dans le tableau 4.

TABLEAU 4 : S.I.S.O.-T.S.I.G.

| | 1986 | EN % Prod. | 1985 | EN % Prod. |
|---|---|---|---|---|
| PRODUCTION DE L'EXERCICE | 229 183,60 | 100,0 % | 185 000,00 | 100,0 % |
| Production vendue | 216 000,00 | 94,2 % | 180 000,00 | 97,3 % |
| Production stockée | 13 183,60 | 5,8 % | 5 000,00 | 2,7 % |
| CONSOMMATIONS | 103 500,00 | 45,2 % | 84 000,00 | 45,4 % |
| Achats de matières premières | 66 700,00 | 29,1 % | 58 000,00 | 31,4 % |
| – Variation de stocks de matières premières | 0,00 | 0,0 % | – 4 000,00 | – 2,2 % |
| *Consommations matières* | *66 700,00* | *29,1 %* | *54 000,00* | *29,2 %* |
| Autres charges externes | 36 800,00 | 16,1 % | 30 000,00 | 16,2 % |
| VALEUR AJOUTÉE | 125 683,60 | 54,8 % | 101 000,00 | 54,6 % |
| • Impôts et taxes et versements assimilés | 0,00 | 0,0 % | 0,00 | 0,0 % |
| • Charges de personnel | 44 755,20 | 19,5 % | 37 000,00 | 20,0 % |
| **EXCÉDENT BRUT D'EXPLOITATION** | **80 928,40** | **35,3 %** | **64 000,00** | **34,6 %** |
| • Dotations aux amortissements | 16 000,00 | 7,0 % | 18 000,00 | 9,7 % |
| RÉSULTAT D'EXPLOITATION | 64 928,40 | 28,3 % | 46 000,00 | 24,9 % |
| • Frais financiers | 7 000,00 | 3,1 % | 6 000,00 | 3,2 % |
| RÉSULTAT COURANT | 57 928,40 | 25,3 % | 40 000,00 | 21,6 % |
| PARTICIPATION | 5 000,00 | 2,2 % | 4 000,00 | 2,2 % |
| IMPÔT SUR LES BÉNÉFICES | 24 264,40 | 10,6 % | 19 000,00 | 10,3 % |
| RÉSULTAT NET | 28 664,00 | 12,5 % | 17 000,00 | 9,2 % |

## Corrigé épreuve n° 9 - 1986

Le calcul de la capacité d'autofinancement a été fait selon les deux méthodes traditionnelles dans le tableau 5.

TABLEAU 5 : S.I.S.O.-EVALUATION DE LA CAPACITÉ D'AUTOFINANCEMENT

| ÉVALUATION DE LA CAPACITÉ D'AUTOFINANCEMENT | | |
|---|---|---|
| Méthode descendante à partir de l'E.B.E. | 1986 | 1985 |
| E.B.E.<br>— Frais financiers<br>— Participation<br>— Impôt sur les bénéfices | 80 928,4<br>– 7 000<br>– 5 000<br>– 24 264,4 | 64 000<br>– 6 000<br>– 4 000<br>– 19 000 |
| **CAPACITÉ D'AUTOFINANCEMENT** | **44 664** | **35 000** |

| Méthode ascendante à partir du résultat | 1986 | 1985 |
|---|---|---|
| Résultat<br>+ Dotations aux amortissements | 28 664<br>16 000 | 17 000<br>18 000 |
| **CAPACITÉ D'AUTOFINANCEMENT** | **44 664** | **35 000** |

## II. ÉTABLISSEMENT DU PROJET DE PLAN DE FINANCEMENT.

En dehors de toute indication, la présentation choisie pour le plan de financement a été la forme fonctionnelle horizontale : variation du fonds de roulement fonctionnel, variation du B.F.D.R. d'exploitation et hors-exploitation et variation de la trésorerie. Après prise en compte de la trésorerie initiale, la trésorerie finale indique le montant du besoin à financer.

### A. Plan de financement avant augmentation de capital.

TABLEAU 6 : S.I.S.O. EVALUATION DE L'I.S. ET DU POSTE ÉTAT-I.S.

| | 1986 | 1987 | 1988 |
|---|---|---|---|
| **VARIATION DU F.D.R. FONCTIONNEL** | **– 2 336** | **– 2 000** | **– 4 850** |
| EMPLOIS ACYCLIQUES STABLES | 47 000 | 52 000 | 62 400 |
| Dividendes distribués (1)<br>Investissements (2)<br>• immobilisations corporelles<br>• immobilisations financières<br>Remboursement d'emprunt (3) | 16 000<br><br>20 000<br>4 000<br>7 000 | 20 000<br><br>25 000<br><br>7 000 | 22 400<br><br>30 000<br><br>10 000 |
| RESSOURCES ACYCLIQUES STABLES | 44 664 | 50 000 | 57 550 |
| Capacité d'autofinancement (4)<br>Cession d'immobilisation (5) | 44 664 | 50 000 | 53 550<br>4 000 |
| **VARIATION B.F.D.R. GLOBAL** | **30 936** | **19 200** | **11 328** |
| **VARIATION DU B.F.D.R. D'EXPLOITATION (6)** | **41 000** | **19 500** | **19 500** |
| **VARIATION DU B.F.D.R. HORS-EXPLOITATION** | **– 10 064** | **– 300** | **– 8 172** |
| Variation Etat I.S. (solde) (7)<br>Participation (8) | – 5 064<br>– 5 000 | 5 700<br>– 6 000 | – 172<br>– 8 000 |
| **VARIATION DE TRÉSORERIE** | **– 33 272** | **– 21 200** | **– 16 178** |
| **TRÉSORERIE INITIALE** | **3 000** | **– 30 272** | **– 51 472** |
| **TRÉSORERIE FINALE = Besoin à financer** | **– 30 272** | **– 51 472** | **– 67 650** |

## Corrigé épreuve n° 9 - 1986

| | 1985 | 1986 | 1987 | 1988 |
|---|---|---|---|---|
| B.F.D.R. EXPLOITATION | 37 000 | 78 000 | 97 500 | 117 000 |
| VARIATION B.F.D.R. EXPLOITATION | | 41 000 | 19 500 | 19 500 |

### Commentaires

— *Variation du F.D.R. fonctionnel.*

1° De même que dans un tableau d'emplois et ressources, nous avons fait figurer dans les emplois le dividende *distribué* pendant l'exercice. Si on retient le dividende *prélevé*, il faut faire un ajustement par la variation du poste dividende à payer, qui apparaît alors dans la variation du B.F.D.R. hors-exploitation.

Le montant des dividendes distribués est le suivant :
1986 : 20 F × 800 000 actions = 16 000 kF ;
1987 : 25 F × 800 000 actions = 20 000 kF ;
1988 : 28 F × 800 000 actions = 22 400 kF.

2° D'après l'énoncé, les investissements corporels sont respectivement de 20 000 kF (10 000 kF en avril et 10 000 kF en septembre) en 1986, 25 000 kF en 1987 et 30 000 kF en 1988. En outre, 4 000 kF de titres de participation ont été acquis en 1986.

3° Les remboursements d'emprunt (cf. bilan au 31/12/85) sont respectivement de 7 000 kF en 1986, 7 000 kF en 1987 et 10 000 kF en 1988.

4° La capacité d'autofinancement a été calculée précédemment pour 1986. Elle est d'après l'énoncé de 50 000 kF en 1987 et de 54 000 kF en 1988. On supposera qu'elle ne prend pas en compte la plus-value réalisée sur la cession conformément au mode de détermination du P.C.G. 1982. De même, on fera l'hypothèse qu'elle ne tient pas compte de l'impôt sur la plus-value à court terme réalisée en 1988, et qu'il faut en conséquence la minorer du montant de l'impôt sur cette plus-value, soit 450 kF. La M.B.A. de 1988 est donc de 54 000 − 450 = 53 550 kF.

5° La cession représente une ressource de 4 000 kF en 1988. Fiscalement cette cession s'analyse de la façon suivante :

Plus-value = Prix de cession − Valeur nette comptable
1 000 = 4 000 − 3 000.

Cette plus-value est à court terme (la cession a lieu plus de 2 ans après l'acquisition, mais le montant de la plus-value est inférieur aux amortissements pratiqués). Elle sera imposée au taux de 45 % (on ignore le passage au taux d'imposition à 42 % pour 1988). Le montant de cet impôt viendra en déduction de la M.B.A. de 1988.

— *Variation du B.F.D.R. global.*

6° VARIATION DU B.F.D.R. D'EXPLOITATION.

Le texte est relativement imprécis. On peut utiliser deux méthodes pour évaluer le B.F.D.R. d'exploitation : (a) extrapoler le B.F.D.R. d'exploitation de 1985 en fonction de la croissance du C.A.H.T. prévue ; (b) utiliser la méthode normative en fonction des indications de l'énoncé.

**Méthode 1 :** *Extrapolation du B.F.D.R. d'exploitation de 1985*

On évalue le B.F.D.R. d'exploitation en supposant que le B.F.D.R. d'exploitation calculé d'après le bilan du 31/12/1985, croît proportionnellement à l'activité.

En 1985, le B.F.D.R. d'exploitation est de :

| | |
|---|---|
| *Emplois :* | |
| Stocks matières premières | 12 000 |
| Stocks produits finis | 18 000 |
| Clients | 17 000 |
| *Ressources :* | |
| Fournisseurs | 8 000 |
| T.V.A. à décaisser | 2 000 |
| *B.F.D.R. d'exploitation* | 37 000 |

Le B.F.D.R. d'exploitation, s'il suit la croissance du chiffre d'affaires, va croître de 20 % en 1986, de 25 % en 1987 et de 20 % en 1988. Son montant atteindra alors pour ces années les valeurs suivantes : 44 400 kF, 55 500 kF et 66 600 kF.

Les variations correspondantes sont de : 7 400 en 1986, 11 100 en 1987 et 11 100 en 1988.

**Méthode 2 :** *Utilisation de la méthode normative (cf. tableau 7)*

TABLEAU 7 : S.I.S.O.-ÉVALUATION DU B.F.D.R. NORMATIF - 1986

| | DÉLAIS DE ROTATION (unités spécifiques) | UNITÉS SPÉCIFIQUES | COEFFICIENTS DE PONDÉRATION | DÉLAIS DE ROTATION (en jours de C.A.H.T.) | EN kF |
|---|---|---|---|---|---|
| **EMPLOIS** | | | | | |
| Stock de matières premières (1) | 64,8 | consommation matières | 0,309 | 20,0 | 12 000 |
| Stock d'encours (2) | | en cours | | | 0 |
| Stock de produits finis (3) | 77,5 | coût de production | 0,690 | 53,5 | 32 102 |
| Clients : Ventes export 20 % (4) | 75 | C.A.H.T. | 0,200 | 15,0 | 9 000 |
| Clients : Ventes France 80 % | 75 | C.A.T.T.C. | 0,949 | 71,2 | 42 696 |
| T.V.A. déductible sur achats matières (5) | 70 | T.V.A. déductible sur achats | 0,057 | 4,0 | 2 412 |
| **TOTAL EMPLOIS** | | | | **163,7** | **98 210** |
| **RESSOURCES** | | | | 0 | 0 |
| Fournisseurs de matières premières (6) | 75 | Achats de matières T.T.C. | 0,366 | 27,5 | 16 480 |
| T.V.A. collectée sur ventes France (7) | 40 | T.V.A. sur ventes France | 0,149 | 6,0 | 3 571 |
| **TOTAL RESSOURCES** | | | | **33,4** | **20 052** |
| **B.F.D.R. NORMATIF** | | | | **130,3** | **78 159** |

| **ÉVALUATION MONÉTAIRE DU B.F.D.R.** | |
|---|---|
| C.A. Prévisionnel (en kF) | 216 000 |
| B.F.D.R. en jours de C.A.H.T. | 130 |
| B.F.D.R. en kF (= 216 000 × 99/360) | 78 000 |

**Commentaires :**

(1) Le stock de matières premières est supposé rester au même niveau qu'en début d'année, soit 12 000 kF. Le coefficient de pondération (consommation matières/C.A.H.T.) a été évalué à 66 700/216 000 = 30,9 % et le délai de rotation a été recalculé en conséquence.

(2) Faute d'informations, le stocks d'encours n'a pas été évalué.

(3) Le stock de produits finis a été estimé à 32 102 kF, lors de la construction du compte de résultat. Le coefficient de pondération (coût de production/C.A.H.T.) est de 69 %. Le délai a été évalué en fonction du stock trouvé.

(4) Clients : le délai de rotation est de 60 jours fin de mois, soit 75 jours. Les ventes export sont réalisées hors-taxes et représentent 20 % des ventes totales, d'où un coefficient de 20 %. Les ventes France représentent 80 % des ventes, et sont assujetties à la T.V.A.

(5) Le délai de rotation pour la T.V.A. déductible est de 70 jours (15 + 30 + 25) en supposant que les achats sont faits en moyenne au 15 du mois, et que le paiement de la T.V.A. se fait le 25 du mois.

(6) Le délai fournisseurs est de 60 jours fin de mois, soit 75 jours. Le coefficient est égal à (Achats T.T.C./C.A.H.T.) = 0,309 × 1,186 = 0,366.

(7) Le délai de rotation pour la T.V.A. collectée est de 40 jours en supposant que les ventes se font en moyenne le 15 du mois et que la T.V.A. est payée le 25 du mois.

Globalement, on obtient un B.F.D.R. d'exploitation de 130 jours. Les emplois sont sous-estimés du stock d'encours. Inversement, les ressources ignorent la dette envers le personnel et la sécurité sociale. On peut supposer qu'il y a compensation. Le montant monétaire trouvé pour 1986 est de 78 000 kF, très nettement supérieur au montant évalué par l'autre méthode, qui était de 44 400 kF. Nous retiendront pour bâtir le plan de financement l'hypothèse de 130 jours de B.F.D.R. d'exploitation qui apparaît plus réaliste, en particulier quant aux besoins liés aux stocks de produits finis et à l'encours clients.

Les variations du B.F.D.R. d'exploitation (tableau 6) sont alors de 41 000 kF en 1986 et de 19 500 kF pour les deux années suivantes.

### 7° Variation du poste État I.S. (solde).

— *Evaluation de l'I.S.*

Afin d'évaluer la variation de ce poste, il faut tout d'abord calculer l'I.S. pour les différentes années. On connaît l'I.S. de 1986 (cf. compte de résultat prévisionnel 1986). Compte tenu des décalages dans la déductibilité de la participation, on peut démontrer que pour 1987 et 1988, et en supposant un taux d'imposition de 45 %, l'I.S. peut s'évaluer à partir de la relation suivante (1) :

I.S. = (45/55) [Résultat net + participation (année t)
− participation (année t − 1)]

Le résultat comptable avant impôt A est alors égal à :

A = [Résultat net + 45 % (participation année t) − 45 % (participation année t − 1)]/55 %.

---

(1) Les relations suivantes ont été mises en évidence de la façon suivante :

A = Bénéfice comptable avant I.S. (année t)
+ B = Participation (année t)
− C = Participation (année t − 1)

K = Bénéfice imposable (année t)
I.S. = 45 % K = 45 % (A + B − C)

d'où le résultat net RN = A − I.S. = A − 45 %(A + B − C) = 55 %A − 45 %B + 45 %C.

On en déduit que : I.S. = (45/55) [RN + B − C] et A = [RN + 45 %B − 45 %C]/55 % qui sont les relations utilisées.

TABLEAU 8 : S.I.S.O.-EVALUATION DE L'I.S. ET DU POSTE ETAT-I.S.

| ÉVALUATION Etat I.S. solde | 1985 | 1986 | 1987 | 1988 |
|---|---|---|---|---|
| Solde initial | | 3 000 | 8 064 | 2 364,0 |
| Liquidation (du solde initial) | | – 3 000 | – 8 064 | – 2 364,0 |
| Impôt | 19 000 | 24 264 | 26 181,8 | 28 268,2 |
| Acomptes (45 % résultat imposable année t – 1) | | – 16 200 | – 23 817,78 | – 25 731,818 |
| Solde final | 3 000 | 8 064 | 2 364,0 | 2 536,4 |
| VARIATION Etat I.S. solde | | 5 064 | – 5 700,0 | 172,3 |

| ÉVALUATION I.S. | 1985 | 1986 | 1987 | 1988 |
|---|---|---|---|---|
| M.B.A. (hors incidence cessions et après impôt sur P.V.C.T.) | 35 000 | 44 664,4 | 50 000 | 53 550 |
| — Dotations aux amortissements | – 18 000 | – 16 000 | – 19 000 | – 22 000 |
| Plus-value sur cession d'actif | | | | 1 000 |
| Résultat net | 17 000 | 28 664,4 | 31 000 | 32 550 |
| Participation | 4 000 | 5 000 | 6 000 | 8 000 |
| I.S. = (45/55) × (Res.Net + particip.(t) – particip.(t – 1)) | 19 000 | 24 264 | 26 181,8 | 28 268,2 |
| Résultat comptable avant I.S. | 36 000 | 52 928,4 | 57 181,8 | 60 818,2 |

— *Evaluation du poste Etat I.S. (solde) et de sa variation.*

Le poste Etat I.S. (solde) est égal au montant de l'I.S. de l'année diminué des acomptes versés, soit :

Etat I.S. (année t) = I.S. (année t) – 45 % bénéfice imposable (année t – 1), soit par exemple pour l'année 1986 :

8 064 = 24 264 – (45 % × 36 000).

8° LA PARTICIPATION.

La ressource constituée par la participation a été incluse dans la variation du B.F.D.R. hors-exploitation, donc considérée comme une ressource instable. Il s'agit d'une optique prudente. Selon le mode de gestion et de versement de la participation, cette ressource peut selon le cas être analysée comme stable, ou instable. On a supposé faute d'information qu'aucun déblocage n'avait eu lieu sur la période étudiée.

— *Evaluation du besoin à financer (cf. tableau 6).*

La trésorerie initiale est positive (3 000 kF de disponibilités ; pas de concours bancaires de trésorerie). La trésorerie finale qui représente le besoin à financer s'évalue en corrigeant la trésorerie initiale de la variation annuelle de trésorerie.

— *Commentaire de l'équilibre global du plan avant augmentation de capital.*

La variation du F.D.R. fonctionnel cumulée sur les trois années est négative et ne permet donc pas de couvrir la croissance du B.F.D.R. d'exploitation. Malgré les ressources non négligeables apportées par la variation du B.F.D.R. hors-exploitation, mais qui sont transitoires, un besoin à financer apparaît dès 1986 (31 172 kF) et s'amplifie sensiblement en 1987 et 1988 pour atteindre plus de 65 000 kF. Si on neutralisait les ressources liées au B.F.D.R. hors-exploitation, ce besoin serait de plus de 85 000 kF.

## B. Plan de financement après augmentation de capital.

L'augmentation de capital va entraîner les incidences suivantes sur le plan de financement :

- une ressource complémentaire de : 50 000 actions × 300 F = 15 000 kF ;
- des emplois liés aux frais et droits d'enregistrement (500 kF) et aux dividendes supplémentaires attribués aux nouveaux actionnaires ;
- une modification de la capacité d'autofinancement entraînée par les variations de l'I.S. (amortissement des frais d'augmentation de capital, déductibilité des dividendes) ;
- une modification de la variation du B.F.D.R. hors-exploitation liée à l'évolution du poste Etat-I.S. (solde).

TABLEAU 9 : S.I.S.O.-PLAN DE FINANCEMENT APRÈS AUGMENTATION DE CAPITAL

| | 1986 | 1987 | 1988 |
|---|---|---|---|
| **VARIATION DU F.D.R. FONCTIONNEL** | **12 069** | **– 4 029** | **– 7 112** |
| EMPLOIS ACYCLIQUES STABLES | 47 500 | 53 250 | 63 800 |
| Frais d'augmentation de capital (1) | 500 | | |
| Dividendes distribués (2) | 16 000 | 21 250 | 23 800 |
| Investissements | | | |
| • immobilisations corporelles | 20 000 | 25 000 | 30 000 |
| • immobilisations financières | 4 000 | | |
| Remboursement d'emprunt | 7 000 | 7 000 | 10 000 |
| RESSOURCES ACYCLIQUES STABLES | 59 569 | 49 221 | 56 688 |
| Capacité d'autofinancement (3) | 44 569 | 49 221 | 52 688 |
| Cession d'immobilisation | | | 4 000 |
| Augmentation de capital | 15 000 | | |
| **VARIATION B.F.D.R. GLOBAL** | **31 007** | **20 141** | **10 833** |
| **VARIATION DU B.F.D.R. D'EXPLOITATION** | **41 000** | **19 500** | **19 500** |
| **VARIATION DU B.F.D.R. HORS-EXPLOITATION** | **– 9 993** | **641** | **– 8 667** |
| Variation Etat-I.S. (solde) (4) | – 4 993 | 6 641 | – 667 |
| Participation (5) | – 5 000 | – 6 000 | – 8 000 |
| **VARIATION DE TRÉSORERIE** | **– 18 938** | **– 24 170** | **– 17 945** |
| ***TRÉSORERIE INITIALE*** | ***3 000*** | ***– 15 938*** | ***– 40 108*** |
| ***TRÉSORERIE FINALE = Besoin à financer*** | ***– 15 938*** | ***– 40 108*** | ***– 58 053*** |

**Commentaires :**

(1) Les frais d'augmentation de capital (frais et droits d'enregistrement) sont de 500 kF. Ces frais sont amortissables comptablement sur une durée maximale de cinq ans. Fiscalement, ils peuvent être déduits, soit intégralement la première année, soit de manière échelonnée sur une période maximale de cinq ans. On supposera arbitrairement (comptablement et fiscalement) qu'un amortissement sur une durée de trois ans a été décidé.

(2) Les dividendes distribués ont augmenté en proportion des nouvelles actions émises (50 000 actions supplémentaires), soit et de façon supplémentaire, 1 250 kF à verser en 1987 (25 × 50 000) au titre de 1986 et 1 400 kF à verser en 1988 (28 × 50 000) au titre de 1987. Au total, le montant des dividendes versés est de 16 000 kF en 1986, 21 250 kF en 1987 et 23 800 kF en 1988.
L'augmentation de capital est soumise au régime de faveur et les dividendes supplémentaires sont déductibles. Les dividendes déductibles au titre d'un exercice sont ceux mis en paiement au cours de l'exercice. Par conséquent, on pourra déduire 1 250 kF en 1987 et 1 400 kF en 1988 ; la déductibilité s'appréciant d'après la date de versement.

(3) Evaluation de la capacité d'autofinancement.
La capacité d'autofinancement est à recalculer en fonction des nouvelles charges déductibles (cf. tableau 10).

(4) Evaluation de la variation Etat I.S. (solde).
L'évaluation a été refaite en fonction des nouvelles charges déductibles (cf. tableau 10).

(5) Aucune correction n'a été apportée au calcul de la participation.

TABLEAU 10 : S.I.S.O.-EVALUATION DE L'I.S. ET DE LA VARIATION ETAT-I.S.

| **ÉVALUATION Etat-I.S. solde** | **1985** | **1986** | **1987** | **1988** |
|---|---|---|---|---|
| Solde initial | | 3 000 | 7 992,8 | 1 351,5 |
| Liquidation (du solde initial) | | - 3 000 | - 7 992,8 | - 1 351,5 |
| Impôt | 19 000 | 24 192,8 | 25 544,3 | 27 563,2 |
| Acomptes (45 % résultat imposable année t - 1) | | - 16 200 | - 24 192,8 | - 25 544,3 |
| Solde final | 3 000 | 7 992,8 | 1 351,5 | 2 018,9 |
| VARIATION Etat-I.S. solde | | 4 992,8 | - 6 641,2 | 667,3 |

| **ÉVALUATION I.S.** | **1985** | **1986** | **1987** | **1988** |
|---|---|---|---|---|
| M.B.A. (avant corrections) | 35 000 | 44 664,4 | 50 000 | 53 550 |
| — Dotations aux amortissements (anciennes) | - 18 000 | - 16 000 | - 19 000 | - 22 000 |
| Plus-value sur cession d'actif | | | | 1 000 |
| Résultat net (avant corrections) | 17 000 | 28 664,4 | 31 000 | 32 550 |
| Participation | 4 000 | 5 000 | 6 000 | 8 000 |
| I.S. = (45/55) × [Res. Net + particip. (t) - particip.(t - 1)] | | 24 264,0 | 26 181,8 | 28 268,2 |
| Résultat comptable avant I.S. (avant corrections) | | 52 928,4 | 57 181,8 | 60 818,2 |
| Amortissement des frais d'augmentation (sur 3 ans) | | - 166,7 | - 166,7 | - 166,7 |
| Dividendes déductibles | | | - 1 250,0 | - 1 400,0 |
| Résultat avant I.S. (corrigé) | | 52 761,7 | 55 765,2 | 59 251,5 |
| + Participation (année t) | | 5 000,0 | 6 000,0 | 8 000,0 |
| - Participation (année t - 1) | | - 4 000,0 | - 5 000,0 | - 6 000,0 |
| Résultat imposable | | 53 761,7 | 56 765,2 | 61 251,5 |
| **I.S. à 45 %** | | **24 192,8** | **25 544,3** | **27 563,2** |
| **Résultat net (corrigé)** | | **28 569,0** | **30 220,8** | **31 688,3** |
| **M.B.A. (corrigée)** | | **44 569,0** | **49 220,8** | **52 688,3** |

## C. Commentaire global sur l'équilibre du plan de financement.

L'augmentation de capital ne permet pas de satisfaire les besoins. La première année fait apparaître un besoin non couvert de près de 16 000 kF, qui s'accroît pour dépasser 58 000 kF en 1988. Si on neutralisait les ressources liées au B.F.D.R. hors-exploitation, notamment la participation, le besoin à financer serait de plus de 76 000 kF en 1988. Le F.D.R. fonctionnel n'assure pas la couverture du B.F.D.R. d'exploitation et il conviendrait d'apporter d'autres ressources stables pour réaliser cet objectif.

**Corrigé épreuve n° 9 - 1986**

**Deuxième partie : Evaluation du fonds de roulement normatif et de l'excédent de trésorerie d'exploitation prévisionnel.**

## I. ÉVALUATION DU FONDS DE ROULEMENT NORMATIF.

Il s'agit en fait de calculer le besoin en fonds de roulement d'exploitation d'un produit selon la méthode normative, c'est-à-dire en jours de chiffre d'affaires hors-taxes.

Le principe de cette méthode (quelquefois appelée méthode des experts-comptables ou des jours) consiste à exprimer chaque composante du B.F.D.R. d'exploitation en une unité commune, le jour de C.A.H.T. Cette dernière s'obtient en convertissant les délais de rotation exprimés en unités spécifiques, puis en les multipliant par un coefficient de pondération qui représente le ratio « flux spécifique/C.A.H.T. ». Par exemple, si le délai de rotation spécifique est de 90 jours d'achats T.T.C. pour les fournisseurs, on obtiendra le délai exprimé en jours de C.A.H.T. par :

90 jours Achats T.T.C. × (Achats T.T.C./C.A.H.T.) =

90 × (50 % × 1,186) = 53,37 jours de C.A.H.T.

TABLEAU 11 : S.I.S.O.-ÉVALUATION DU B.F.D.R. NORMATIF

| | DÉLAIS DE ROTATION (unités spécifiques) | UNITÉS SPÉCIFIQUES | COEFFICIENTS DE PONDÉRATION | DÉLAIS DE ROTATION (en jours de C.A.H.T.) |
|---|---|---|---|---|
| **EMPLOIS** | | | | |
| Stock de matières premières (1) | 70 | consommation matières | 0,5 | 35 |
| Stock d'encours (2) | 10 | en cours | 0,665 | 6,65 |
| Stock de produits finis (3) | 20 | coût de production | 0,83 | 16,6 |
| Clients (4) | 60 | C.A.T.T.C. | 1,186 | 71,16 |
| T.V.A. déductible sur achats matières (5) | 70 | T.V.A. déductible sur achats | 0,093 | 6,51 |
| T.V.A. déductible sur autres charges (6) | 70 | T.V.A. déductible sur autres charges | 0,00558 | 0,3906 |
| **TOTAL EMPLOIS** | | | | **136,3106** |
| **RESSOURCES** | | | | |
| Fournisseurs de matières premières (7) | 90 | Achats de matières T.T.C. | 0,593 | 53,37 |
| Fournisseurs autres charges (8) | 30 | Autres charges d'exploitation | 0,03558 | 1,0674 |
| T.V.A. collectée (9) | 40 | T.V.A. sur ventes | 0,186 | 7,44 |
| Salaires - personnel de production (10) | 15 | Salaire - personnel de production | 0,1889 | 2,834 |
| Salaires - personnel commercial (11) | 15 | Salaire - personnel commercial | 0,0315 | 0,472 |
| Charges sociales - personnel de production (12) | 30 | Charges sociales - production | 0,1111 | 3,333 |
| Charges sociales - personnel commercial (13) | 30 | Charges sociales - commercial | 0,01852 | 0,556 |
| **TOTAL RESSOURCES** | | | | **69,07175** |
| **B.F.D.R. NORMATIF** | | | | **67,23885** |

| **ÉVALUATION MONÉTAIRE DU B.F.D.R.** | |
|---|---|
| C.A. Prévisionnel (en kF) | 2 500 |
| B.F.D.R. en jours de C.A.H.T. | 67 |
| B.F.D.R. en kF (= 2 500 × 67/360) | 465,278 |

**Commentaires :**

(1) On suppose que les consommations matières sont égales aux achats de matières premières et représentent 50 % du chiffre d'affaires hors-taxes.

(2) Faute d'informations précises, on a supposé que le stock d'encours représentait 10 jours d'encours (la durée du processus de production est de 10 jours) et que les encours étaient valorisés au coût matières augmenté de 50 % des autres charges d'exploitation :
- coût matières = 50 % C.A.H.T.
- 50 % autres charges d'exploitation = 50 % [charges de personnel (30 % C.A.H.T.) + autres charges (3 % C.A.H.T.)] = 16,5 % C.A.H.T.

soit au total 66,5 % du C.A.H.T.

(3) Le coût de production a été évalué en prenant en compte le coût matières et l'ensemble des charges d'exploitation, soit : coût de production = coût matières (50 % C.A.H.T.) + charges de personnel (30 % C.A.H.T.) + autres charges d'exploitation (3 % C.A.H.T.) = 83 % C.A.H.T.

(4) Le délai est de 60 jours de C.A.T.T.C. ; le coefficient de pondération est de 1 + taux de T.V.A., soit 1,186.

(5) Le délai de rotation a été estimé en supposant que les achats matières se faisaient en moyenne le 15 du mois ; le délai est donc de 15 + 30 + 25 = 70 jours, compte tenu du décalage de un mois et du paiement au 25 du mois.
Le coefficient de pondération est égal à : (% achats/C.A.H.T.) × taux de T.V.A. sur achats = 50 % × 0,186.

(6) Le raisonnement est identique pour évaluer le besoin lié à la T.V.A. déductible sur autres charges d'exploitation.
Le coefficient de pondération est égal à :
(% autres charges/C.A.H.T.) × taux de T.V.A. sur autres charges = 3 % × 0,186.

(7) Les fournisseurs de matières premières sont réglés à 90 jours ; le coefficient de pondération est égal à % achats T.T.C./C.A.H.T., soit 50 % × 1,186.

(8) Les fournisseurs de charges sont réglés à 30 jours ; le coefficient de pondération est égal à % autres charges d'exploitation T.T.C./C.A.H.T., soit 3 % × 1,186.

(9) Le délai de rotation pour la T.V.A. collectée est de 40 jours en supposant que les ventes sont faites en moyenne au 15 du mois.
Le coefficient de pondération est le taux de T.V.A. sur ventes.

(10) Le délai de rotation est égal à la créance moyenne envers les salariés, soit 15 jours.
Pour déterminer le coefficient de pondération, on suppose que le coût de la main-d'œuvre de production inclut l'ensemble des charges sociales (salariales et patronales).
Dans ce cas, le salaire net peut être évalué de la façon suivante :
- coût de la main-d'œuvre de production = 30 % du C.A.H.T.

— charges patronales : 35 % des salaires bruts
- salaire brut = 30 % / 1,35 = 22,22 % du C.A.H.T.

— cotisations salariales : 15 % des salaires bruts
- salaire net = 22,22 % × (1 − 15 %) = 18,89 % du C.A.H.T.

(11) Le salaire net commercial est de 18,89 % × (5/30) = 3, 148 % ; il représente 5 % du C.A.H.T. contre 30 % pour les charges de personnel de production.

(12) Le délai de rotation est égal à la créance moyenne, soit (30/2) + 15 = 30 jours.
Les cotisations représentent 50 % (35 % + 15 %) du salaire brut, soit 11,11 % du C.A.H.T.

(13) Le délai est identique à celui des charges de personnel de production ; le coefficient est de 11,11 % × (5/30) = 1,852 %.

## II. ÉVALUATION DE L'EXCÉDENT DE TRÉSORERIE PRÉVISIONNEL.

L'excédent de trésorerie d'exploitation (E.T.E.) s'évalue par différence entre l'excédent brut d'exploitation (E.B.E.) et la variation du B.F.D.R. d'exploitation, soit :

E.T.E. = E.B.E. − Variation du B.F.D.R. d'exploitation.

L'E.T.E. prévisionnel de 1986 doit être déterminé pour deux hypothèses de croissance du C.A.H.T. : 5 % (hypothèse pessimiste) et 10 % (hypothèse optimiste).

### 1° ÉVALUATION DE L'E.B.E.

On supposera que l'E.B.E. croît proportionnellement au C.A.H.T.
Evaluons l'E.B.E. en pourcentage du C.A.H.T. pour 1986.

| CHARGES | % C.A.H.T. |
|---|---|
| Consommations matières | 50 |
| Charges de personnel de production | 30 |
| Charges de personnel commercial | 5 |
| Autres charges d'exploitation | 3 |
| Total | 88 |
| E.B.E. | 12 |

### 2° ÉVALUATION DE L'E.T.E.

TABLEAU 12: S.I.S.O.-EVALUATION DE L'E.T.E.

| | 1985 | 1986 | 1987 |
|---|---|---|---|
| Hypothèses de croissance du C.A. | | 5 % | 10 % |
| CHIFFRE D'AFFAIRES | 2 500 | 2 625,0 | 2 750,0 |
| B.F.D.R. D'EXPLOITATION 67 j C.A.H.T. | 465 | 489 | 512 |
| Variation du B.F.D.R. | | 23,3 | 46,5 |
| E.B.E. = 12 % C.A.H.T. | | 315 | 330 |
| E.T.E. = E.B.E. − Var. B.F.D.R. d'exploitation | | 291,7 | 283,5 |

On remarque que l'accroissement du B.F.D.R. d'exploitation est supérieur à celui de l'E.B.E. ; en conséquence, le niveau de l'E.T.E. est plus faible dans l'hypothèse de croissance du chiffre d'affaires de 10 %.

## Corrigé épreuve n° 9 - 1986

### Troisième partie : Choix du mode de financement de l'investissement.

L'investissement d'un coût hors taxe de 600 000 F peut être financé :

— soit, par un emprunt de 400 000 F au taux de 16 %. La durée de l'emprunt est de 5 ans et son remboursement se fait par amortissement constant. Le complément de 200 000 F est couvert par un financement par fonds propres ;

— soit, par un crédit-bail d'une durée de 4 ans. Les loyers annuels de 150 000 F et sont payables en début d'année. Une option d'achat est prévue en fin de quatrième année pour un montant de 40 000 F.

Il s'agit donc du problème de la comparaison du coût du crédit-bail et de celui de l'emprunt. Nous reprendrons le schéma exposé pour résoudre cette même question que dans le sujet d'examen posé en 1983 (cas FORMATEL) (1). Toutefois, le problème posé par l'option d'achat sera traité explicitement.

Avant d'exposer la démarche, on peut déjà prédire *a priori* que le crédit-bail sera moins onéreux que le financement mixte emprunt-fonds propres, puisque la somme des loyers est égale au montant du matériel financé, ce qui laisse à penser que le coût de ce financement est négatif et que les hypothèses de l'exercice sont totalement irréalistes. Par ailleurs, on supposera que le taux de l'impôt est de 45 %.

## I. LES MÉTHODES FONDÉES SUR LA SÉPARABILITÉ DES DÉCISIONS D'INVESTISSEMENT ET DE FINANCEMENT.

On suppose dans ce cas que le mode de financement retenu n'a aucune incidence, ni sur les flux de liquidités économiques sécrétés par l'investissement, ni sur la structure de financement de l'entreprise. En outre, cette dernière hypothèse implique qu'on ne compare que l'emprunt et le crédit-bail, la structure effective de financement du projet n'ayant pas d'importance, puisqu'elle n'influe pas sur le coût d'opportunité du capital retenu pour actualiser les flux économiques provenant du projet.

---

(1) Cette question est également traitée en détail dans G. CHARREAUX, *Gestion financière*, 2e éd. Litec 1989.

## A. La méthode de la valeur actuelle nette des financements (ou méthode du taux de l'emprunt de référence).

Le V.A.N. d'un financement est égale au montant du financement obtenu moins la somme actualisée des flux après impôt entraînés par ce financement. Le taux d'actualisation est le coût de l'emprunt de référence, soit 8,8 % après impôt (16 % × 45 % = 8,8 %) dans ce cas.

1° LA V.A.N. DE L'EMPRUNT.

Par définition la V.A.N. de l'emprunt est nulle, le taux d'actualisation étant le coût de l'emprunt après impôt.

$$\text{V.A.N. emprunt} = M - \sum_{t=1}^{5} [R_t + I_t(1-T)]/[1+(1-T)K_d]^t = 0$$

avec $R_t$ l'amortissement de l'emprunt en année t ;
$I_t$ le montant des frais financiers de l'année t ;
T le taux d'imposition (T = 45 %) ;
$K_d$ le coût de la dette avant impôt ($K_d$ = 16 %) ;
M le montant du financement (M = 400 000 F).

TABLEAU 13 : S.I.S.O.-EVALUATION DES FLUX LIÉS À L'EMPRUNT

| **FLUX LIÉS À L'EMPRUNT** | Capital restant dû en début de période | Remboursement $R_t$ | Intérêt $I_t$ | Annuité $A_t = R_t + I_t$ | Economie d'impôt $T.I_t$ | Annuité après impôt $R_t + I_t(1-T)$ |
|---|---|---|---|---|---|---|
| Année 1 | 400 000 | 80 000 | 64 000 | 144 000 | 28 800 | 115 200 |
| Année 2 | 320 000 | 80 000 | 51 200 | 131 200 | 23 040 | 108 160 |
| Année 3 | 240 000 | 80 000 | 38 400 | 118 400 | 17 280 | 101 120 |
| Année 4 | 160 000 | 80 000 | 25 600 | 105 600 | 11 520 | 94 080 |
| Année 5 | 80 000 | 80 000 | 12 800 | 92 800 | 5 760 | 87 040 |

| | |
|---|---|
| Taux actuariel avant impôt | 16,00 % |
| Taux actuariel après impôt | 8,80 % |
| V.A.N. de l'emprunt à 8,8 % | 0 |
| Valeur de l'emprunt | 138 057 |

2° LA V.A.N. DU CRÉDIT-BAIL.

La méthode consiste à évaluer la V.A.N. du crédit-bail et à la comparer à la V.A.N. de l'emprunt. Si la V.A.N. du crédit-bail est positive, cela signifie que le crédit-bail est moins coûteux que l'emprunt.

La V.A.N. du crédit-bail s'évalue en actualisant les flux liés au crédit-bail au coût après impôt $K_d(1-T)$ de l'emprunt alternatif (l'emprunt de référence), soit 8,8 %.

Les flux entraînés par le crédit-bail sont constitués :

— du flux constitué par le loyer après impôt $L_t(1-T)$. Ce flux s'évalue par différence entre le loyer et l'économie d'impôt liée à la déductibilité du loyer ;

— du flux constitué par la renonciation à l'économie d'impôt liée à la dotation aux amortissements qu'on pratiquerait si l'on était propriétaire du bien, soit $T.D_t$ ;

— des flux qui sont liés à l'exercice de l'option de rachat. Compte tenu de l'hypothèse de séparabilité posée, on suppose que l'option est exercée, sinon cette hypothèse serait invalidée, les flux économiques associés à l'investissement étant modifiés (perte du flux économique de l'année 5, pas de cession). Pour l'évaluation du coût du financement, le flux de sortie lié au rachat du matériel ($0_5$ = 40 000 kF) *n'est pas à retenir*. On suppose comme conséquence de l'hypothèse de séparabilité que ce flux est déjà pris en compte pour évaluer la rentabilité de l'investissement. Il intervient au niveau des modalités de règlement du montant de l'investissement. Inversement, il faut tenir compte de l'économie d'impôt que procure l'amortissement du matériel racheté, soit $T.0_5$. Cette économie d'impôt est de 45 % × 40 000 = 18 000 kF. Elle vient en déduction des renonciations aux économies d'I.S. sur dotations aux amortissements précédentes. Ainsi « paradoxalement » l'exercice de l'option minore le coût du crédit-bail.

La V.A.N. du crédit-bail s'obtient alors par la relation :

$$\text{V.A.N. crédit-bail} = M^* - L_0 - \sum_{t=1}^{5} [L_t(1-T) + D_t T]/[1+(1-T)K_d]^t + T.0_5/[1+(1-T)K_d]^5$$

avec $L_0$ le loyer versé au début de l'année 1 (instant $t=0$) et $M^*$ = 600 000, le montant du financement représenté par le crédit-bail.

Dans la solution proposée, on suppose que la déductibilité des loyers se fait avec un décalage d'un an.

TABLEAU 14 : S.I.S.O.-EVALUATION DES FLUX LIÉS AU CRÉDIT-BAIL

| **FLUX LIÉS AU CRÉDIT-BAIL** | Loyers $L_t$ (1) | Dotation aux amortissements $D_t$ (2) | Economies $TD_t$ d'I.S. sur dotations (3) | Economies d'I.S. sur loyers $T.L_t$ (4) | Economie d'I.S. sur dotation valeur de rachat $T.0_5$ (5) | Flux total (1)+(3)−(4)−(5) |
|---|---|---|---|---|---|---|
| 0 début année 1 | 150 000 | | | | | 150 000 |
| Année 1 | 150 000 | 120 000 | 54 000 | 67 500 | | 136 500 |
| Année 2 | 150 000 | 120 000 | 54 000 | 67 500 | | 136 500 |
| Année 3 | 150 000 | 120 000 | 54 000 | 67 500 | | 136 500 |
| Année 4 | | 120 000 | 54 000 | 67 500 | | − 13 500 |
| Année 5 | | 120 000 | 54 000 | | 18 000 | 36 000 |

| | |
|---|---|
| Taux actuariel après I.S. | − 1,84 % |
| V.A.N. du crédit-bail à 8,8 % | 89 264 |
| Valeur du crédit-bail | 133 752 |

La V.A.N. du crédit-bail est de 89 264 ; elle est largement positive et le crédit-bail apparaît préférable à l'emprunt.

### B. La méthode du taux actuariel.

Cette méthode est équivalente à la détermination d'un taux interne de rentabilité pour un investissement. Ainsi, il suffit de déterminer le taux actuariel, tel que la valeur actuelle des flux entraînés par le financement soit égale au montant du financement (V.A.N. du financement nulle).

Pour l'emprunt, il faut déterminer le taux $K^T{}_d$ tel que :

$$M - \sum_{t=1}^{5} (R_t + I_t(1-T))/(1+K^T{}_d)^t = 0$$

d'où $K^T{}_d$ = 8,8 %, taux indiqué précédemment.

Pour le crédit-bail, il faut calculer $K^T{}_L$ tel que :

$$\text{V.A.N. crédit-bail} = M^* - L_0 - \sum_{t=1}^{5} [L_t(1-T) + D_tT]/[1+(1-T)K_d]^t + T.0_5/[1+(1-T)K_d]^5$$

V.A.N. crédit-bail = 0

d'où $K^T{}_L$ = − 1,84 %, ce qui confirme le caractère moins onéreux du crédit-bail et le caractère irréaliste des hypothèses de l'exercice.

## II. LA MÉTHODE FONDÉE SUR LA NON-SÉPARABILITÉ DES DÉCISIONS D'INVESTISSEMENT ET DE FINANCEMENT : LA MÉTHODE DE LA V.A.N. AJUSTÉE.

Cette méthode est la plus générale et peut s'utiliser si le financement étudié a une incidence sur les flux d'exploitation ou sur la structure de financement.

Dans l'exercice présent, la non-séparabilité peut être entraînée par deux aspects :

— l'option de rachat n'est pas exercée et les flux d'exploitation utilisés pour évaluer la rentabilité de l'investissement sont modifiés ;

— la structure de financement est modifiée, ce qui peut être le cas, puisque la structure de financement du projet d'investissement n'est pas la même selon le mode de financement envisagé.

Utilisons la méthode de la *valeur actuelle nette ajustée* qui permet de prendre en compte de telles incidences. Rappelons que cette méthode consiste à considérer globalement la valeur actuelle nette d'un ensemble, composé du projet d'investissement et des modalités de son financement. Cette V.A.N. est dite V.A.N. ajustée et s'évalue de la façon suivante :

V.A.N. ajustée = V.A.N. de base + V.A.N. du financement

La V.A.N. de base est égale à la V.A.N. du projet d'investissement évaluée en utilisant le coût des capitaux propres requis par les actionnaires compte tenu du risque d'exploitation du projet d'investissement. Elle tient compte du flux après impôt lié à la cession finale. Le taux requis par les actionnaires apparaît être de 25 %, cependant ce taux prend en compte la rémunération du risque financier et comme on ignore la structure de financement de la société, on ne peut évaluer le taux requis par les actionnaires en rémunération du seul risque d'exploitation. Par ailleurs, les flux d'exploitation sécrétés par le projet d'investissement ne sont pas indiqués, il n'est donc pas possible d'évaluer la V.A.N. de base.

On supposera que la V.A.N. de base est identique pour les deux solutions de financement : emprunt + fonds propres et crédit-bail avec exercice de l'option. Par conséquent, le choix se fera en évaluant d'une part, l'incidence éventuelle de l'absence d'exercice de l'option, et d'autre part, la V.A.N. des financements.

La V.A.N. d'un financement dans cette méthode s'obtient en actualisant au *coût avant impôt*, habituel de la dette pour l'entreprise, les flux après impôt induits par chaque mode de financement.

## A. Evaluation de l'incidence de l'absence d'exercice de l'option sur la V.A.N. de base.

Les conséquences de l'absence d'exercice de l'option sont les suivantes :

— on perd le flux d'exploitation corrigé de l'impôt, de la cinquième année $F_5$, dont on ignore la valeur ;

— on économise le flux de rachat de 40 000 F, en fin de quatrième année ;

— on perd l'économie d'impôt sur la dotation aux amortissements portant sur le bien racheté, soit 45 % × 40 000 = 18 000 F ; on suppose qu'elle est positionnée en fin de cinquième année ;
— on perd le flux entraîné par la cession en fin de cinquième année, soit :
Flux avant impôt : 60 000 F,
Plus-value à court terme : 60 000 F,
Impôt sur plus-value : 45 % × 60 000 F = 27 000 F,
Flux après impôt : 33 000 F.

La condition d'exercice de l'option est que la valeur actuelle au taux requis par les actionnaires $K_a$ (pour rémunérer le risque économique) des pertes entraînées par la renonciation à exercer l'option, soit supérieure au flux de sortie lié au rachat (autrement dit la V.A.N. de l'option doit être positive), soit dans le cas présent :
V.A.N. option =

$$(F_5 + 33\,000 + 18\,000)/(1+K_a)^5 - 40\,000/(1+K_a)^4$$

Même en supposant un flux d'exploitation $F_5$ nul et un taux $K_a$ = 25 %, cette condition serait satisfaite et l'option devrait être exercée. Dans le cas contraire, il aurait fallu minorer la V.A.N. de base de la V.A.N. de l'option. Précisons que cette condition est généralement satisfaite puisque les contrats de crédit-bail sont établis de façon à ce que l'option de rachat soit intéressante.

On admettra donc pour la suite de l'exercice que l'option est exercée et qu'il y a pas lieu de modifier la V.A.N. de base.

## B. V.A.N. du financement par emprunt.

Si on suppose que le taux de $K_d$ = 16 % correspond au coût habituel de la dette avant impôt, la V.A.N. du financement par emprunt est égale à :

$$\text{V.A.N. de l'emprunt} = M - \sum_{t=1}^{5} (R_t + I_t(1-T))/(1+K_d)^t$$

$$= \sum_{t=1}^{5} I_t(1-T))/(1+K_d)^t$$

c'est-à-dire à la valeur actuelle des économies d'impôt sur les frais financiers. Soit dans le cas présent, V.A.N. de l'emprunt = 138 057 F (cf. tableau 12 : Valeur de l'emprunt).

## C. V.A.N. du financement par crédit-bail.

On procède de façon similaire en actualisant les flux induits par le crédit-bail par rapport à un financement intégral par fonds propres, au taux $K_d$ avant impôt, coût habituel de la dette.

$$\text{V.A.N. crédit-bail} = M^* - L_0 - \sum_{t=1}^{5} [L_t(1-T) + D_t T]/[1 + K_d]^t + T.0_5/[1 + K_d]^5$$

soit, V.A.N. du crédit-bail = 133 752 F (cf. tableau 13 : Valeur du crédit-bail).

Le crédit-bail apparaît de nouveau plus intéressant que l'emprunt puisque par rapport à ce dernier, il apporte un gain de V.A.N. ajustée de 138 057 – 133 752 = 4 305.

La supériorité du crédit-bail apparaît cependant moins prononcée par cette méthode. Cette différence se comprend aisément. La méthode de la V.A.N. ajustée s'appuie sur la structure de financement exacte du projet pendant sa durée de vie. Or, même dans le cas du crédit-bail, il y a en fait une partie substantielle du projet qui est financée par fonds propres dont le coût est élevé. Les deux premières méthodes ne prenaient pas en compte les différences dans le montant financé compte tenu des hypothèses sur lesquelles elles reposent.

# Epreuve n° 9 - 1987

*Durée : 4 heures*

SUJET

Liquidité, rentabilité, risque : problématique et outils d'analyse

# Corrigé épreuve n° 9 - 1987

## PLAN PROPOSÉ

INTRODUCTION.

### PREMIÈRE PARTIE

### LA PROBLÉMATIQUE DU DIAGNOSTIC FINANCIER

**Section 1 : Notions et mesures de la rentabilité et du risque.**

§ 1. — Notion et mesure de la rentabilité.

§ 2. — Notion et mesure du risque.

**Section 2 : La problématique du diagnostic financier.**

### DEUXIÈME PARTIE

### LES OUTILS D'ANALYSE DE LA RENTABILITÉ ET DU RISQUE

**Section 1 : Les outils d'analyse de la rentabilité.**

§ 1. — L'analyse de la rentabilité des capitaux propres.

A. — Mesure du taux de rentabilité des capitaux propres et norme de diagnostic.

B. — Le schéma explicatif constitué par la relation de l'effet de levier financier.

§ 2. — L'analyse de la formation de la rentabilité économique.

A. — La relation de décomposition.

B. — L'étude du taux de marge économique : la formation du résultat économique et le tableau des soldes intermédiaires de gestion.

**Section 2 : Les outils d'analyse du risque.**

§ 1. — Le diagnostic du risque d'exploitation et du risque financier.

A. — Le diagnostic du risque d'exploitation.

B. — Le diagnostic du risque financier.

§ 2. — Le diagnostic du risque de faillite.

A. — Les méthodes statiques de diagnostic du risque de faillite.

1° L'approche patrimoniale.

2° L'approche fonctionnelle.

B. — Les méthodes dynamiques de diagnostic du risque de faillite.

1° Les tableaux de flux de fonds.

2° Les méthodes d'analyse dynamique fondées sur les flux de trésorerie.

**CONCLUSION.**

## Corrigé épreuve n° 9 - 1987

Le diagnostic financier a pour buts d'évaluer la performance d'une entreprise et d'en identifier les déterminants, notamment si cette performance apparaît médiocre.

Une telle démarche suppose l'existence de normes et une définition préalable de la notion d'*équilibre financier* : l'équilibre financier est réalisé si les apporteurs de capitaux, actionnaires et créanciers financiers, sont rémunérés à concurrence du risque qu'ils encourent. Les deux dimensions fondamentales du diagnostic financier sont donc la *rentabilité* et le *risque*.

Certes, l'objectif du diagnostiqueur peut varier ; ainsi, selon que le diagnostic soit fait à la demande d'un banquier, d'un gérant de portefeuille, du dirigeant de l'entreprise étudiée ou de celui d'une entreprise concurrente, les éléments-clés peuvent revêtir une intensité différente et l'analyse peut être plus ou moins approfondie. Cependant, tout diagnostic financier s'articulera finalement autour des deux dimensions précédemment énoncées : la rentabilité et le risque.

La *liquidité* qui peut s'appréhender, soit à partir de la structure de l'actif du bilan, soit à partir de la capacité de l'entreprise à sécréter des flux d'exploitation (« la liquidité d'exploitation »), ne constitue pas une dimension supplémentaire du diagnostic, mais représente un élément fondamental dans l'évaluation d'un aspect particulier du risque : le risque de faillite. En conséquence, elle ne fera pas l'objet de développements particuliers.

Nous présenterons dans une première partie, la problématique du diagnostic financier où nous rappellerons tout d'abord les notions de rentabilité et de risque, avant d'aborder la structure même du diagnostic. Dans une seconde partie, nous décrirons succinctement les principaux outils d'analyse de ces deux dimensions fondamentales.

### Première partie

### La problématique du diagnostic financier

La problématique du diagnostic financier s'articule autour de l'arbitrage rentabilité-risque qui permet d'apprécier si l'entreprise étudiée satisfait ses apporteurs de fonds compte tenu du risque qu'ils encourent. Il est donc nécessaire de définir préalablement et précisément les notions de rentabilité et de risque.

## SECTION 1 : NOTIONS ET MESURES DE LA RENTABILITÉ ET DU RISQUE.

### § 1. Notion et mesure de la rentabilité.

La notion de rentabilité s'appréhende en mesurant, sur une période donnée, la variation de valeur des capitaux investis. Si les capitaux investis considérés sont ceux des actionnaires, la rentabilité analysée est celle des capitaux propres. Selon l'optique comptable, le résultat net est censé exprimer la variation de valeur du patrimoine des actionnaires, mesurée sur l'exercice comptable. Lorsqu'on retient l'ensemble des capitaux investis par les actionnaires et par les créanciers, on aboutit de façon équivalente à la notion d'*actif économique*, qui est la contrepartie de ces capitaux (actif économique = capitaux propres + dettes financières) ; la rentabilité économique et le résultat économique se mesurent à partir de la variation de valeur de l'actif économique.

Pour mesurer la rentabilité, il est d'abord nécessaire d'évaluer les capitaux investis. Supposons que nous soyons en présence d'une entreprise cotée et que nous souhaitions mesurer la rentabilité obtenue par un actionnaire au cours du dernier exercice. Le taux de rentabilité s'obtient en rapportant la variation de valeur des fonds propres (en supposant pour simplifier qu'il n'y a eu ni distribution de dividendes, ni opérations sur le capital) à la valeur de marché initiale. La méthode d'évaluation ainsi retenue apparaît objective, au sens où la valeur de marché (le cours) résulte de la confrontation d'offres et de demandes multiples, et qu'effectivement l'actionnaire aurait pu réaliser son patrimoine à cette valeur. Même si la valeur de marché connaît des fluctuations erratiques, il s'agit de la seule mesure factuelle et toute autre mesure ne constitue qu'une approximation critiquable et contestable.

Le schéma théorique d'évaluation, sous-jacent à la valeur de marché, est celui de la *valeur actuelle*. Selon cette conception, la valeur économique d'une entreprise varie en fonction des variations des anticipations des flux économiques futurs et des taux requis par les investisseurs, lesquels évoluent notamment en fonction des opportunités générales offertes par l'économie et de l'inflation. Même si la pratique courante de l'analyse financière s'appuie sur l'information comptable qui retient comme bases d'évaluation les *coûts historiques* et les *principes de prudence* et de *continuité d'exploitation*, le raisonnement économique ne doit jamais être occulté. D'ailleurs, la comptabilité y fait souvent référence. Ainsi, la règle d'inventaire comptable repose sur la notion de *valeur vénale*, très proche de la notion de valeur actuelle économique. Les corrections de valeur appliquées par la comptabilité à partir des coûts historiques ont le plus souvent pour objectif de rapprocher l'évaluation comptable des actifs et du résultat, de l'évaluation économique.

### § 2. Notion et mesure du risque.

La notion de risque apparaît plus complexe. Très généralement, il y a risque s'il y a possibilité d'écart entre la valeur anticipée d'une grandeur et sa valeur réalisée. Ainsi, un actif est dit risqué si la rentabilité qu'il permet d'obtenir peut être différente de la rentabilité anticipée par son détenteur. Le plus souvent, le caractère risqué d'un actif est évalué en mesurant les fluctuations passées de son taux de rentabilité au moyen d'un indicateur statistique telle que la variance. Une autre conception du risque, plus proche du sens commun, est également fréquemment employée ; elle consiste à appréhender le risque par rapport à la notion de *seuil critique*. On évalue la probabilité d'être déficitaire ou d'être dans l'impossibilité de faire face à des remboursements d'emprunts. Cette dernière vision du risque privilégie la prise en compte des cas défavorables. Ces deux acceptions du risque se retrouvent dans les méthodes de diagnostic financier.

Sous l'influence des résultats de la recherche financière, l'étude du risque peut se faire selon la typologie suivante (1) : *risque d'exploitation, risque financier et risque de faillite* (ou d'illiquidité). Le risque d'exploitation peut se mesurer par la variabilité du résultat économique (ou du taux de rentabilité économique), ou en estimant la probabilité qu'il soit négatif. Le risque financier s'analyse en étudiant la variabilité du résultat net (ou du taux de rentabilité des capitaux propres) ou la possibilité qu'il soit négatif. Enfin, le diagnostic du risque de faillite s'appuie sur l'analyse de la capacité de remboursement des dettes financières. L'étude de la liquidité se confond alors avec celle du risque de faillite, puisque le niveau de ce dernier dépendra de la capacité de l'entreprise à sécréter des liquidités soit de façon habituelle par son exploitation, soit de façon plus générale par liquidation de ses actifs.

Le fondement de cette typologie du risque réside dans la décomposition qui peut être faite des attentes d'un apporteur de fonds propres

---

(1) Cf G. CHARREAUX, *Gestion financière*, 2e éd., Litec 1989, qui propose cette typologie.

en matière de rentabilité. On constate sur les marchés financiers que le risque est rémunéré ; plus l'investissement est risqué, plus il rapporte en moyenne. En conséquence, le taux de rentabilité requis par un actionnaire peut être présenté de la façon suivante :

| | | | | |
|---|---|---|---|---|
| Taux de rentabilité des capitaux propres | = | Taux de rentabilité sans risque | + | Prime de risque d'exploitation |
| | + | Prime de risque financier | + | Prime de risque de faillite |

Un créancier financier considèrera, quant à lui, le risque de faillite, c'est-à-dire la possibilité de ne pas être remboursé et en tiendra compte pour établir le taux de son prêt.

## SECTION 2 : LA PROBLÉMATIQUE DU DIAGNOSTIC FINANCIER.

Bien que les développements précédents insistent sur l'*arbitrage entre risque et rentabilité*, la démarche du diagnostic financier s'articule sur la séparation « étude de la rentabilité-étude du risque ». Ces deux dimensions, cependant, ne doivent pas être jugées de façon indépendante ; à terme, pour qu'une entreprise soit viable, le risque doit être rémunéré de façon satisfaisante sous peine de ne plus trouver d'apporteurs de capitaux.

### LA DÉMARCHE DU DIAGNOSTIC FINANCIER (2) *(V. page suivante)*

Précisons toutefois que l'objectif premier d'une entreprise est d'enrichir ses actionnaires. Comme le disait récemment Antoine Riboud (3), P.-D.G. de B.S.N. : « Ne jamais oublier ceux qui possèdent l'entreprise, les associer à ses performances, il ne peut y avoir d'autre volonté pour B.S.N. ». Tous les autres objectifs, tels que, par exemple, la maximisation de la croissance de l'activité, ne sont en fait que des objectifs secondaires, qui doivent à terme être subordonnés à l'objectif de recherche de rentabilité. Quant à l'objectif de remboursement des créanciers, il constitue en fait une contrainte. En conséquence, l'aspect qui doit primer dans le diagnostic financier est celui de la rentabilité.

---

(2) G. CHARREAUX, *Gestion financière*, 2e éd., Litec 1989.
(3) *La Vie Française*, 28 juil.-3 août 1986, n° 2146, p. 22.

LA DÉMARCHE DU DIAGNOSTIC FINANCIER (2)

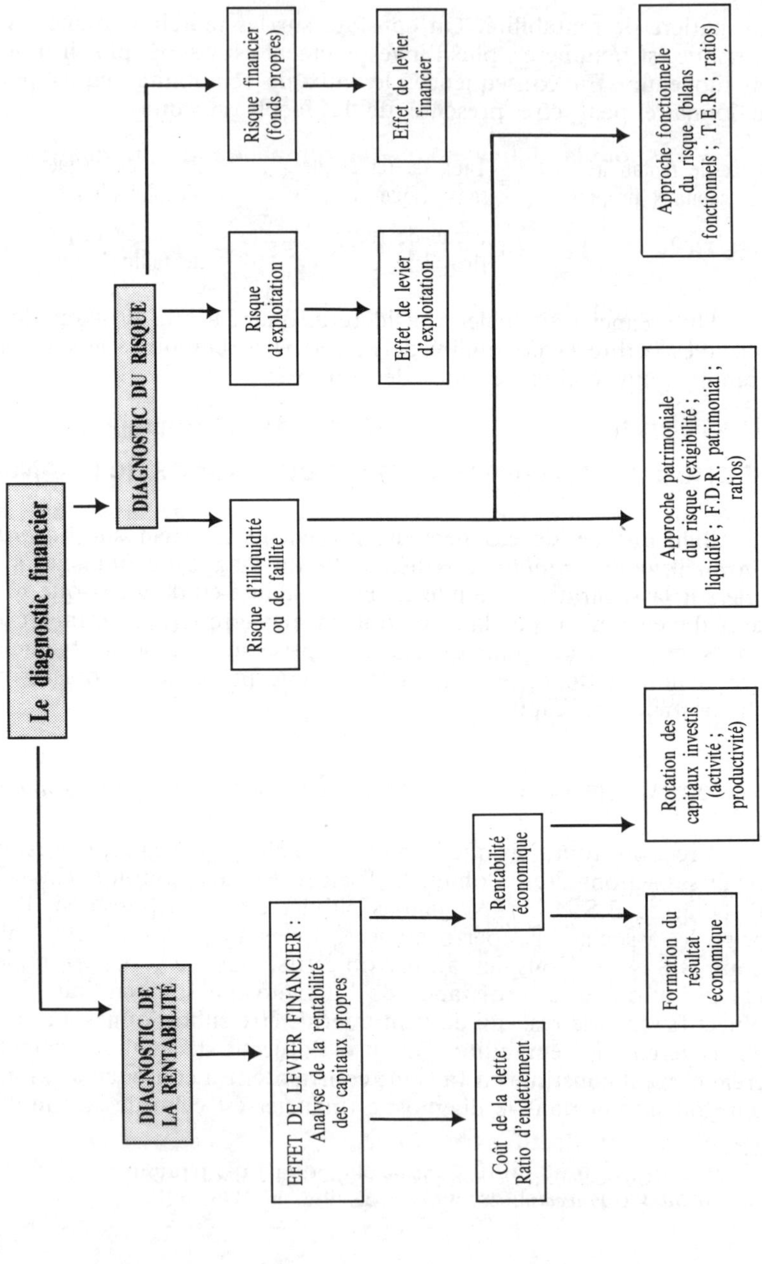

# Deuxième partie

## Les outils d'analyse de la rentabilité et du risque

## SECTION 1 : LES OUTILS D'ANALYSE DE LA RENTABILITÉ.

Nous étudierons successivement les outils permettant de diagnostiquer la rentabilité des capitaux propres et la rentabilité économique.

### § 1. L'analyse de la rentabilité des capitaux propres.

L'analyse de la rentabilité des capitaux propres soulève différents types de problèmes ; en premier lieu, le choix de la mesure de la rentabilité et, en second lieu, l'invention d'une norme à considérer. Enfin, il est important de pouvoir s'appuyer sur un schéma qui permette d'aller plus loin dans l'étude de la formation de la rentabilité ; ce schéma repose sur la relation de l'*effet de levier financier*.

#### A. Mesure du taux de rentabilité des capitaux propres et norme de diagnostic.

Supposons que les difficultés liées à la mesure de la rentabilité des capitaux propres, qui trouvent leur origine dans les divergences entre l'évaluation comptable et l'évaluation par le marché aient été résolues et qu'on puisse accepter la mesure comptable. A quelle norme peut-on comparer cette dernière afin de savoir si la rentabilité des fonds propres offerte par une entreprise est satisfaisante ? La recherche en théorie financière apporte une réponse grâce au M.E.D.A.F. (le modèle d'équilibre des actifs financiers) dont la relation fondamentale est :

$$R_i = R_F + \beta_i [R_M - R_F]$$

avec $R_i$ le taux requis sur ses fonds propres par un actionnaire de la société i,
$R_F$ le taux de l'actif sans risque,
$R_M$ le taux de rentabilité du marché, que l'on peut mesurer à partir de l'indice du marché des actions,

$\beta_i$ le coefficient de volatilité mesuré par le rapport $Cov(R_i, R_M)/Var(R_M)$, censé représenter le risque en l'appréhendant par la covariabilité entre le taux de rentabilité de l'action i et celle de l'indice du marché.

Cette relation signifie que sur le marché financier, le taux requis par un actionnaire est égal aux taux de l'actif sans risque, augmenté d'une prime de risque qui dépend du coefficient de volatilité et de la prime de risque du marché, c'est-à-dire de l'écart entre le taux de rentabilité du marché et le taux de l'actif sans risque. Pour une société cotée, la mesure de ces différents paramètres est aisée. *A contrario*, pour une entreprise non cotée, il est nécessaire de recourir à des approximations ou à des analogies pour évaluer le taux requis.

### B. LE SCHÉMA EXPLICATIF CONSTITUÉ PAR LA RELATION DE L'EFFET DE LEVIER FINANCIER.

La relation de l'effet de levier financier permet de comprendre le lien qui associe le taux de rentabilité des capitaux propres, le taux de rentabilité économique et l'endettement. On démontre, à partir de la mesure comptable de la rentabilité, la relation suivante :

$$K_c = K_a + (K_a - K_d) \cdot D/CP$$

$K_c$ représente le taux de rentabilité des capitaux propres,
$K_a$ le taux de rentabilité économique,
$K_d$ le coût de la dette financière,
D le montant de la dette financière (évaluée comptablement),
CP le montant des fonds propres (évalués comptablement).

Cette relation permet de comprendre l'incidence de l'endettement sur le taux de rentabilité des capitaux propres. Si le taux de rentabilité économique $K_a$ est supérieur au coût de la dette, il se produit un effet de levier positif sur la rentabilité des capitaux propres, d'autant plus important que le ratio d'endettement est élevé. Le taux de rentabilité des capitaux propres apparaît alors supérieur au taux de rentabilité économique ; la différence entre les deux taux constitue la mesure de l'effet de levier financier. On remarquera que si le taux de rentabilité économique se révèle inférieur au coût de la dette, l'effet de levier joue négativement. Bien entendu, les entreprises qui ont recours à l'endettement supposent qu'elles obtiendront une bonne rentabilité économique et que l'effet de levier jouera positivement. En contrepartie du gain de rentabilité, il y a un risque pour les actionnaires ; l'effet de levier amplifie le risque financier qui apparaît d'autant plus élevé que le recours à l'endettement est important. La relation de l'effet de levier financier permet d'identifier deux variables fondamentales, la rentabilité économique et le recours à l'endettement, pour analyser le niveau et l'évolution du taux de rentabilité des capitaux propres. La rentabilité économique constitue la variable déterminante et mérite une analyse spécifique. La variable d'endettement constitue une variable d'ajustement dont le rôle peut être précisé en séparant l'*effet taux*, lié au coût de la dette et l'*effet ratio d'endettement*.

## § 2. L'analyse de la formation de la rentabilité économique.

### A. La relation de décomposition.

L'analyse de la formation de la rentabilité économique peut être faite à partir de la relation de décomposition suivante :

$$\frac{\text{Résultat économique}}{\text{Actif économique}} = \frac{\text{Résultat économique}}{\text{Chiffre d'affaires}} \times \frac{\text{Chiffre d'affaires}}{\text{Actif économique}}$$

| Taux de rentabilité économique | Taux de marge économique | Taux de rotation de l'actif économique |
|---|---|---|

Cette relation permet d'analyser le taux de rentabilité économique à partir de deux variables, le *taux de marge économique* et le *taux de rotation de l'actif économique*. Nous ne présenterons que l'analyse du taux de marge économique.

### B. L'étude du taux de marge économique : la formation du résultat économique et le tableau des soldes intermédiaires de gestion.

L'étude du taux de marge économique repose principalement sur celle de la formation du résultat économique, qui s'appuie sur le tableau des soldes intermédiaires de gestion (T.S.I.G.) proposé par le P.C.G. 1982. Ce dernier doit cependant subir certains redressements (neutralisation de l'incidence d'opérations telles que le recours au crédit-bail ou à la sous-traitance...) avant d'être utilisé pour déterminer les facteurs principaux expliquant le niveau et l'évolution du résultat économique.

**Corrigé épreuve n° 9 - 1987**

L'analyse porte successivement sur les différents soldes : marge commerciale, valeur ajoutée, excédent brut d'exploitation (E.B.E.), et résultat d'exploitation. Chaque solde doit être étudié en termes absolus et relatifs, et en tenant compte de l'évolution des prix et de la nature de l'activité de l'entreprise. Précisons qu'en aucun cas, l'analyse du résultat économique ne doit s'arrêter à l'E.B.E. Ce solde ne constitue pas le véritable résultat économique puisqu'il est évalué avant prise en compte des dépréciations d'actif survenues pendant l'exercice.

## SECTION 2 : LES OUTILS D'ANALYSE DU RISQUE.

L'étude du risque forme l'autre volet du dyptique que constitue le diagnostic financier. En reprenant la typologie initiale, on présentera les diagnostics du risque d'exploitation et du risque financier, puis celui du risque de faillite, qui occupe une place prépondérante.

### § 1. Le diagnostic du risque d'exploitation et du risque financier.

Les méthodes de diagnostic de ces deux types de risque sont encore peu nombreuses et peu évoluées. Fondamentalement, elles cherchent soit à apprécier la variabilité ou la sensibilité du résultat économique (risque d'exploitation), ou du résultat net (risque financier) par rapport au niveau d'activité, soit encore, à évaluer la position par rapport au point-mort (ou seuil de rentabilité).

#### A. Le diagnostic du risque d'exploitation.

La démarche la plus immédiate pour appréhender le risque d'exploitation réside dans la mesure de la variabilité du résultat économique, ou de celle du taux de rentabilité économique. Il suffit de calculer un indicateur tel que la variance ou l'écart-type. Cependant, une telle mesure est souvent peu significative, lorsqu'on ne dispose pas de nombreuses observations.

Un outil *a priori* plus fruste, mais simple à mettre en œuvre, s'appuie sur l'analyse du levier d'exploitation, dont le principe est d'évaluer la sensibilité du résultat économique à une variation du niveau d'activité. La position par rapport au seuil de rentabilité économique représente également un critère simple d'appréciation du risque d'exploitation qui doit cependant se juger en fonction du caractère plus ou moins fluctuant de l'activité.

En dehors de ces indicateurs primaires, une analyse sérieuse du risque d'exploitation ne peut être fondée que sur une analyse stratégique de l'entreprise, qui seule peut permettre d'appréhender les variations du portefeuille d'activités et l'évolution de la structure des coûts.

### B. Le diagnostic du risque financier.

Les méthodes préconisées pour diagnostiquer le risque d'exploitation peuvent également s'appliquer à l'étude du risque financier. Il suffit de substituer au résultat économique le résultat net. Dans l'analyse des charges, les charges fixes se trouvent alors augmentées des frais financiers, même si le caractère de fixité de ces derniers peut être contesté.

## § 2. Le diagnostic du risque de faillite.

L'étude du risque de faillite, donc de la capacité d'une entreprise à rembourser ses dettes financières a donné lieu à l'élaboration de multiples méthodes, parmi lesquelles on peut distinguer, d'une part, les méthodes *statiques* fondées sur l'étude du bilan et, d'autre part, les méthodes *dynamiques* qui ont recours aux tableaux de flux.

### A. Les méthodes statiques de diagnostic du risque de faillite.

Les méthodes statiques ont pour objet l'étude du bilan. On distingue *l'approche patrimoniale* et *l'approche fonctionnelle.*

#### *1) L'approche patrimoniale.*

L'approche patrimoniale s'appuie sur une conception du bilan qui privilégie les notions de valeur, d'*exigibilité* et de *liquidité*. Ce type de bilan est dressé dans le but d'évaluer l'entreprise et le patrimoine des actionnaires.

Le classement de l'actif s'opère en fonction du critère de liquidité et celui du passif en fonction du critère d'exigibilité. La comparaison des actifs circulants (liquidables à court terme) et des dettes à court terme permet de construire un indicateur du risque de faillite : *le fonds de roulement patrimonial*. Une entreprise est censée être viable si les actifs circulants couvrent les dettes à court terme, autrement dit si le F.D.R. patrimonial (actifs circulants - dettes à court terme) est positif. D'autres indicateurs, les ratios de liquidité s'inspirent de la même logique ; on rapproche certaines catégories d'actifs à court terme des dettes à court terme pour appréhender le risque.

Le diagnostic du risque de faillite, dans l'optique patrimoniale, fait également appel à deux autres critères : la *solvabilité* et l'importance relative de l'endettement à long terme. La solvabilité correspond à la capacité de l'entreprise à rembourser ses dettes en liquidant ses actifs. Elle peut être mesurée grossièrement en rapportant les capitaux propres à l'ensemble du passif. Quant à l'importance de l'endettement à long terme, elle peut être appréhendée par le ratio « Capitaux propres/Dettes à plus d'un an ».

Dans l'ensemble, l'approche patrimoniale demeure très primaire, même si les idées fondamentales sur lesquelles elle repose conservent leur pertinence. Pour autant, elle ne doit pas être abandonnée. Des notions telles que la solvabilité et la liquidité demeurent essentielles dans une optique d'appréciation du risque de faillite.

*2) L'approche fonctionnelle.*

L'émergence de la conception fonctionnelle en analyse financière a constitué une véritable révolution dans le raisonnement financier, dont les conséquences sont souvent sous-estimées. Si l'approche patrimoniale se soucie principalement d'évaluation, l'approche fonctionnelle s'écarte totalement de cette préoccupation pour tenter de modéliser le fonctionnement de l'entreprise. Les bilans fonctionnels sont à étudier en liaison avec les tableaux de flux qu'ils permettent de construire. Ils ne constituent pas des inventaires d'actifs et de passifs, mais de *stocks d'emplois* et *de stocks de ressources*. L'attention est portée sur la réalisation de l'équilibre emplois-ressources, afin d'analyser la politique de financement et d'en tirer des conclusions sur la viabilité de l'entreprise. Deux grandes conceptions du bilan fonctionnel s'affrontent : le bilan fonctionnel horizontal et le bilan fonctionnel pool de fonds.

*a) Le bilan fonctionnel horizontal.*

La représentation du bilan fonctionnel se fonde sur les concepts de cycles et de stabilité des ressources et des emplois. La notion principale est celle de *cycle d'exploitation*, qui induit un besoin de financement particulier, le « *besoin en fonds de roulement d'exploitation* » (B.F.D.R. d'exploitation).

Ce besoin croît avec le niveau d'activité et a connu un gonflement important dans les années de forte croissance et de forte inflation d'après-guerre ; il est devenu le noyau du raisonnement financier dans l'optique fonctionnelle. Conjointement avec les immobilisations brutes, il constitue les *emplois stables* qu'il faut couvrir par des *ressources stables* (ressources propres ou emprunts à long ou à moyen terme) afin d'éliminer le risque de faillite. La différence entre les ressources stables et les emplois stables autres que le B.F.D.R. d'exploitation (emplois acycliques stables), constitue *le fonds de roulement fonctionnel*. Le terme de bilan fonctionnel horizontal est lié au *principe d'affectation des ressources stables au financement des emplois stables* qui conduit à une lecture horizontale du bilan. L'écart entre le F.D.R. fonctionnel et le B.F.D.R. d'exploitation représente la *trésorerie*. Une trésorerie négative signifie que le F.D.R. fonctionnel ne couvre pas le B.F.D.R. Dans ce cas, le principe d'équilibre sous-jacent au raisonnement fonctionnel est enfreint et le risque de faillite est réputé élevé.

Une des principales critiques portées à cette approche est que l'évolution des structures financières fait qu'actuellement, les trésoreries sont très majoritairement négatives. Selon la norme fonctionnelle, il y aurait déséquilibre et le risque de faillite serait important. Or, la plupart des entreprises sont viables en présentant une trésorerie négative de façon systématique. Divers aménagements, souvent arbitraires, de la règle d'équilibre ont été proposés pour lui garder un caractère opérationnel ; ils tendent à fixer un seuil critique fondé sur le montant des concours bancaires ou de la trésorerie.

*b) Le bilan fonctionnel « Pool de fonds » (4).*

La conception alternative du bilan fonctionnel écarte le principe d'affectation des ressources stables au financement des emplois stables, d'où son nom d'approche « *pool de fonds* ». Elle permet de répondre à la plupart des critiques adressées à la conception fonctionnelle horizontale et se conforme totalement au cadre de raisonnement rentabilité-risque.

La présentation de ce bilan oppose :

— le *portefeuille d'actifs* qui regroupe les emplois industriels et commerciaux et les emplois financiers ;

— le *pool de ressources* où sont distinguées les ressources propres et les dettes financières.

---

(4) Le bilan « Pool de fonds » a été proposé par M. LEVASSEUR, *Gestion de trésorerie*, Economica 1979.

L'interprétation ne peut se faire que de façon contingente, en fonction de la stratégie de développement adoptée par l'entreprise et des arbitrages rentabilité-risque qu'elle a choisis. Son utilisation dans le diagnostic financier dépasse la seule étude du risque de faillite.

## B. Les méthodes dynamiques de diagnostic du risque de faillite.

Les méthodes dynamiques de diagnostic du risque de faillite regroupent les méthodes d'analyse par les flux : *flux de fonds* et *flux de trésorerie*.

### *1) Les tableaux de flux de fonds.*

Les différents flux de fonds s'évaluent à partir des variations des postes du bilan fonctionnel. L'objectif est de construire un tableau qui permette de diagnostiquer la politique financière suivie et plus spécifiquement le risque de faillite. Le contenu final du tableau dépend de l'orientation que l'on souhaite donner à l'analyse. Plusieurs formes de tableaux de financement coexistent et ni leur contenu, ni leur forme ne sont neutres (5) quant au résultat de l'analyse finale.

#### *a) Tableau de financement et conception fonctionnelle horizontale.*

Le tableau de financement associé au bilan fonctionnel horizontal repose sur la même logique ; il est structuré en fonction des variations du F.D.R. fonctionnel, du B.F.D.R. d'exploitation et de la trésorerie. A quelques détails près, il a été repris par le plan comptable 1982 comme modèle de référence.

Le principal apport du tableau de financement par rapport à la simple comparaison des bilans fonctionnels est qu'il permet d'analyser avec précision les différents mouvements qui ont fait évoluer les grandes masses du bilan ; en particulier, il conduit à une étude détaillée de l'évolution du F.D.R. fonctionnel. Il aboutit ainsi à une analyse plus fine de la politique d'investissement et de financement et à un diagnostic plus exact de la capacité de remboursement. Notamment, le rapprochement de la capacité d'autofinancement et des flux de remboursement permet de construire un indicateur du risque de faillite.

---

(5) G. Charreaux, *Les tableaux de financement : contenu descriptif et normatif* ; *Banque*, n$^{os}$ 444 et 445, nov. et déc. 1984. Lire également, M. Albouy, *Tableaux de financement* : *orthodoxie et modernité* : *Revue Française de Gestion*, juin-juil.-août 1987.

*b) Tableau de financement et conception fonctionnelle pool de fonds.*

Ce tableau (6) s'inspire des même principes que le bilan fonctionnel pool de fonds. Il est bâti à partir des différents flux qui se produisent entre l'entreprise et les apporteurs de capitaux : actionnaires et créanciers. Les flux sont classés par type de cycle (investissement, exploitation, financement) et sont regroupés en deux catégories : les flux issus du portefeuille d'actifs et du pool de ressources. Son principal avantage est qu'il s'appuie sur les apports de la théorie financière et peut permettre l'analyse de tous les types d'activité. L'interprétation de ce document doit se faire en liaison avec le schéma de la valeur actuelle et avec l'analyse stratégique.

*c) Le tableau pluriannuel des flux de G. DE MURARD (7).*

Le tableau pluriannuel des flux proposé par de Murard repose sur une conception économique hétérodoxe, qui nie notamment la couverture du risque d'entreprise par le profit, pourtant constatée sur tous les marchés financiers mondiaux. La principale articulation de ce tableau est constituée par l'E.B.E. Trois catégories d'opérations auxquelles sont associés trois soldes sont distinguées. Le *solde d'exploitation* (égal à la différence entre l'E.B.E. et l'investissement en immobilisations et en variation du B.F.D.R. d'exploitation), le *solde financier* et enfin, le *solde courant*. Cette typologie conduit à proposer une définition très particulière de l'équilibre financier et à préconiser une norme de croissance. La croissance est dite *équilibrée* si le solde courant est proche de zéro, si le solde d'exploitation est légèrement positif et si comme corollaire, le solde financier est légèrement négatif, ceci sur moyenne période (quatre à cinq ans).

La règle déterminante qui fixe l'ensemble de la politique financière s'avère être celle selon laquelle le solde d'exploitation doit être légèrement positif. Autrement dit, le rythme de croissance est conditionné par le niveau de l'E.B.E. qui représente une limite maximale pour fixer l'investissement. A l'évidence, une telle règle est peu fondée puisqu'elle peut aussi bien conduire à investir dans des projets non rentables qu'à renoncer à des projets rentables.

---

(6) Ce tableau a été proposé par M. LEVASSEUR, *op. cit.* ; certains aménagements ont été proposés par G. CHARREAUX, *L'analyse financière par les flux : synthèse et critique des approches récentes* : *Analyse financière*, n° 58, 3e trimestre 1984.

(7) G. DE MURARD, *Le tableau pluriannuel des flux financiers* : *Revue Française de Gestion*, n° 8, janv.-fév. 1977.

*2) Les méthodes d'analyse dynamique fondées sur les flux de trésorerie.*

Les flux de trésorerie constituent des indicateurs plus sensibles et plus significatifs que les flux de fonds, pour juger du risque de faillite. Un inconvénient majeur de la capacité d'autofinancement pour apprécier la capacité de remboursement se situe dans son caractère de flux de trésorerie potentiel. Le plus souvent, une partie substantielle de l'autofinancement est absorbée dans le financement du B.F.D.R. d'exploitation et la partie réellement disponible est faible. En conséquence, un modèle particulier, le modèle F.I.T.R.E.X., fondé sur le flux de trésorerie d'exploitation, l'E.T.E. (E.T.E. = E.B.E. − Variation du B.F.D.R. d'exploitation) a été proposé par J. GUILLOU (8) pour apprécier la capacité de remboursement effective ; l'E.T.E. doit permettre de couvrir la charge d'intérêt. De façon plus réaliste, ce modèle peut être aménagé pour prendre en compte d'une part, l'incidence fiscale qui ampute l'E.T.E. et, d'autre part, les remboursements d'emprunt qui constituent l'essentiel des fonds à décaisser envers les créanciers financiers.

**Conclusion.**

L'évolution profonde qu'a connu l'analyse financière au cours de la dernière décennie n'est que le reflet des profondes modifications qui ont marqué l'environnement et transformé les structures financières des entreprises. Des méthodes d'analyse adaptées dans un contexte de croissance stable deviennent obsolètes dans un environnement marqué par l'instabilité.

L'analyse financière ne peut être pertinente que si ses méthodes lui permettent de prendre en compte les progrès réalisés par la recherche en stratégie et en finance. Elle ne doit surtout pas s'enfermer dans des démarches trop réductrices qui conduisent à ignorer des phénomènes économiques fondamentaux tels que, par exemple, les fluctuations des taux d'intérêt et plus généralement les phénomènes de variations de valeur. Le danger des approches de type fonctionnel, et plus particulièrement des méthodes fondées sur les flux de fonds, est à cet égard important. La modélisation financière qui est ainsi effectuée conduit à une vision extrêmement rigide de la finance et à une perception très incomplète du risque. Le diagnostic financier ne peut pas se réduire à l'étude des flux dans une optique de circuit ; les aspects patrimoniaux sont pour le moins également importants pour appréhender le risque.

---

(8) J. GUILLOU, *Vers une nouvelle approche financière de l'entreprise* : *Analyse financière*, n° 38, 3e trimestre 1979.

# D.E.C.F. 1988

La S.A. *Vesport* est une entreprise de confection spécialisée dans les vêtements de sports. Fondée en 1977, elle a connu, au cours de ses dix premières années, une croissance rapide.

En 1986, une nouvelle usine a été construite, dans laquelle la production est largement automatisée. Ces investissements ont été financés en grande partie par emprunt bancaire.

Cette usine a connu d'importants problèmes de démarrage, de sorte que les objectifs de vente de 1987 (chiffre d'affaires prévu : 85 000 000 F H.T.) n'ont pas été réalisés.

L'exercice 1987 s'est soldé par une perte nette de plus de 8 000 000 F. M. *Martin*, président-directeur général, s'inquiète de cette situation, d'autant plus que le banquier de l'entreprise menace de ne pas renouveler les crédits à court terme. Il vous demande donc d'effectuer un diagnostic financier de l'entreprise au 31 décembre 1987.

Vous disposez pour ce travail du bilan et du compte de résultat de l'exercice 1987 ainsi que d'un certain nombre d'états complémentaires (annexes 1 à 8), tous ces documents étant établis en milliers de francs.

## TRAVAIL À FAIRE

**1° En retraitant les opérations de crédit-bail, présentez un tableau comparatif des soldes intermédiaires de gestion pour les exercices 1987 et 1986.**

**2° Calculez, par deux méthodes, la capacité d'autofinancement de l'exercice 1987.**

**3° Etablir le tableau de financement de l'exercice 1987 (première partie du tableau P.C.G. 1982).**

4° Calculez les fonds de roulement nets globaux successifs (1987 et 1986) et vérifiez que leurs variations concordent avec celle qui figure dans le tableau de financement.

5° A partir de ces documents et de quelques ratios significatifs :
- mettez en évidence les éléments essentiels de la situation financière de l'entreprise au 31 décembre 1987 ;
- expliquez les causes de sa dégradation ;
- proposez les solutions qui vous paraissent devoir être mises en œuvre (cette question doit être traitée en deux pages maximum).

6° Le P.D.G. vous indique que, dans la profession, les délais de règlement habituels sont de :
- 30 jours pour les fournisseurs de matières premières ;
- 45 jours pour les clients français ;
- 60 jours pour les clients étrangers.

Quant au personnel, intégralement mensualisé, il est payé le 5 du mois suivant. Les cotisations sociales sont réglées le 20 du mois suivant.

Le directeur de la production et celui des ventes estiment que le stock moyen de matières premières doit représenter 30 jours de consommation et celui de produits 1 mois de ventes.

Sur ces bases et à partir des informations dont vous disposez, calculez le besoin de financement d'exploitation pour un chiffre d'affaires annuel de 85 000 000 F H.T. et une marge sur coût de production de 15 %.

Ce calcul devra être fait directement en valeur.

On admettra :
- qu'il existe une relation de proportionnalité entre le chiffre d'affaires H.T. et chacun des éléments constituant le besoin de financement d'exploitation (année de base : 1987) ;
- que la répartition des ventes entre ventes France et ventes exportation restera la même que ce qu'elle était en 1987 :
- que l'on peut faire abstraction des « Autres achats et charges externes » ainsi que des « Impôts, taxes et versements assimilés ».

## AUTRES INFORMATIONS

1. Un contrat de crédit-bail, portant sur un matériel industriel, a été conclu début 1987. Valeur du matériel : 6 000 milliers de francs.

Si l'entreprise avait acquis en toute propriété ce matériel, elle aurait procédé à un amortissement linéaire sur 5 ans.

2. Effets escomptés et non échus au 31 décembre 1987 : 1 500 milliers de francs.

3. Les écarts de conversion sont relatifs à l'actif circulant et aux dettes d'exploitation.

4. On considère que l'exercice comptable est de 360 jours.

cerfa
N° 30-2335
Formule obligatoire (article 53 A du code général des impôts)

# ① BILAN - ACTIF

D.G.I. N° 2050-N [9]
Janvier 1989

Désignation de l'entreprise VESPORT — Durée de l'exercice exprimée en nombre de mois * 12

Adresse de l'entreprise — Durée de l'exercice précédent * 12

Numéro SIRET * — Code APE

| | | (Ne pas reporter le montant des centimes) * | | Exercice N, clos le : 31/12/87 | | | | Exercice précédent (N-1) clos le : 31/12/86 |
|---|---|---|---|---|---|---|---|---|
| | | | | Brut -1- | | Amortissements, provisions -2- | Net -3- | Net -4- |
| | | Capital souscrit non appelé **(0)** | AA | | | | | |
| ACTIF IMMOBILISÉ * | Immobilisations incorporelles | Frais d'établissement * | AB | 250 | AC | 120 | 130 | 180 |
| | | Frais de recherche et développement * | AD | 780 | AE | 210 | 570 | 700 |
| | | Concessions, brevets et droits similaires | AF | 250 | AG | 50 | 200 | |
| | | Fonds commercial (1) | AH | | AI | | | |
| | | Autres immobilisations incorporelles | AJ | | AK | | | |
| | | Avances et acomptes sur immobilisations incorporelles | AL | | AM | | | |
| | Immobilisations corporelles | Terrains | AN | 1 840 | AO | | 1 840 | 1 840 |
| | | Constructions | AP | 22 350 | AQ | 5 320 | 17 030 | 17 610 |
| | | Installations techniques, matériel et outillage industriels | AR | 19 520 | AS | 3 980 | 15 540 | 18 300 |
| | | Autres immobilisations corporelles | AT | 8 310 | AU | 3 740 | 4 570 | 5 400 |
| | | Immobilisations en cours | AV | 980 | AW | | 980 | 220 |
| | | Avances et acomptes | AX | 210 | AY | | 210 | 180 |
| | Immobil. financières (2) | Participations | AZ | | BA | | | |
| | | Créances rattachées à des participations | BB | | BC | | | |
| | | Autres titres immobilisés | BD | 50 | BE | | 50 | 50 |
| | | Prêts | BF | | BG | | | |
| | | Autres immobilisations financières * | BH | | BI | | | 5 000 |
| | | **TOTAL (I)** | BJ | 54 540 | BK | 13 420 | 41 120 | 49 480 |
| ACTIF CIRCULANT | Stocks * | Matières premières, approvisionnements | BL | 3 740 | BM | 520 | 3 220 | 1 700 |
| | | En cours de production de biens | BN | 920 | BO | | 920 | 850 |
| | | En cours de production de services | BP | | BQ | | | |
| | | Produits intermédiaires et finis | BR | 14 450 | BS | 750 | 13 700 | 5 660 |
| | | Marchandises | BT | | BU | | | |
| | | Avances et acomptes versés sur commandes | BV | | BW | | | |
| | Créances | Clients et comptes rattachés (3)* | BX | 21 580 | BY | 3 900 | 17 680 | 9 500 |
| | | Autres créances (3) | BZ | 850 | CA | | 850 | 680 |
| | | Capital souscrit et appelé, non versé | CB | | CC | | | |
| | Divers | Valeurs mobilières de placement (dont actions propres : ) | CD | 80 | CE | 10 | 70 | 3 750 |
| | | Disponibilités | CF | 250 | CG | | 250 | 840 |
| Comptes de régularisation | | Charges constatées d'avance (3) * | CH | 80 | CI | | 80 | 60 |
| | | **TOTAL (II)** | CJ | 41 950 | CK | 5 180 | 36 770 | 23 040 |
| | | Charges à répartir sur plusieurs exercices **(III)** | CL | 200 | | | 200 | 1 320 |
| | | Primes de remboursement des obligations **(IV)** | CM | | | | | |
| | | Écarts de conversion actif * **(V)** | CN | 600 | | | 600 | 700 |
| | | **TOTAL GÉNÉRAL (0 à V)** | CO | 97 290 | 1A | 18 600 | 78 690 | 74 540 |

| | | | | | | |
|---|---|---|---|---|---|---|
| **Renvois :** | (1) Dont droit au bail : | (2) part à moins d'un an des immobilisations financières nettes | CP | 5 000 | (3) Part à plus d'un an : | CR 0 |
| Clause de réserve de propriété : * | Immobilisations : | Stocks : | | | Créances : | |

* Des explications concernant cette rubrique sont données dans la notice n° 2032-N

N° 2050-N - Série G - DAREL 1 - Proform - Imprimé en France

cerfa

N° 30-2336

Formulaire obligatoire (article 53 A du code général des impôts)

② **BILAN - PASSIF** avant répartition

D.G.I. N° 2051-N [9]
Janvier 1989

Désignation de l'entreprise VESPORT

| | (Ne pas reporter le montant des centimes) * | | Exercice N | Exercice N-1 |
|---|---|---|---|---|
| CAPITAUX PROPRES | Capital social ou individuel (1) * (Dont versé 20 000 ) | DA | 20 000 | 20 000 |
| | Primes d'émission, de fusion, d'apport, ... | DB | | |
| | Ecarts de réévaluation (2)* | DC | | |
| | Réserve légale (3) | DD | 2 000 | 2 000 |
| | Réserves statutaires ou contractuelles | DE | 1 320 | 1 290 |
| | Réserves réglementées (3) (4) | DF | 3 210 | 2 930 |
| | Autres réserves | DG | 9 840 | 9 840 |
| | Report à nouveau | DH | | |
| | **RÉSULTAT DE L'EXERCICE (bénéfice ou perte)** | DI | (8 700) | 4 310 |
| | Subventions d'investissement | DJ | | |
| | Provisions réglementées * | DK | 250 | 320 |
| | **TOTAL (I)** | DL | 27 920 | 40 690 |
| Autres fonds propres | Produits des émissions de titres participatifs | DM | | |
| | Avances conditionnées | DN | | |
| | **TOTAL (II)** | DO | | |
| Provisions pour risques et charges | Provisions pour risques | DP | 2 320 | 3 000 |
| | Provisions pour charges | DQ | 870 | 320 |
| | **TOTAL (III)** | DR | 3 190 | 3 320 |
| DETTES (5) | Emprunts obligataires convertibles | DS | | |
| | Autres emprunts obligataires | DT | | |
| | Emprunts et dettes auprès des établissements de crédit (6) | DU | 40 480 | 27 220 |
| | Emprunts et dettes financières divers (7) | DV | | |
| | Avances et acomptes reçus sur commandes en cours | DW | 250 | 300 |
| | Dettes fournisseurs et comptes rattachés | DX | 5 900 | 1 300 |
| | Dettes fiscales et sociales | DY | 840 | 1 480 |
| | Dettes sur immobilisations et comptes rattachés | DZ | | |
| | Autres dettes | EA | 70 | 30 |
| Compte régul | Produits constatés d'avance (5) | EB | 40 | 50 |
| | **TOTAL (IV)** | EC | 47 580 | 30 380 |
| | Écarts de conversion passif * **(V)** | ED | | 150 |
| | **TOTAL GÉNÉRAL (I à V)** | EE | 78 690 | 74 540 |

Total du bilan de l'exercice N en francs et centimes *

| RENVOIS | | | | |
|---|---|---|---|---|
| | (1) Écart de réévaluation incorporé au capital | 1B | | |
| | (2) Dont Réserve spéciale de réévaluation (1959) | 1C | | |
| | (2) Dont Écart de réévaluation libre | 1D | | |
| | (2) Dont Réserve de réévaluation (1976) | 1E | | |
| | (3) Dont réserve réglementée des plus-values à long terme * | EF | 3 210 | 2 930 |
| | (4) Dont réserve relative à l'achat d'œuvres originalesd'Artistes vivants | EJ | | |
| | (5) Dettes et produits constatés d'avance à moins d'un an | EG | 40 | 50 |
| | (6) Dont concours bancaires courants, et soldes créditeurs de banques et CCP | EH | 2 300 | 0 |
| | (7) Dont emprunts, participatifs | EI | | |

* Des explications concernant cette rubrique sont données dans la notice n° 2032-N

# D.E.C.F. 1988

cerfa ③ **COMPTE DE RÉSULTAT DE L'EXERCICE** (En liste) D.G.I. N° 2052-N Janvier 1989 9

N° 30-2337
Formulaire obligatoire (article 53 A du code général des impôts)

Désignation de l'entreprise : VESPORT

(Ne pas reporter le montant des centimes) *

| Rubrique | Poste | | France -1- | | Exportation -2- | | Total -3- | Exercice N-1 -4- |
|---|---|---|---|---|---|---|---|---|
| PRODUITS D'EXPLOITATION | Ventes de marchandises * | FA | | FB | | FC | | |
| | Production vendue biens | FD | 50 150 | FE | 16 700 | FF | 66 850 | 70 500 |
| | Production vendue Services * | FG | | FH | | FI | | |
| | **Chiffres d'affaires nets *** | FJ | | FK | | FL | 66 850 | 70 500 |
| | Production stockée * | | | | | FM | 8 350 | 1 250 |
| | Production immobilisée * | | | | | FN | | |
| | Subventions d'exploitation | | | | | FO | | |
| | Reprises sur amortissements et provisions, transfert de charges * | | | | | FP | 2 230 | 750 |
| | Autres produits (1) | | | | | FQ | 720 | 640 |
| | **Total des produits d'exploitation** (2) **(I)** | | | | | FR | 78 150 | 73 140 |
| CHARGES D'EXPLOITATION | Achats de marchandises (y compris droits de douane) * | | | | | FS | | |
| | Variation de stock (marchandises) * | | | | | FT | | |
| | Achats de matières premières et autres approvisionnements (y compris droits de douane) * | | | | | FU | 22 300 | 20 800 |
| | Variation de stock (matières premières et approvisionnements) * | | | | | FV | (1 490) | 350 |
| | Autres achats et charges externes (3) * | | | | | FW | 4 200 | 1 900 |
| | Impôts, taxes et versements assimilés * | | | | | FX | 1 120 | 1 500 |
| | Salaires et Traitements * | | | | | FY | 30 560 | 27 200 |
| | Charges sociales | | | | | FZ | 12 320 | 10 900 |
| | DOTATIONS D'EXPLOITATION — Sur immobilisations : - dotations aux amortissements * | | | | | GA | 6 630 | 2 700 |
| | DOTATIONS D'EXPLOITATION — Sur immobilisations : - dotations aux provisions | | | | | GB | | |
| | DOTATIONS D'EXPLOITATION — Sur actif circulant : dodations aux provisions * | | | | | GC | 4 470 | 720 |
| | DOTATIONS D'EXPLOITATION — Pour risques et charges : dotations aux provisions | | | | | GD | 450 | 340 |
| | Autres charges | | | | | GE | 320 | 120 |
| | **Total des charges d'exploitation** (4) **(II)** | | | | | GF | 80 880 | 66 530 |
| **1 - RÉSULTAT D'EXPLOITATION (I - II)** | | | | | | GG | (2 730) | 6 610 |
| *opérations en commun* | Bénéfice attribué ou perte transférée * **(III)** | | | | | GH | | |
| | Perte supportée ou bénéfice transféré * **(IV)** | | | | | GI | | |
| PRODUITS FINANCIERS | Produits financiers de participations (5) | | | | | GJ | | |
| | Produits des autres valeurs mobilières et créances de l'actif immobilisé (5) | | | | | GK | 5 | 1 200 |
| | Autres intérêts et produits assimilés (5) | | | | | GL | | |
| | Reprises sur provisions et transferts de charges | | | | | GM | 2 750 | 1 500 |
| | Différences positives de change | | | | | GN | 985 | 850 |
| | Produits nets sur cessions de valeurs mobilières de placement | | | | | GO | 120 | 380 |
| | **Total des produits financiers (V)** | | | | | GP | 3 860 | 3 930 |
| CHARGES FINANCIÈRES | Dotations financières aux amortissements et provisions * | | | | | GQ | 2 110 | 2 700 |
| | Intérêts et charges assimilés (6) | | | | | GR | 6 200 | 3 200 |
| | Différences négatives de change | | | | | GS | 1 220 | 820 |
| | Charges nettes sur cessions de valeurs mobilières de placement | | | | | GT | 830 | 120 |
| | **Total des charges financières (VI)** | | | | | GU | 10 360 | 6 840 |
| **2 - RÉSULTAT FINANCIER (V - VI)** | | | | | | GV | (6 500) | (2 910) |
| **3 - RÉSULTAT COURANT AVANT IMPÔTS (I - II + III - IV + V - VI)** | | | | | | GW | (9 230) | 3 700 |

N° 2052-N - Série G - Danel - Profform - Imprimé en France

(RENVOIS : voir tableau n° 2053-N) * Des explications concernant cette rubrique sont données dans la notice n° 2032-N.

cerfa N° 30-2338
Formulaire obligatoire (article 53 A du code général des impôts)

## 4 COMPTE DE RÉSULTAT DE L'EXERCICE (Suite)

D.G.I. N° 2053-N Janvier 1989 9

Désignation de l'entreprise : VESPORT

| (Ne pas reporter le montant des centimes) * | | | Exercice N -1- | Exercice N - 1 -2- |
|---|---|---|---|---|
| PRODUITS EXCEPTIONNELS | Produits exceptionnels sur opérations de gestion | HA | 80 | 1 330 |
| | Produits exceptionnels sur opérations en capital * | HB | 2 200 | 720 |
| | Reprises sur provisions et transferts de charges | HC | 140 | 110 |
| | **Total des produits exceptionnels** (7) **(VII)** | HD | 2 420 | 2 160 |
| CHARGES EXCEPTIONNELLES | Charges exceptionnelles sur opérations de gestion | HE | 130 | 20 |
| | Charges exceptionnelles sur opérations en capital * | HF | 1 220 | 50 |
| | Dotations exceptionnelles aux amortissements et provisions | HG | 540 | 280 |
| | **Total des charges exceptionnelles** (7) **(VIII)** | HH | 1 890 | 350 |
| **3 - RÉSULTAT EXCEPTIONNEL (VII - VIII)** | | HI | 530 | 1 810 |
| Participation des salariés aux résultats de l'entreprise **(IX)** | | HJ | | |
| Impôts sur les bénéfices * **(X)** | | HK | | 1 200 |
| **TOTAL DES PRODUITS (I + III + V + VII)** | | HL | 84 430 | 79 230 |
| **TOTAL DES CHARGES (II + IV + VI + VIII + IX + X)** | | HM | 93 130 | 74 920 |
| **4 - BÉNÉFICE OU PERTE (total des produits - total des charges)** | | HN | (8 700) | 4 310 |

RENVOIS

| | | | | |
|---|---|---|---|---|
| (1) | Dont produits nets partiels sur opérations à long terme | HO | | |
| (2) | Dont produits d'exploitation afférents à des exercices antérieurs (à détailler au (8) ci-dessous) | 1G | | |
| (3) | Dont - Crédit-bail mobilier | HP | 2 100 | |
| | Dont - Crédit-bail immobilier | HQ | | |
| (4) | Dont charges d'exploitation afférentes à des exercices antérieurs (à détailler au (8) ci-dessous) | 1H | | |
| (5) | Dont produits concernant les entreprises liées | 1J | | |
| (6) | Dont intérêts concernant les entreprises liées | 1K | | |

| (7) Détail des produits et charges exceptionnels (Si ce cadre est insuffisant, joindre un état du même modèle) : | Exercice N Charges exceptionnelles | Exercice N Produits exceptionnels |
|---|---|---|
| Produits de cessions d'éléments d'actif | | 2 200 |
| Valeur comptable des éléments d'actif cédés | 1 220 | |
| | | |
| | | |
| | | |
| | | |

| (8) Détail des produits et charges sur exercices antérieurs : | Exercice N Charges antérieures | Exercice N Produits antérieurs |
|---|---|---|
| | | |
| | | |
| | | |
| | | |
| | | |
| | | |
| | | |
| | | |

N° 2053-N - Série G - DANEL · Profform · Imprimé en France

* Des explications concernant cette rubrique sont données dans la notice n° 2032-N

cerfa

N° 30-2339

Formulaire obligatoire (article 53 A du code général des impôts)

(Ne pas reporter le montant des centimes) *

# 5 IMMOBILISATIONS

D.G.I. N° 2054-N 9
Janvier 1989

Désignation de l'entreprise VESPORT

| CADRE A | | IMMOBILISATIONS | | Valeur brute des immobilisations au début de l'exercice - 1 - | | Augmentations : Consécutives à une réévaluation pratiquée au cours de l'exercice - 2 - | | Augmentations : Acquisitions, créations, apports et virements de poste à poste - 3 - |
|---|---|---|---|---|---|---|---|---|
| INCORP | | Frais d'établissement, de recherche et de développement TOTAL I | KA | 250 | KB | | KC | |
| INCORP | | Autres postes d'immobilisations incorporelles TOTAL II | KD | 780 | KE | | KF | 250 |
| CORPORELLES | | Terrains | KG | 1 840 | KH | | KI | |
| CORPORELLES | Constructions | Sur sol propre | KJ | 21 000 | KK | | KL | |
| CORPORELLES | Constructions | Sur sol d'autrui | KM | | KN | | KO | |
| CORPORELLES | Constructions | Installations générales, agencements et aménagements des constructions * | KP | 1 200 | KQ | | KR | 150 |
| CORPORELLES | | Installations techniques, matériel et outillage industriels | KS | 20 900 | KT | | KU | 120 |
| CORPORELLES | Autres immobilisations corporelles | Installations générales, agencements aménagements divers * | KV | 900 | KW | | KX | 410 |
| CORPORELLES | Autres immobilisations corporelles | Matériel de transport * | KY | 4 500 | KZ | | LA | 1 100 |
| CORPORELLES | Autres immobilisations corporelles | Matériel de bureau et informatique, mobilier | LB | 1 300 | LC | | LD | 550 |
| CORPORELLES | Autres immobilisations corporelles | Emballages récupérables et divers * | LE | | LF | | LG | |
| CORPORELLES | | Immobilisations corporelles en cours | LH | 220 | LI | | LJ | 980 |
| CORPORELLES | | Avances et acomptes | LK | 180 | LL | | LM | 210 |
| CORPORELLES | | TOTAL III | LN | 52 040 | LO | | LP | 3 520 |
| FINANCIÈRES | | Participations et créances rattachées à des participations | 1L | | 1M | | 1N | |
| FINANCIÈRES | | Autres titres immobilisés | 1P | 50 | 1R | | 1S | |
| FINANCIÈRES | | Prêts et autres immobilisations financières | 1T | 5 000 | 1U | | 1V | |
| FINANCIÈRES | | TOTAL IV | LQ | 5 050 | LR | | LS | |
| | | TOTAL GÉNÉRAL (I + II + III + IV) | OG | 58 120 | OH | | OJ | 3 770 |

| CADRE B | | IMMOBILISATIONS | | Diminutions : par virements de poste à poste - 1 - | | Diminutions : par cessions à des tiers ou mises hors service - 2 - | | Valeur brute des immobilisations à la fin de l'exercice - 3 - | | Réévaluation légale * : Valeur d'origine des immobilisations en fin d'exercice - 4 - |
|---|---|---|---|---|---|---|---|---|---|---|
| INCORP | | Frais d'établissement, de recherche et de développement TOTAL I | | | LT | | LU | 250 | 1W | |
| INCORP | | Autres postes d'immobilisations incorporelles TOTAL II | | | LV | | LW | 1 030 | 1X | |
| CORPORELLES | | Terrains | | | LX | | LY | 1 840 | LZ | |
| CORPORELLES | Constructions | Sur sol propre | | | MA | | MB | 21 000 | MC | |
| CORPORELLES | Constructions | Sur sol d'autrui | | | MD | | ME | | MF | |
| CORPORELLES | Constructions | Inst. gales, agencts et am. des construct. | | | MG | | MH | 1 350 | MI | |
| CORPORELLES | | Installations techniques, matériel et outillage industriels | | | MJ | 1 500 | MK | 19 520 | ML | |
| CORPORELLES | Autres immobilisations corporelles | Inst. gales, agencts, aménagements divers | | | MM | 50 | MN | 1 260 | MO | |
| CORPORELLES | Autres immobilisations corporelles | Matériel de transport | | | MP | 400 | MQ | 5 200 | MR | |
| CORPORELLES | Autres immobilisations corporelles | Matériel de bureau et informatique, mobilier | | | MS | | MT | 1 850 | MU | |
| CORPORELLES | Autres immobilisations corporelles | Emballages récupérables et divers * | | | MV | | MW | | MX | |
| CORPORELLES | | Immobilisations corporelles en cours | MY | 220 | MZ | | NA | 980 | NB | |
| CORPORELLES | | Avances et acomptes | NC | 180 | ND | | NE | 210 | NF | |
| CORPORELLES | | TOTAL III | | 400 | NG | 1 950 | NH | 53 210 | NI | |
| FINANCIÈRES | | Participations et créances rattachées à des participations | | | 1Y | | 1Z | | 2A | |
| FINANCIÈRES | | Autres titres immobilisés | | | 2B | | 2C | 50 | 2D | |
| FINANCIÈRES | | Prêts et autres immobilisations financières | | | 2E | 5 000 | 2F | | 2G | |
| FINANCIÈRES | | TOTAL IV | | | NJ | 5 000 | NK | 50 | 2H | |
| | | TOTAL GÉNÉRAL (I + II + III + IV) | | 400 | OK | 6 950 | OL | 54 540 | OM | |

* Des explications concernant cette rubrique sont données dans la notice n° 2032-N

N° 2054-N - Série G - Danel - Proform - Imprimé en France

# D.E.C.F. 1988

cerfa

N° 30-2340

Formulaire obligatoire (article 53 A du code général des impôts)
(Ne pas reporter le montant des centimes) *

## 6 AMORTISSEMENTS

D.G.I. N° 2055-N
Janvier 1989

9

Désignation de l'entreprise : VESPORT

**CADRE A** — SITUATIONS ET MOUVEMENTS DE L'EXERCICE *

| IMMOBILISATIONS AMORTISSABLES | | | Montant des amortissements au début de l'exercice - 1 - | | Augmentations : dotations de l'exercice - 2 - | | Diminutions : amortissements afférents aux éléments sortis de l'actif et reprises - 3 - | | Montant des amortissements à la fin de l'exercice - 4 - |
|---|---|---|---|---|---|---|---|---|---|
| Frais d'établissement, de recherche et de développement **TOTAL I** | | PA | 70 | PB | 50 | PC | | PD | 120 |
| Autres immobilisations incorporelles **TOTAL II** | | PE | 80 | PF | 180 | PG | | PH | 260 |
| Terrains | | PI | | PJ | | PK | | PL | |
| Constructions | Sur sol propre | PM | 4 540 | PN | 610 | PO | | PQ | 5 150 |
| | Sur sol d'autrui | PR | | PS | | PT | | PU | |
| | Inst. générales, agencements et aménagements des constructions | PV | 50 | PW | 120 | PX | | PY | 170 |
| Installations techniques, matériel et outillage industriels | | PZ | 2 600 | QA | 1 830 | QB | 450 | QC | 3 980 |
| Autres immobilisations corporelles | Inst. générales, agencements et aménagements divers | QD | 150 | QE | 320 | QF | 30 | QG | 440 |
| | Matériel de transport | QH | 850 | QI | 1 600 | QJ | 250 | QK | 2 200 |
| | Matériel de bureau et informatique, mobilier | QL | 300 | QM | 800 | QN | | QO | 1 100 |
| | Emballages récupérables et divers | QP | | QR | | QS | | QT | |
| **TOTAL III** | | QU | 8 490 | QV | 5 280 | QW | 730 | QX | 13 040 |
| **TOTAL GÉNÉRAL (I + II + III)** | | ON | 8 640 | OP | 5 510 | OQ | 730 | OR | 13 420 |

**CADRE B** — VENTILATION DES DOTATIONS AUX AMORTISSEMENTS DE L'EXERCICE *

**CADRE C** — MOUVEMENTS AFFECTANT LA PROVISION POUR AMORTISSEMENTS DÉROGATOIRES *

| Immobilisations amortissables | | | Amortissements linéaires - 1 - | | Amortissements dégressifs - 2 - | | Amortissements exceptionnels - 3 - | | Dotations - 4 - | | Reprises - 5 - |
|---|---|---|---|---|---|---|---|---|---|---|---|
| Frais établissement et recherche **TOTAL I** | | QY | 50 | 2J | | 2K | | 2L | | 2M | |
| Immobilisations incorpor. **TOTAL II** | | QZ | 180 | 2N | | 2P | | 2R | | 2S | |
| Terrains | | RA | | RB | | RC | | 2T | | 2U | |
| Constructions | Sur sol propre | RD | 610 | RE | | RF | | 2V | | 2W | |
| | Sur sol d'autrui | RG | | RH | | RI | | 2X | | 2Y | |
| | Inst. gales, agencts et am. des constr. | RJ | 120 | RK | | RL | | 2Z | | 3A | |
| Inst. techniques mat. et outillage | | RM | 1 200 | RN | 630 | RO | | 3B | | 3C | |
| Autres immobilisations corporelles | Inst. gales, agencts am. divers | RP | 250 | RQ | 70 | RR | | 3D | | 3E | |
| | Matériel de transport | RS | 1 600 | RT | | RU | | 3F | | 3G | |
| | Mat. de bureau et inform. mobilier | RV | 700 | RW | 100 | RX | | 3H | | 3J | |
| | Emballages récup. et divers | RY | | RZ | | SA | | 3K | | 3L | |
| **TOTAL III** | | SB | 4 480 | SC | 800 | SD | | SE | | SF | |
| **TOTAL GÉNÉRAL (I + II + III)** | | SG | 4 710 | SH | 800 | SJ | | SK | | SL | |

**CADRE D**

| MOUVEMENTS DE L'EXERCICE AFFECTANT LES CHARGES RÉPARTIES SUR PLUSIEURS EXERCICES * | Montant net au début de l'exercice - 1 - | Augmentations - 2 - | | Dotations de l'exercice aux amortissements - 3 - | | Montant net à la fin de l'exercice - 4 - |
|---|---|---|---|---|---|---|
| Charges à répartir sur plusieurs exercices | 1 320 | | SM | 1 120 | SN | 200 |
| Primes de remboursement des obligations | | | SP | | SR | |

* Des explications concernant cette rubrique sont données dans la notice n° 2032-N

N° 2055-N - Série G - Danel Proform Imprimé en France

cerfa

N° 30-2341

Formulaire obligatoire (article 53 A du code général des impôts)

# 7 PROVISIONS INSCRITES AU BILAN

D.G.I. N° 2056-N [9]
Janvier 1989

Désignation de l'entreprise : VESPORT

(Ne pas reporter le montant des centimes) *

| | Nature des provisions | | Montant au début de l'exercice -1- | | AUGMENTATIONS : Dotations de l'exercice -2- | | DIMINUTIONS : Reprise de l'exercice -3- | | Montant à la fin de l'exercice * -4- |
|---|---|---|---|---|---|---|---|---|---|
| Provisions réglementées | Provisions pour reconstitution des gisements miniers et pétroliers | 3T | | TA | | TB | | TC | |
| | Provisions pour investissement (1) | 3U | | TD | | TE | | TF | |
| | Provisions pour hausse des prix (2) | 3V | 320 | TG | 70 | TH | 140 | TI | 250 |
| | Provisions pour fluctuation des cours | 3W | | TJ | | TK | | TL | |
| | Amortissements dérogatoires | 3X | | TM | | TN | | TO | |
| | Provisions fiscales pour implantations commerciales à l'étranger (4) | 0T | | NL | | NM | | NN | |
| | Autres provisions réglementées (3) | 3Y | | TP | | TQ | | TR | |
| | TOTAL I | 3Z | 320 | TS | 70 | TT | 140 | TU | 250 |
| Provisions pour risques et charges | Provisions pour litiges | 4A | 300 | 4B | 50 | 4C | 130 | 4D | 220 |
| | Provisions pour garanties données aux clients | 4E | | 4F | | 4G | | 4H | |
| | Provisions pour pertes sur marchés à terme | 4J | | 4K | | 4L | | 4M | |
| | Provisions pour amendes et pénalités | 4N | | 4P | | 4R | | 4S | |
| | Provisions pour pertes de change | 4T | 2 700 | 4U | 2 100 | 4V | 2 700 | 4W | 2 100 |
| | Provisions pour pensions et obligations similaires | 4X | | 4Y | | 4Z | | 5A | |
| | Provisions pour impôts (3) | 5B | | 5C | | 5D | | 5E | |
| | Provisions pour renouvellement des immobilisations | 5F | | 5H | | 5J | | 5K | |
| | Provisions pour grosses réparations | 5L | | 5M | 470 | 5N | | 5P | 470 |
| | Provisions pour charges sociales et fiscales sur congés à payer * | 5R | 320 | 5S | 400 | 5T | 320 | 5U | 400 |
| | Autres provisions pour risques et charges (3) | 5V | | 5W | | 5X | | 5Y | |
| | TOTAL II | 5Z | 3 320 | TV | 3 020 | TW | 3 150 | TX | 3 190 |
| Provisions pour dépréciation | sur immobilisations - incorporelles | 6A | | 6B | | 6C | | 6D | |
| | sur immobilisations - corporelles | 6E | - | 6F | | 6G | | 6H | |
| | sur immobilisations - financières | 6J | | 6K | | 6L | | 6M | |
| | Sur stocks et en cours | 6N | 1 050 | 6P | 1 270 | 6R | 1 050 | 6S | 1 270 |
| | Sur comptes clients | 6T | 700 | 6U | 3 200 | 6V | | 6W | 3 900 |
| | Autres provisions pour dépréciation (3) | 6X | 50 | 6Y | 10 | 6Z | 50 | 7A | 10 |
| | TOTAL III | 7B | 1 800 | TY | 4 480 | TZ | 1 100 | UA | 5 180 |
| | TOTAL GÉNÉRAL (I + II + III) | 7C | 5 440 | UB | 7 570 | UC | 4 390 | UD | 8 620 |
| | Dont dotations et reprises - d'exploitation | | | UE | 4 920 | UF | 1 500 | | |
| | Dont dotations et reprises - financières | | | UG | 2 110 | UH | 2 750 | | |
| | Dont dotations et reprises - exceptionnelles | | | UJ | 540 | UK | 140 | | |

(1) provisions réservées aux entreprises faisant participer leurs salariés aux résultats de l'entreprise (ordonnance n° 86-1134 du 21 octobre 1986).
(2) à détailler sur feuillet séparé selon l'année de constitution de la provision.
(3) à détailler sur feuillet séparé selon l'objet des provisions.
(4) il s'agit de provisions prévues par les articles 39 octies B et 39 octies A-1 bis et quater du CGI, constituées sans accord ni agrément préalable.

NOTA : Les charges à payer ne doivent pas être mentionnées sur ce tableau mais ventilées sur l'état détaillé des charges à payer dont la production est prévue par l'article 38 II de l'annexe III au CGI.

N° 2056-N - Série G - Danel - Profform imprimé en France

* Des explications concernant cette rubrique sont données dans la notice n° 2032-N

# D.E.C.F. 1988

cerfa

N° 30-2342

Formulaire obligatoire (article 53 A du code général des impôts)

(8) **ÉTAT DES ÉCHÉANCES DES CRÉANCES ET DES DETTES A LA CLÔTURE DE L'EXERCICE ***

D.G.I. N° 2057-N (9)
Janvier 1989

Désignation de l'entreprise : VESPORT

(Ne pas reporter le montant des centimes) *

| CADRE A | ÉTAT DES CRÉANCES | | Montant brut -1- | | A 1 an au plus -2- | | A plus d'un an -3- |
|---|---|---|---|---|---|---|---|
| DE L'ACTIF IMMOBILISÉ | Créances rattachées à des participations | UL | | UM | | UN | |
| | Prêts (1) (2) | UP | | UR | | US | |
| | Autres immobilisations financières | UT | | UV | | UW | |
| DE L'ACTIF CIRCULANT | Clients douteux ou litigieux | VA | 5 000 | | 5 000 | | |
| | Autres créances clients | UX | 16 580 | | 16 580 | | |
| | Créance représentative de titres prêtés * (Provision pour dépréciation antérieurement constituée* UQ ) | UU | | | | | |
| | Personnel et comptes rattachés | UY | 700 | | 700 | | |
| | Sécurité sociale et autres organismes sociaux | UZ | | | | | |
| | État et autres collectivités publiques : Impôts sur les bénéfices | VM | 100 | | 100 | | |
| | État et autres collectivités publiques : Taxe sur la valeur ajoutée | VB | 50 | | 50 | | |
| | État et autres collectivités publiques : Autres impôts, taxes et versements assimilés | VN | | | | | |
| | État et autres collectivités publiques : Divers | VP | | | | | |
| | Groupe et associés (2) | VC | | | | | |
| | Débiteurs divers | VR | | | | | |
| Charges constatées d'avance | | VS | 80 | | 80 | | |
| | TOTAUX | VT | 22 510 | VU | 22 510 | VV | |
| RENVOIS (1) | Montant des - Prêts accordés en cours d'exercice | VD | | | | | |
| | Montant des - Remboursements obtenus en cours d'exercice | VE | | | | | |
| RENVOIS (2) | Prêts et avances consentis aux associés (personnes physiques) | VF | | | | | |

| CADRE B | ÉTAT DES DETTES | | Montant brut -1- | | A 1 an au plus -2- | A plus d'1 an et 5 ans au plus -3- | A plus de 5 ans -4- |
|---|---|---|---|---|---|---|---|
| Emprunts obligataires convertibles (1) | | 7Y | | | | | |
| Autres emprunts obligataires (1) | | 7Z | | | | | |
| Emprunts et dettes auprès des établissements de crédit (1) | à 2 ans maximum à l'origine | VG | 14 300 | | 14 300 | | |
| | à plus de 2 ans à l'origine | VH | 26 180 | | 2 180 | 10 600 | 13 400 |
| Emprunts et dettes financières divers (1) (2) | | 8A | | | | | |
| Fournisseurs et comptes rattachés | | 8B | 5 900 | | 5 900 | | |
| Personnel et comptes rattachés | | 8C | | | | | |
| Sécurité sociale et autres organismes sociaux | | 8D | | | | | |
| État et autres collectivités publiques | Impôts sur les bénéfices | 8E | | | | | |
| | Taxe sur la valeur ajoutée | VW | 840 | | 840 | | |
| | Obligations cautionnées | VX | | | | | |
| | Autres impôts, taxes et assimilés | 8H | | | | | |
| Dettes sur immobilisations et comptes rattachés | | 8J | | | | | |
| Groupe et associés (2) | | VI | | | | | |
| Autres dettes | | 8K | 320 | | 320 | | |
| Dette représentative de titres empruntés * | | SZ | | | | | |
| Produits constatés d'avance | | 8L | 40 | | 40 | | |
| | TOTAUX | VY | 47 580 | VZ | 23 580 | 10 600 | 13 400 |
| RENVOIS (1) | Emprunts souscrits en cours d'exercice | VJ | 14 300 | | | | |
| | Emprunts remboursés en cours d'exercice | VK | 1 040 | | | | |
| RENVOIS (2) | Montant des divers emprunts et dettes contractés auprès des associés personnes physiques | VL | | | | | |

* Des explications concernant cette rubrique sont données dans la notice n° 2032-N

N° 2057-N - Série G - Danel - Proflorm - Imprimé en France

# Corrigé D.E.C.F. 1988

## *Société Vesport*

L'objet de cette épreuve est de réaliser le diagnostic financier de la société *Vesport*. Cette dernières est une entreprise de confection spécialisée dans les vêtements de sport qui a connu une croissance rapide depuis sa fondation, il y a dix ans.

*Vesport* a réalisé des investissements très importants en 1986, financés essentiellement par emprunts bancaires. Les ventes de 1987 ont été inférieures de 11,4 % à l'objectif prévu ; il y a même eu une régression du chiffre d'affaires par rapport à 1986 de plus de 5 %. Il en a résulté une perte nette très importante.

Il s'agit donc de la situation typique de l'entreprise qui investit et qui, suite à des problèmes de mise en place des investissements, n'atteint pas le niveau d'activité prévu. Il faudra prendre en compte cette situation pour interpréter les différents états financiers.

### PREMIÈRE QUESTION : TABLEAU COMPARATIF DES SOLDES INTERMÉDIAIRES DE GESTION

Il était demandé de présenter ce tableau en retraitant les opérations de crédit-bail. Le loyer de crédit-bail est de 2 100 kF. Le retraitement consiste à répartir ce loyer en une partie amortissement du capital et en une partie intérêts. La composante amortissement correspond à l'amortissement linéaire qui aurait été comptabilisé si l'entreprise avait été propriétaire du bien, soit 6 000 / 5 = 1 200 kF. Le solde de 900 kF sera inscrit en frais financiers.

Par ailleurs, nous avons fait apparaître dans le T.S.I.G., le résultat économique qui est le résultat généré par l'actif économique et qui tient compte des produits financiers ainsi que des frais financiers autres que les intérêts (c'est-à-dire des charges correspondant à des corrections de valeurs). Les différents soldes ont été exprimés en pourcentage de la production.

TABLEAU 1 : TABLEAU DES SOLDES INTERMÉDIAIRES DE GESTION

| | 1986 | % PROD. | 1987 | % PROD. |
|---|---|---|---|---|
| Production vendue | 70 500 | 98,3 % | 66 850 | 88,9 % |
| Production stockée (ou déstockage) | 1 250 | 1,7 % | 8 350 | 11,1 % |
| Production immobilisée | | | | 0,0 % |
| PRODUCTION DE L'EXERCICE | 71 750 | 100,0 % | 75 200 | 100,0 % |
| Achats de matières et autres approvisionnements | 20 800 | 29,0 % | 22 300 | 29,7 % |
| Variation de stocks | 350 | 0,5 % | – 1 490 | – 2,0 % |
| Consommation matières | 21 150 | 29,5 % | 20 810 | 27,7 % |
| Autres achats et charges externes (hors crédit-bail) | 1 900 | 2,6 % | 2 100 | 2,8 % |
| CONSOMMATIONS | 23 050 | 32,1 % | 22 910 | 30,5 % |
| VALEUR AJOUTÉE | 48 700 | 67,9 % | 52 290 | 69,5 % |
| Impôts et taxes | 1 500 | 2,1 % | 1 120 | 1,5 % |
| Charges de personnel | 38 100 | 53,1 % | 42 880 | 57,0 % |
| E.B.E. | 9 100 | 12,7 % | 8 290 | 11,0 % |
| Reprises et transferts de charges | 750 | 1,0 % | 2 230 | 3,0 % |
| Autres produits | 640 | 0,9 % | 720 | 1,0 % |
| Dotations aux amortissements | 2 700 | 3,8 % | 6 630 | 8,8 % |
| Dotations aux amortissements crédit-bail (1) | 0 | 0,0 % | 1 200 | 1,6 % |
| Dotations aux provisions | 1 060 | 1,5 % | 4 920 | 6,5 % |
| Autres charges | 120 | 0,2 % | 320 | 0,4 % |
| RÉSULTAT D'EXPLOITATION | 6 610 | 9,2 % | – 1 830 | – 2,4 % |
| Produits financiers | 3 930 | 5,5 % | 3 860 | 5,1 % |
| Charges financières (autres qu'intérêts) | 3 640 | 5,1 % | 4 160 | 5,5 % |
| RÉSULTAT ÉCONOMIQUE | 6 900 | 9,6 % | – 2 130 | – 2,8 % |
| Intérêts | 3 200 | 4,5 % | 6 200 | 8,2 % |
| Intérêts crédit-bail | 0 | 0,0 % | 900 | 1,2 % |
| FRAIS FINANCIERS | 3 200 | 4,5 % | 7 100 | 9,4 % |
| RÉSULTAT COURANT AVANT IMPÔTS | 3 700 | 5,2 % | – 9 230 | – 12,3 % |
| Produits exceptionnels | 2 160 | 3,0 % | 2 420 | 3,2 % |
| Charges exceptionnelles | 350 | 0,5 % | 1 890 | 2,5 % |
| RÉSULTAT EXCEPTIONNEL | 1 810 | 2,5 % | 530 | 0,7 % |
| Impôts sur les bénéfices | 1 200 | 1,7 % | 0 | 0,0 % |
| RÉSULTAT DE L'EXERCICE | 4 310 | 6,0 % | – 8 700 | – 11,6 % |

(1) Amortissement linéaire de la valeur du bien 6 000 sur 5 ans.

La lecture de ce tableau fait apparaître les éléments suivants :
- un fort décalage entre la production et les ventes en 1987, lié au gonflement du stock de produits finis induit par la mévente ;
- une amélioration relative de la valeur ajoutée de près de 2 % due à une baisse relative des consommations matières. Sur ce point, l'investissement a déjà produit des conséquences favorables ;
- l'E.B.E. se dégrade à cause du gonflement relatif des charges de personnel entraîné par la sous-activité. Il reste cependant à un niveau relativement satisfaisant ;
- la dégradation apparaît principalement au niveau du résultat d'exploitation et est causée principalement par l'augmentation très importante des dotations aux amortissements entraînée par l'investissement, ainsi que par celle des dotations aux provisions. L'accroissement de ces dernières est principalement dû à la dotation passée sur les créances-clients. Outre la baisse du chiffre d'affaires, il semble donc qu'il y ait un accroissement sensible du risque client. Le résultat économique connaît une évolution très proche de celle du résultat d'exploitation ;
- le résultat courant connaît une dégradation encore plus grave à cause de la charge liée aux intérêts, qui représente plus de 9 % du niveau d'activité et qui trouve son origine dans l'endettement contracté en 1987.

En résumé, les facteurs de dégradation du résultat sont principalement :
- la sous-activité ;
- le surendettement.

Toutefois un facteur favorable apparaît, la diminution relative de la consommation matières.

## DEUXIÈME QUESTION : ÉVALUATION DE LA CAPACITÉ D'AUTOFINANCEMENT

Il fallait évaluer la capacité d'autofinancement par les deux méthodes traditionnelles, méthode descendante à partir de l'E.B.E. et ascendante à partir du résultat net pour 1987. Nous présentons également les mêmes calculs pour 1986. La capacité d'autofinancement a été estimée en tenant compte du retraitement du crédit-bail.

TABLEAU 2 : EVALUATION DE LA CAPACITÉ D'AUTOFINANCEMENT

| | 1986 | 1987 |
|---|---|---|
| **MÉTHODE DESCENDANTE** | | |
| E.B.E. | 9 100 | 8 290 |
| + Transferts de charges | 0 | 730 |
| + Autres produits | 640 | 720 |
| – Autres charges | – 120 | – 320 |
| + Produits des autres valeurs mobilières... | 1 200 | 5 |
| + Différences positives de change | 850 | 985 |
| + Produits nets sur cessions de V.M.P. | 380 | 120 |
| – Intérêts et charges assimilées | – 3 200 | – 6 200 |
| – Intérêts crédit-bail | 0 | – 900 |
| – Différence négative de change | – 820 | – 1 220 |
| – Charges nettes sur cessions de V.M.P. | – 120 | – 830 |
| + Produits exceptionnels sur opérations de gestion | 1 330 | 80 |
| – Charges exceptionnelles sur opérations de gestion | – 20 | – 130 |
| – Impôt sur les bénéfices | – 1 200 | 0 |
| **CAPACITÉ D'AUTOFINANCEMENT (corrigée)** | **8 020** | **1 330** |
| | | |
| **MÉTHODE ASCENDANTE** | | |
| RÉSULTAT NET | 4 310 | – 8 700 |
| – Produits de cessions d'éléments d'actifs | – 720 | – 2 200 |
| + Valeur comptable des éléments d'actifs cédés | 50 | 1 220 |
| + Dotations aux amortissements et prov. exploitation | 3 760 | 11 550 |
| + Dotations crédit-bail | 0 | 1 200 |
| + Dotations aux amortissements et prov. financières | 2 700 | 2 110 |
| + Dotations aux amortissements et prov. exceptionnelles | 280 | 540 |
| – Reprises sur amort. et prov. exploitation | – 750 | – 1 500 |
| – Reprises sur amort. et prov. financières | – 1 500 | – 2 750 |
| – Reprises sur amort. et prov. exceptionnelles | – 110 | – 140 |
| **CAPACITÉ D'AUTOFINANCEMENT (corrigée)** | **8 020** | **1 330** |

En 1987, le montant du transfert de charges d'exploitation 730 kF s'obtient en soustrayant du poste « Reprises sur amortissements et provisions, transfert de charges (exploitation) » égal à 2 230, le montant des reprises de provisions d'exploitation (1 500, cf. Etat des provisions inscrites au bilan). Bien que les transferts de charges ne soient pas des produits encaissables, il faut les ajouter à l'E.B.E. pour obtenir la capacité d'autofinancement (1).

Une troisième méthode permettait de retrouver le montant de la capacité d'autofinancement pour 1987 :

Variation des fonds propres internes (cf. bilans fonctionnels) : – 2 420
– Plus-value de cession : – 980
+ Reprises amortissements sur cessions : 730
+ Dividendes distribués : 4 000

Capacité d'autofinancement : 1 330

Cette méthode permettait de s'assurer qu'il y avait cohérence entre les méthodes précédentes et les bilans présentés.

(1) Pour une justification de ce traitement, lire G. CHARREAUX, *Gestion financière*, 2e éd., Litec, 1989.

## TROISIÈME QUESTION : TABLEAU DE FINANCEMENT DE L'EXERCICE 1987

Seule la construction de la première partie du tableau de financement préconisé par le P.C.G. 1982 était exigée. Elle permet d'expliquer la variation du fonds de roulement net global, lequel correspond au fonds de roulement fonctionnel. Le tableau a été également établi en tenant compte des retraitements du crédit-bail :

TABLEAU 3 : TABLEAU DE FINANCEMENT 1987

| EMPLOIS | 1987 | RESSOURCES | 1987 |
|---|---|---|---|
| Distributions mises en paiement | | Capacité d'autofinancement de l'exercice | 1 330 |
| au cours de l'exercice (1) | 4 000 | Cessions ou réductions d'éléments de | |
| Acquisitions d'éléments de l'actif immobilisé | | l'actif immobilisé : | |
| • Immobilisations incorporelles (2) | 250 | Cessions d'immobilisations | |
| • Immobilisations corporelles (3) | 3 120 | – incorporelles | |
| • Immobilisation en crédit-bail (4) | 6 000 | – corporelles (6) | 2 200 |
| • Immobilisations financières | | Cessions ou réductions d'immobilisations | |
| Charges à répartir sur plusieurs exercices | | financières (7) | 5 000 |
| Remboursement de dettes financières (5) | 2 240 | Augmentation des capitaux propres | |
| | | Augmentation de capital ou apports | |
| | | Augmentation des autres capitaux propres | |
| | | Augmentation des dettes financières | 6 000 |

| EMPLOIS | 1987 | RESSOURCES | 1987 |
|---|---|---|---|
| Total des emplois | 15 610 | Total des ressources | 14 530 |
| Variation du fonds de roulement net global (ressource nette) | – 1 080 | Variation du fonds de roulement net global (ressource nette) | |

(1) Dividende = résultat 1986 – variation des réserves, soit 4 310 – 310 = 4 000.
(2) 250, tableau des immobilisations.
(3) Tableau des immobilisations : acquisitions – diminution par virement de poste à poste, soit 3 520 – 400 = 3 120.
(4) 6 000 de crédit-bail (valeur d'origine).
(5) Remboursement emprunts 1 040 plus crédit-bail 1 200.
(6) Compte de résultat : 2 200.
(7) Tableau des immobilisations financières.
(8) Variation dettes financières stables : 40 480 – 14 300 – 27 220 = – 1 040
Emprunt = variation + remboursement + crédit-bail = – 1 040 + 1 040 + 6 000 = 6 000.

Les rubriques relatives aux dettes financières stables méritent une explication particulière. L'état des échéances des créances et des dettes fait apparaître en 1987 un montant de 14 300 à 2 ans au maximum à l'origine et à un an au plus ; en outre, il est mentionné que ces dettes ont été souscrites pendant l'exercice (emprunts souscrits 14 300). Nous en avons donc conclu qu'il s'agissait de concours de trésorerie, bien que par ailleurs (notes du passif du bilan), il soit mentionné un montant de concours bancaires de 2 300 kF. L'hypothèse retenue est la seule qui soit cohérente avec la situation de *Vesport* ; en effet, un montant de 2 300 kF de concours bancaires n'impliquerait pas un niveau de risque élevé (environ 12 jours de chiffre d'affaires) et par ailleurs, le montant des investissements de 1987 ne justifie pas un emprunt stable de ce montant. En conséquence, le montant des dettes financières stables correspond au seul financement par crédit-bail.

Le tableau de financement fait apparaître une baisse du fonds de roulement net global qui s'explique principalement par la faiblesse de la capacité d'autofinancement. On remarquera l'importance de la distribution de dividendes (prélevés sur le résultat 1986). Le remboursement d'un prêt de 5 000 kF a évité une dégradation plus importante.

## QUATRIÈME QUESTION : CALCUL DES FONDS DE ROULEMENT NETS GLOBAUX

Afin d'évaluer les fonds de roulement nets globaux qui correspondent aux fonds de roulement fonctionnels, nous avons construit les bilans fonctionnels pour 1986 et 1987.

TABLEAU 4 : BILANS FONCTIONNELS ET RATIOS ASSOCIÉS

| | 1986 | 1987 |
|---|---|---|
| **F.D.R. FONCTIONNEL** | **22 230** | **21 150** |
| EMPLOIS ACYCLIQUES STABLES | 59 440 | 61 860 |
| Immobilisation incorporelles brutes<br>Immobilisations corporelles brutes<br>Immobilisations financières<br>Crédit-bail (montant brut) | 1 030<br>52 040<br>5 050<br>0 | 1 280<br>53 210<br>50<br>6 000 |
| IMMOBILISATIONS BRUTES TOTALES | 58 120 | 60 540 |
| Charges à répartir sur plusieurs exercices | 1 320 | 1 320 |
| RESSOURCES ACYCLIQUES STABLES | 81 670 | 83 010 |
| **FONDS PROPRES EXTERNES** | **20 000** | **20 000** |
| **FONDS PROPRES INTERNES** | **34 450** | **32 030** |
| Réserves<br>Résultat<br>Provisions réglementées<br>Provisions pour risques et charges<br>Provisions sur actifs<br>Amortissements<br>Amortissements crédit-bail<br>Amortissement charges à répartir | 16 060<br>4 310<br>320<br>3 320<br>1 800<br>8 640<br>0<br>0 | 16 370<br>– 8 700<br>250<br>3 190<br>5 180<br>13 420<br>1 200<br>1 120 |
| **DETTES FINANCIÈRES STABLES** | **27 220** | **30 980** |
| Dettes financières (1)<br>Equivalent crédit-bail | 27 220<br>0 | 26 180<br>4 800 |
| **B.F.D.R. GLOBAL** | **17 590** | **36 620** |
| EMPLOIS | 20 900 | 43 720 |
| Stocks de matières<br>Stocks en cours<br>Stocks de produits finis (2)<br>Créances-clients dont E.E.N.E.<br>Autres créances<br>Ecart de conversion actif<br>Charges constatées d'avance | 1 700<br>850<br>6 710<br>10 200<br>680<br>700<br>60 | 3 740<br>920<br>14 450<br>23 080<br>850<br>600<br>80 |

| | 1986 | 1987 |
|---|---|---|
| RESSOURCES | 3 310 | 7 100 |
| Avances et acomptes | 300 | 250 |
| Dettes fournisseurs | 1 300 | 5 900 |
| Dettes fiscales et sociales | 1 480 | 840 |
| Autres dettes | 30 | 70 |
| Produits constatés d'avance | 50 | 40 |
| Ecart de conversion passif | 150 | 0 |
| **TRÉSORERIE** | **4 640** | **– 15 470** |
| Disponibilités et V.M.P. | 4 640 | 330 |
| C.B.C. + E.E.N.E. | 0 | 15 800 |

(1) On suppose que les 14 300 à 1 an au plus (état des dettes) sont des concours de trésorerie.
(2) Hypothèse : la provision porte sur le stock de produits finis en 1986.

| **RATIOS** | | |
|---|---|---|
| **RATIOS DE GESTION** | | |
| B.F.D.R. EXPLOITATION en jours de C.A.H.T. | 89,8 | 197,2 |
| B.F.D.R. EXPLOITATION en jours de production | 88,3 | 175,3 |
| Stocks matières en jours de consommation matière | 28,9 | 64,7 |
| Stocks en cours et produits finis en jours de production | 37,9 | 73,6 |
| Clients en jours de C.A.T.T.C. | 43,9 | 104,8 |
| Dettes fournisseurs en jours achats et autres charges T.T.C. | 17,4 | 73,4 |
| **RATIOS D'ÉQUILIBRE** | | |
| F.D.R. FONCTIONNEL/B.F.D.R. EXPLOITATION | 126 % | 58 % |
| C.B.C. en jours de C.A.H.T. | 0,0 | 80,7 |
| Trésorerie en jours de C.A.H.T. | 23,7 | – 83,3 |

La variation du F.D.R. fonctionnel est de 21 150 – 22 230 = – 1 080 ; elle correspond au montant trouvé dans le tableau de financement.

Les autres éléments des bilans fonctionnels et les ratios calculés permettent d'approfondir le diagnostic.

La dégradation de la structure de financement est très importante. La trésorerie est très fortement négative (plus de 80 jours de C.A.H.T.) et les concours de trésorerie, y compris les effets escomptés et non échus représentent également plus de 80 jours de C.A.H.T., ce qui justifie l'inquiétude du banquier. Par ailleurs, le F.D.R. fonctionnel ne couvre plus le B.F.D.R. qu'à hauteur de 58 %.

Cette dégradation est due principalement à un accroissement très important du B.F.D.R. qui représente plus de 197 jours de C.A.H.T. et qui trouve son origine dans l'accroissement des stocks et des créances clients. L'évaluation de ces ratios est cependant probablement biaisée à la hausse si l'activité est repartie en fin d'année, ce qu'on peut espérer ; il faudrait connaître l'activité du dernier trimestre. Par ailleurs, l'écart avec les ratios théoriques laisse également supposer cette surévaluation.

Comme l'accroissement du B.F.D.R. a été accompagné par une baisse du F.D.R. fonctionnel, la trésorerie s'est fortement dégradée, et *Vesport* a été dans l'obligation de faire appel à des concours de trésorerie très élevés (14 300 de concours plus 1 500 d'E.E.N.E.).

## CINQUIÈME QUESTION : DIAGNOSTIC ET PROPOSITIONS DE SOLUTIONS

### A. Diagnostic financier

Les commentaires du T.S.I.G. du tableau de financement et des bilans fonctionnels ont mis en évidence les causes de dégradation de la situation de *Vesport* :

— la sous-activité liée à la baisse des ventes ;

— le surendettement entraîné par le gonflement du B.F.D.R. et les frais financiers induits.

On pouvait éventuellement compléter le diagnostic par une étude des taux de rentabilité et par d'autres indicateurs du risque de faillite.

#### 1° Etude de la rentabilité

Cette étude pouvait se faire en étudiant la rentabilité des capitaux propres au moyen de l'effet de levier financier.

TABLEAU 5 : RENTABILITÉ DES CAPITAUX PROPRES ET EFFET DE LEVIER FINANCIER

| | 1986 | 1987 |
|---|---|---|
| CAPITAUX PROPRES après répartition | 36 690 | 27 920 |
| DETTES FINANCIÈRES | 27 220 | 45 280 |
| • Emprunts | 27 220 | 40 480 |
| • Crédit-bail | 0 | 4 800 |
| ACTIF ÉCONOMIQUE | 63 910 | 73 200 |
| RÉSULTAT ÉCONOMIQUE | 6 900 | – 2 130 |
| RÉSULTAT ÉCONOMIQUE APRÈS IMPÔT | 3 795 | – 2 130 |
| TAUX RENTABILITÉ ÉCONOMIQUE | | |
| • sans décalage | 5,9 % | – 2,9 % |
| • avec décalage | | – 3,3 % |
| Frais financiers | 3 200 | 7 100 |
| • Economie d'I.S. sur frais financiers | 1 440 | 0 |
| Frais financiers après impôt | 1 760 | 7 100 |
| COÛT DE LA DETTE avant I.S. | | |
| • sans décalage | 11,8 % | 15,7 % |
| • avec décalage | | 26,1 % |
| COÛT DE LA DETTE après I.S. | | |
| • sans décalage | 6,5 % | 15,7 % |
| • avec décalage | | 26,1 % |
| RÉSULTAT COURANT APRÈS I.S. | 2 035 | – 9 230 |
| TAUX DE RENTABILITÉ CAPITAUX PROPRES | | |
| • sans décalage | 5,5 % | – 33,1 % |
| • avec décalage | | – 25,2 % |
| EFFET DE LEVIER | | |
| • sans décalage | – 0,4 % | – 30,1 % |
| • avec décalage | | – 21,8 % |

RELATION DE DÉCOMPOSITION DU TAUX DE RENTABILITÉ ÉCONOMIQUE

| | | |
|---|---|---|
| Taux de rentabilité économique | 5,9 % | – 2,9 % |
| Taux de marge économique | 5,3 % | – 2,8 % |
| Taux de rotation de l'actif économique | 112,3 % | 102,7 % |

La lecture de ce tableau fait apparaître une très forte dégradation de la rentabilité des fonds propres entraînée par une baisse de la rentabilité économique et par une hausse du coût de la dette, accentuée par l'accroissement de l'endettement. On pourra être surpris de la faible rentabilité économique de *Vesport* en 1986 ; toutefois cette dernière s'explique vraisemblablement par l'importance des investissements entrepris qui ont gonflé l'actif économique, alors qu'ils n'avaient encore aucune incidence sur le résultat économique (délai de réponse des investissements). La décomposition du taux de rentabilité économique fait apparaître que la baisse de la rentabilité économique est due simultanément à la chute du taux de marge économique et à un fléchissement du taux de rotation de l'actif économique qui s'explique par la sous-activité.

## 2° Compléments sur l'analyse du risque de faillite

- *Analyse patrimoniale*

Tableau 6 : Bilan patrimonial et ratios

| | 1986 | 1987 |
|---|---|---|
| **ACTIF À PLUS D'UN AN** | **49 480** | **45 920** |
| Immobilisations nettes | 49 480 | 41 120 |
| Immobilisations crédit-bail | 0 | 4 800 |
| **ACTIF À MOINS D'UN AN** | **22 830** | **38 190** |
| Stocks | 8 210 | 17 840 |
| Clients + E.E.N.E. | 9 500 | 19 180 |
| Autres créances | 680 | 850 |
| – Ecart conversion passif (1) | – 150 | 0 |
| V.M.P. + Disponibilités | 4 590 | 320 |
| **TOTAL ACTIF** | **72 310** | **84 110** |
| **CAPITAUX PROPRES CORRIGÉS** | **35 166** | **27 528** |
| Capitaux propres | 40 690 | 27 920 |
| – Dividendes à payer | – 4 000 | 0 |
| – 45 % provisions réglementées | – 144 | – 113 |
| – Charges constatées d'avance | – 60 | – 80 |
| – Charges à répartir | – 1 320 | – 200 |
| **DETTES À LONG TERME** | **26 324** | **27 713** |

| | 1986 | 1987 |
|---|---|---|
| Impôt latent | 144 | 113 |
| Dettes à L.M.T. établissements de crédit > 1 an | 26 180 | 24 000 |
| Dette crédit-bail | 0 | 3 600 |
| **DETTES À COURT TERME (< 1 an)** | **10 820** | **28 870** |
| Provisions pour risques et charges (2) | 3 320 | 3 190 |
| – Ecarts conversion actif (3) | – 700 | – 600 |
| Dividendes à payer | 4 000 | 0 |
| Dettes à L.M.T. établissements de crédit (< 1 an) | 1 040 | 2 180 |
| Concours de trésorerie | 0 | 14 300 |
| E.E.N.E. | 0 | 1 500 |
| Dette crédit-bail (< 1 an) | 0 | 1 200 |
| Autres dettes à court terme | 3 160 | 7 100 |
| **TOTAL PASSIF** | **72 310** | **84 110** |

(1) Annulation du gain latent.
(2) On suppose que le risque se produit à moins d'un an.
(3) Ecarts faisant l'objet d'une provision.

| **RATIOS** | | |
|---|---|---|
| F.D.R. PATRIMONIAL | 12 010 | 9 320 |
| F.D.R. PROPRE | – 14 314 | – 18 392,5 |
| Capitaux propres/passif | 48,6 % | 32,7 % |
| Liquidité générale | 211,0 % | 132,3 % |
| Liquidité réduite | 135,1 % | 70,5 % |
| Liquidité immédiate | 42,4 % | 1,1 % |
| Capitaux propres/dettes à plus d'un an | 133,6 % | 99,3 % |

L'étude des bilans patrimoniaux et des ratios de solvabilité et de liquidité montrent une dégradation sensible de la solvabilité et de la liquidité. Cependant les niveaux du F.D.R. patrimonial et des ratios de liquidité restent satisfaisants. Le ratio d'autonomie financière « capitaux propres / dettes à plus d'un an » est devenu limite. La conclusion de cette analyse est moins critique que celle obtenue à partir de l'analyse fonctionnelle.

• *Capacité de remboursement*

On pouvait tenter de l'évaluer à partir de ratios fondés sur la capacité d'autofinancement ou sur l'E.T.E.

Dans l'état actuel, la C.A.F. de 1 330 kF ne permet pas de faire face aux remboursements d'emprunt qui s'élèvent à 2 240 kF.

L'E.T.E. est égal à E.B.E. – variation du B.F.D.R. = 8 290 – 19 030 = – 10 740 ; il apparaît fortement négatif, alors que par ailleurs, le montant des frais financiers à couvrir est de 7 100 kF (y compris le retraitement du crédit-bail). La situation apparaît donc critique.

### B. Propositions de redressement

Le redressement de la situation de *Vesport* passe nécessairement par un développement de l'activité et par un retour à la normale de la rentabilité et du B.F.D.R. L'estimation normative du B.F.D.R. (cf. question 6) indique un montant approximatif du B.F.D.R. de 14 300 pour le niveau prévu d'activité. Le niveau actuel est de 36 600. Le dégonflement du B.F.D.R. permettrait donc le retour à une trésorerie positive et en conséquence une baisse des frais financiers. Faute d'atteindre le niveau prévu d'activité, il faudrait réduire les charges fixes, c'est-à-dire procéder à des licenciements et éventuellement procéder à un apport de fonds propres afin de diminuer le poids des charges financières.

## SIXIÈME QUESTION : ÉVALUATION DU BESOIN DE FINANCEMENT D'EXPLOITATION

L'évaluation normative de ce besoin qui correspond au B.F.D.R. d'exploitation doit être conduite :

- directement en valeur ;
- en supposant un C.A. annuel de 85 000 kF, une marge sur coût de production de 15 % et une stricte proportionnalité entre les éléments du B.F.D.R. et le C.A.

Le principe d'évaluation est le suivant :

Montant du poste = flux × (délai / 360).

Par exemple, pour obtenir le montant du poste Clients France, il faut multiplier le montant des ventes France T.T.C. par 45/360 (délai/360). Le flux est ajusté en tenant compte du rapport entre les ventes totales prévues 85 000 kF et les ventes réalisées 66 850 kF. On suppose, conformément à l'hypothèse initiale, que les pourcentages de charges par rapport aux ventes restent identiques.

Les délais retenus pour la T.V.A. sont de 40 jours pour la T.V.A. collectée et de 70 jours pour la T.V.A. déductible, conformément aux hypothèses usuelles.

TABLEAU 7 : EVALUATION NORMATIVE DU BESOIN DE FINANCEMENT D'EXPLOITATION

| POSTES | DÉLAIS | FLUX | MONTANTS |
|---|---|---|---|
| **EMPLOIS** | | | |
| Stock de matières premières | 30 jours de consommation | 20 810 × (85 000/66 850) | 2 205 |
| Stock de produits finis | 1 mois de ventes (1) | 85 000 × 0,85 | 6 021 |
| Clients France | 45 jours de C.A. France T.T.C. (2) | 50 150 × 1,186 × (85 000/66 850) | 9 453 |
| Clients Export | 60 jours de C.A. Export H.T. | 16 700 × (85 000/66 850) | 3 539 |
| T.V.A. déductible | 70 jours de T.V.A. sur achats France | 22 300 × (50 150/66 850) × (85 000/66 850) × 0,186 | 769 |
| | | **TOTAL EMPLOIS** | **21 987** |
| **RESSOURCES** | | | |
| Fournisseurs achats soumis à T.V.A. | 30 jours achats T.T.C. (4) | 22 300 × (50 150/66 850) × 1,186 × (85 000/66 850) | 2 102 |
| Fournisseurs en franchise de taxe | 30 jours achats H.T. | 22 300 × (16 700/66 850) × (85 000/66 850) | 590 |
| T.V.A. collectée | 40 jours de T.V.A. sur ventes France | 50 150 × 0,186 × (85 000/66 850) | 1 318 |
| Personnel | 20 jours de salaires (5) | 30 560 × (85 000/66 850) | 2 159 |
| Sécurité sociale | 35 jours de charges sociales (6) | 12 320 × (85 000/66 850) | 1 523 |
| | | **TOTAL RESSOURCES** | **7 692** |
| **BESOIN DE FINANCEMENT D'EXPLOITATION** | | | **14 295** |

(1) Evalués en coût de production ; 15 % de marge.
(2) Cf. proportion de chiffre d'affaires réalisé en France.
(3) On suppose qu'une partie des achats équivalente au pourcentage des ventes export est faite en franchise de T.V.A.
(4) Hypothèse identique à (3).
(5) Créance moyenne envers les salariés (5 + 35)/2 = 20 jours.
(6) Créance moyenne envers la sécurité sociale (20 + 50)/2 = 35 jours.

# D.E.C.F. 1989

*Durée : 4 heures. — Coefficient : 1*

La société anonyme *Electra* est spécialisée dans le montage et la vente de petits équipement électriques. De création récente, elle a vu son activité se développer rapidement et envisage de réaliser de nouveaux investissements.

Les responsables de la société vous confient certains documents (annexes I à IV) et vous demandent d'effectuer une étude en deux points.

## *Première partie*

## ANALYSE DE L'ÉVOLUTION DE LA SITUATION FINANCIÈRE AU COURS DU DERNIER EXERCICE (1988)

### TRAVAIL À FAIRE

**1° Etablir la *deuxième partie* du tableau de financement (plan comptable 1982) et expliquer la signification de chacun des soldes successifs.**

**2° Calculer :**

***a.* la valeur ajoutée et l'excédent brut d'exploitation (E.B.E.) ;**

***b.* l'excédent de trésorerie d'exploitation (E.T.E.) à partir de l'E.B.E., puis à partir de l'excédent sur opérations (E.S.O.) ;**

***c.* la capacité d'autofinancement et déterminer la part de celle-ci qui correspond à des disponibilités.**

**3° Etablir le tableau pluriannuel des flux financiers. *Pour cela, compléter l'annexe V, laquelle devra être remise avec la copie*. Vérifier que la variation du disponible donnée par le tableau correspond bien à celle calculée à partir des bilans.**

**4° Donner la signification et préciser l'intérêt des notions suivantes : valeur ajoutée, E.B.E., E.T.E.**

**5° Indiquer, en quelques lignes seulement, les principales observations que vous inspire l'étude ci-dessus.**

## *Deuxième partie*

### ETUDE DES PROJETS DE DÉVELOPPEMENT DE LA SOCIÉTÉ

Afin d'accroître sa capacité de production, la société envisage de réaliser un programme d'investissements. Le projet comprend :

— un bâtiment pour 3 000 000 F H.T., amortissable en linéaire sur quinze ans ;

— un matériel et du mobilier, amortissables en linéaire sur cinq ans, pour un montant de 1 000 000 F H.T.

Pour l'étude de la rentabilité de ce projet, il a été décidé de ne considérer que les cinq premières années d'exploitation (1991 à 1995).

Les quantités supplémentaires vendues seraient les suivantes :

| Années ............... | 1991 | 1992 | 1993 | 1994 | 1995 |
|---|---|---|---|---|---|
| Quantités ............. | 25 000 | 30 000 | 30 000 | 30 000 | 30 000 |

Le prix de vente unitaire est fixé à 400 F H.T.

Les charges variables unitaires s'élèveraient à 300 F H.T.

Les charges fixes annuelles (hors amortissement) seraient de 600 000 F.

La réalisation de cet investissement nécessitant une durée de seize mois, son financement serait fractionné de la façon suivante : un quart fin 1989, le reste fin 1990, l'investissement étant opérationnel dès le début de 1991.

### TRAVAIL À FAIRE

**1° Calculer le taux de rentabilité interne de ce projet (pour ce calcul, on négligera la valeur résiduelle des bâtiments ainsi que celle du matériel et du mobilier).**

***N.B.* — Les flux financiers sont considérés comme dégagés en fin de période.**

**2° Les sources de financement envisagées sont les suivantes :**

— un emprunt de 1 000 000 F contracté fin 1989, au taux de 10 %, et remboursé en cinq amortissements constants ;

— un emprunt de 1 500 000 F contracté fin 1990, au taux de 10 %, remboursé au moyen de cinq amortissements égaux ;

— un prélèvement de 500 000 F sur les ressources propres de la société, fin 1990 ;
— un crédit-bail pour le matériel :
  • loyer de 320 000 F versé pendant quatre ans en fin de période,
  • dépôt de garantie de 100 000 F déposé à la conclusion du contrat, fin 1990, récupéré quatre ans plus tard, en fin de contrat,
  • rachat du matériel prévu fin 1994 pour une somme de 50 000 F ; ce montant étant amorti en une fois à la fin de l'exercice suivant.

**Pour les exercices 1991 à 1995, calculer les capacités d'autofinancement restant à la disposition de l'entreprise, dégagées par ce projet, *après prise en compte de son financement*.**

**3° Etablir le plan de financement (emplois-ressources) pour les années 1989 à 1993. Commenter.**

On sait que la société :
— fait l'hypothèse simplificatrice suivante : le chiffre d'affaires réalisé sur les activités actuelles restera constant jusqu'en 1993 ainsi que la capacité d'autofinancement annuelle correspondante, laquelle est évaluée à 1 320 000 F (grosso modo) ;
— souhaite financer la totalité de son B.F.R.E. par des capitaux permanents. En moyenne, le B.F.R.E. représente 17 % du chiffre d'affaires ;
— évalue les besoins courants de renouvellement du matériel et du mobilier à 150 000 F par an ;
— prévoit des dividendes annuels égaux à 10 % du capital.

**4° Indiquer comment peut s'effectuer, concrètement, le prélèvement prévu sur les ressources propres de l'entreprise. En l'occurrence, cette opération est-elle possible ?**

**Pour cela, calculer la trésorerie à la fin des exercices 1989 et 1990. Quelle alternative peut-on proposer ?**

## Annexe I

*Informations complémentaires*

Une augmentation de capital a eu lieu au début de l'exercice 1988 :
- par incorporation de réserves à concurrence de 180 000 F ;
- par apports en numéraire pour le reste.

Deux cessions sont intervenues en 1988 :
- un matériel acquis 140 000 F et totalement amorti a été vendu pour une somme de 40 350 F. Du nouveau matériel a été acquis en remplacement ;
- un mobilier a également été remplacé ; sa valeur d'origine, égale à 45 000 F, était amortie à 50 % au moment de la cession qui a été réalisée pour un prix de 10 000 F.

Les dettes financières, autres que les concours bancaires courants, existant à la fin de l'exercice 1988, seront remboursées de la façon suivante :

200 000 F en 1989,
195 400 F en 1990.

Le prêt de 20 000 F figurant à l'actif du bilan 1988 sera remboursé en totalité en 1989.

Taux de T.V.A. : 18,60 % (pour les ventes et les achats).

Les postes des bilans « Autres créances » et « Autres dettes » ne relèvent pas de l'exploitation.

Taux de l'impôt sur les sociétés : 42 %.

Il n'y a pas eu de nouvelle subvention d'investissement en 1988.

# Annexe II

cerfa

N° 30-2335

Formule obligatoire (article 53 A du code général des impôts)

① **BILAN - ACTIF**

**D.G.I. N° 2050-N** 9
**Janvier 1989**

Désignation de l'entreprise : ELECTRA S.A.

Durée de l'exercice exprimée en nombre de mois *

Adresse de l'entreprise :

Durée de l'exercice précédent *

Numéro SIRET *

Code APE

(Ne pas reporter le montant des centimes) *

Exercice N, clos le : 31/12/87

Exercice précédent (N-1) clos le :

| | | | Brut - 1 - | | Amortissements, provisions - 2 - | Net - 3 - | Net - 4 - |
|---|---|---|---|---|---|---|---|
| | Capital souscrit non appelé (0) | AA | | | | | |
| ACTIF IMMOBILISÉ * – IMMOBILISATIONS INCORPORELLES | Frais d'établissement * | AB | 600 000 | AC | 450 000 | 150 000 | |
| | Frais de recherche et développement * | AD | | AE | | | |
| | Concessions, brevets et droits similaires | AF | 200 000 | AG | 90 000 | 110 000 | |
| | Fonds commercial (1) | AH | | AI | | | |
| | Autres immobilisations incorporelles | AJ | | AK | | | |
| | Avances et acomptes sur immobilisations incorporelles | AL | | AM | | | |
| IMMOBILISATIONS CORPORELLES | Terrains | AN | 1 000 000 | AO | | 1 000 000 | |
| | Constructions | AP | 1 800 000 | AQ | 1 200 000 | 600 000 | |
| | Installations techniques, matériel et outillage industriels | AR | 950 000 | AS | 640 000 | 310 000 | |
| | Autres immobilisations corporelles | AT | 170 000 | AU | 110 000 | 60 000 | |
| | Immobilisations en cours | AV | | AW | | | |
| | Avances et acomptes | AX | | AY | | | |
| IMMOBIL. FINANCIÈRES (2) | Participations | AZ | 120 000 | BA | 10 000 | 110 000 | |
| | Créances rattachées à des participations | BB | | BC | | | |
| | Autres titres immobilisés | BD | | BE | | | |
| | Prêts | BF | 40 000 | BG | | 40 000 | |
| | Autres immobilisations financières * | BH | 8 000 | BI | | 8 000 | |
| | **TOTAL (I)** | BJ | 4 888 000 | BK | 2 500 000 | 2 388 000 | |
| ACTIF CIRCULANT – STOCKS * | Matières premières, approvisionnements | BL | 925 000 | BM | 32 000 | 893 000 | |
| | En cours de production de biens | BN | | BO | | | |
| | En cours de production de services | BP | | BQ | | | |
| | Produits intermédiaires et finis | BR | 456 000 | BS | 30 000 | 426 000 | |
| | Marchandises | BT | | BU | | | |
| | Avances et acomptes versés sur commandes | BV | | BW | | | |
| CRÉANCES | Clients et comptes rattachés (3)* | BX | 588 000 | BY | 51 000 | 537 000 | |
| | Autres créances (3) | BZ | 94 000 | CA | | 94 000 | |
| | Capital souscrit et appelé, non versé | CB | | CC | | | |
| DIVERS | Valeurs mobilières de placement (dont actions propres : ) | CD | | CE | | | |
| | Disponibilités | CF | 118 500 | CG | | 118 500 | |
| Comptes de régularisation | Charges constatées d'avance (3) * | CH | | CI | | | |
| | **TOTAL (II)** | CJ | 2 181 500 | CK | 113 000 | 2 068 500 | |
| | Charges à répartir sur plusieurs exercices (III) | CL | 94 500 | | | 94 500 | |
| | Primes de remboursement des obligations (IV) | CM | | | | | |
| | Écarts de conversion actif * (V) | CN | | | | | |
| | **TOTAL GÉNÉRAL (0 à V)** | CO | 7 164 000 | 1A | 2 613 000 | 4 551 000 | |

| | | | |
|---|---|---|---|
| **Renvois :** | (1) Dont droit au bail : | (2) part à moins d'un an des immobilisations financières nettes : CP | (3) Part à plus d'un an : CR |
| Clause de réserve de propriété : * | Immobilisations : | Stocks : | Créances : |

1er EXEMPLAIRE DESTINÉ A L'ADMINISTRATION

N° 2050-N - Série G - DANEL 1 - Profform - Imprimé en France

* Des explications concernant cette rubrique sont données dans la notice n° 2032-N

# Annexe II *(suite)*

cerfa

N° 30-2336

Formulaire obligatoire (article 53 A du code général des impôts)

② **BILAN - PASSIF** avant répartition

D.G.I. N° 2051-N 9

Janvier 1989

Désignation de l'entreprise : ELECTRA S.A.

| | (Ne pas reporter le montant des centimes) * | | Exercice N | Exercice N-1 |
|---|---|---|---|---|
| CAPITAUX PROPRES | Capital social ou individuel (1) * (Dont versé : ) | DA | 2 200 000 | |
| | Primes d'émission, de fusion, d'apport, ... | DB | | |
| | Ecarts de réévaluation (2)* | DC | | |
| | Réserve légale (3) | DD | 200 000 | |
| | Réserves statutaires ou contractuelles | DE | | |
| | Réserves réglementées (3) (4) | DF | | |
| | Autres réserves | DG | 210 000 | |
| | Report à nouveau | DH | 8 000 | |
| | **RÉSULTAT DE L'EXERCICE (bénéfice ou perte)** | DI | 598 000 | |
| | Subventions d'investissement | DJ | 120 000 | |
| | Provisions réglementées * | DK | 10 000 | |
| | **TOTAL (I)** | DL | 3 346 000 | |
| Autres fonds propres | Produits des émissions de titres participatifs | DM | | |
| | Avances conditionnées | DN | | |
| | **TOTAL (II)** | DO | | |
| Provisions pour risques et charges | Provisions pour risques | DP | 82 000 | |
| | Provisions pour charges | DQ | 113 000 | |
| | **TOTAL (III)** | DR | 195 000 | |
| DETTES (5) | Emprunts obligataires convertibles | DS | | |
| | Autres emprunts obligataires | DT | | |
| | Emprunts et dettes auprès des établissements de crédit (6) | DU | 226 000 | |
| | Emprunts et dettes financières divers (7) | DV | 186 000 | |
| | Avances et acomptes reçus sur commandes en cours | DW | | |
| | Dettes fournisseurs et comptes rattachés | DX | 164 000 | |
| | Dettes fiscales et sociales | DY | 122 000 | |
| | Dettes sur immobilisations et comptes rattachés | DZ | | |
| | Autres dettes | EA | 312 000 | |
| Compte régul. | Produits constatés d'avance (5) | EB | | |
| | **TOTAL (IV)** | EC | 1 010 000 | |
| | Écarts de conversion passif * **(V)** | ED | | |
| | **TOTAL GÉNÉRAL (I à V)** | EE | 4 551 000 | |

1er EXEMPLAIRE DESTINÉ A L'ADMINISTRATION

Total du bilan de l'exercice N en francs et centimes *

| RENVOIS | | | | |
|---|---|---|---|---|
| | (1) Écart de réévaluation incorporé au capital | 1B | | |
| | (2) Dont Réserve spéciale de réévaluation (1959) | 1C | | |
| | (2) Dont Écart de réévaluation libre | 1D | | |
| | (2) Dont Réserve de réévaluation (1976) | 1E | | |
| | (3) Dont réserve réglementée des plus-values à long terme * | EF | | |
| | (4) Dont réserve relative à l'achat d'œuvres originalesd'Artistes vivants | EJ | | |
| | (5) Dettes et produits constatés d'avance à moins d'un an | EG | | |
| | (6) Dont 100 000 F à moins d'un an auxquels s'ajoutent 15 000 de concours bancaires courants | | | |
| | (7) Dont 72 000 F à moins d'un an | EI | | |

* Des explications concernant cette rubrique sont données dans la notice n° 2032-N.

N° 2051-N - Série G - Danel - Profform - Imprimé en France

# Annexe III

cerfa

N° 30-2335

Formule obligatoire (article 53 A du code général des impôts)

## ① BILAN - ACTIF

D.G.I. N° 2050-N **9**

Janvier 1989

Désignation de l'entreprise : ELECTRA S.A.

Durée de l'exercice exprimée en nombre de mois *

Adresse de l'entreprise :

Durée de l'exercice précédent *

Numéro SIRET *

Code APE

(Ne pas reporter le montant des centimes) *

Exercice N, clos le : 31/12/88

Exercice précédent (N-1) clos le :

| | | | Code | Brut - 1 - | Code | Amortissements, provisions - 2 - | Net - 3 - | Net - 4 - |
|---|---|---|---|---|---|---|---|---|
| | | Capital souscrit non appelé (0) | AA | | | | | |
| ACTIF IMMOBILISÉ * | IMMOBILISATIONS INCORPORELLES | Frais d'établissement * | AB | 600 000 | AC | 520 000 | 80 000 | |
| | | Frais de recherche et développement * | AD | | AE | | | |
| | | Concessions, brevets et droits similaires | AF | 200 000 | AG | 120 000 | 80 000 | |
| | | Fonds commercial (1) | AH | | AI | | | |
| | | Autres immobilisations incorporelles | AJ | | AK | | | |
| | | Avances et acomptes sur immobilisations incorporelles | AL | | AM | | | |
| | IMMOBILISATIONS CORPORELLES | Terrains | AN | 1 400 000 | AO | | 1 400 000 | |
| | | Constructions | AP | 1 800 000 | AQ | 1 300 000 | 500 000 | |
| | | Installations techniques, matériel et outillage industriels | AR | 1 160 000 | AS | 680 000 | 480 000 | |
| | | Autres immobilisations corporelles | AT | 200 000 | AU | 128 000 | 72 000 | |
| | | Immobilisations en cours | AV | | AW | | | |
| | | Avances et acomptes | AX | | AY | | | |
| | IMMOBIL. FINANCIÈRES (2) | Participations | AZ | 140 000 | BA | 15 000 | 125 000 | |
| | | Créances rattachées à des participations | BB | | BC | | | |
| | | Autres titres immobilisés | BD | | BE | | | |
| | | Prêts | BF | 20 000 | BG | | 20 000 | |
| | | Autres immobilisations financières * | BH | 12 000 | BI | | 12 000 | |
| | | **TOTAL (I)** | BJ | 5 532 000 | BK | 2 763 000 | 2 769 000 | |
| ACTIF CIRCULANT | STOCKS * | Matières premières, approvisionnements | BL | 1 412 000 | BM | 48 000 | 1 364 000 | |
| | | En cours de production de biens | BN | | BO | | | |
| | | En cours de production de services | BP | | BQ | | | |
| | | Produits intermédiaires et finis | BR | 506 000 | BS | 31 000 | 475 000 | |
| | | Marchandises | BT | | BU | | | |
| | | Avances et acomptes versés sur commandes | BV | | BW | | | |
| | CRÉANCES | Clients et comptes rattachés (3)* | BX | 802 000 | BY | 77 000 | 725 000 | |
| | | Autres créances (3) | BZ | 38 000 | CA | | 38 000 | |
| | | Capital souscrit et appelé, non versé | CB | | CC | | | |
| | DIVERS | Valeurs mobilières de placement (dont actions propres : ) | CD | 29 000 | CE | 2 000 | 27 000 | |
| | | Disponibilités | CF | 32 000 | CG | | 32 000 | |
| | | Charges constatées d'avance (3) * | CH | | CI | | | |
| | | **TOTAL (II)** | CJ | 2 819 000 | CK | 158 000 | 2 661 000 | |
| Comptes de régularisation | | Charges à répartir sur plusieurs exercices (III) | CL | 192 500 | | | 192 500 | |
| | | Primes de remboursement des obligations (IV) | CM | | | | | |
| | | Écarts de conversion actif * (V) | CN | | | | | |
| | | **TOTAL GÉNÉRAL (0 à V)** | CO | 8 543 500 | 1A | 2 921 000 | 5 622 500 | |

| | | | | | |
|---|---|---|---|---|---|
| **Renvois :** | (1) Dont droit au bail : | | (2) part à moins d'un an des immobilisations financières nettes | CP | (3) Part à plus d'un an : CR |
| Clause de réserve de propriété : * | Immobilisations : | | Stocks : | | Créances : |

* Des explications concernant cette rubrique sont données dans la notice n° 2032-N

N° 2050-N - Série G – DANIEL 1 : Proform · Imprimé en France

## Annexe III *(suite)*

cerfa

N° 30-2336

Formulaire obligatoire (article 53 A du code général des Impôts)

(2) **BILAN - PASSIF** avant répartition

**D.G.I. N° 2051-N** 9

Janvier 1989

Désignation de l'entreprise : ELECTRA S.A.

| | (Ne pas reporter le montant des centimes) * | | Exercice N | Exercice N-1 |
|---|---|---|---|---|
| CAPITAUX PROPRES | Capital social ou individuel (1) * (Dont versé : ) | DA | 2 600 000 | |
| | Primes d'émission, de fusion, d'apport, ... | DB | 148 000 | |
| | Ecarts de réévaluation (2)* | DC | | |
| | Réserve légale (3) | DD | 220 000 | |
| | Réserves statutaires ou contractuelles | DE | | |
| | Réserves réglementées (3) (4) | DF | | |
| | Autres réserves | DG | 298 000 | |
| | Report à nouveau | DH | 18 000 | |
| | **RÉSULTAT DE L'EXERCICE (bénéfice ou perte)** | DI | 815 000 | |
| | Subventions d'investissement | DJ | 90 000 | |
| | Provisions réglementées * | DK | 10 000 | |
| | **TOTAL (I)** | DL | 4 199 000 | |
| Autres fonds propres | Produits des émissions de titres participatifs | DM | | |
| | Avances conditionnées | DN | | |
| | **TOTAL (II)** | DO | | |
| Provisions pour risques et charges | Provisions pour risques | DP | 91 000 | |
| | Provisions pour charges | DQ | 124 000 | |
| | **TOTAL (III)** | DR | 215 000 | |
| DETTES (5) | Emprunts obligataires convertibles | DS | | |
| | Autres emprunts obligataires | DT | | |
| | Emprunts et dettes auprès des établissements de crédit (6) (a) | DU | 295 000 | |
| | Emprunts et dettes financières divers (7) (b) | DV | 100 400 | |
| | Avances et acomptes reçus sur commandes en cours | DW | | |
| | Dettes fournisseurs et comptes rattachés | DX | 183 000 | |
| | Dettes fiscales et sociales | DY | 165 000 | |
| | Dettes sur immobilisations et comptes rattachés | DZ | | |
| | Autres dettes | EA | 465 100 | |
| Compte régul | Produits constatés d'avance (5) | EB | | |
| | **TOTAL (IV)** | EC | 1 208 500 | |
| | Écarts de conversion passif * **(V)** | ED | | |
| | **TOTAL GÉNÉRAL (I à V)** | EE | 5 622 500 | |

(a) Dont 110 000 à moins d'un an auxquels s'ajoutent 94 000 de concours bancaires courants.

(b) Dont 90 000 à moins d'un an.

## Annexe IV

cerfa (3) **COMPTE DE RÉSULTAT DE L'EXERCICE** (En liste) D.G.I. N° 2052-N Janvier 1989 [9]

N° 30-2337
Formulaire obligatoire (article 53 A du code général des impôts)

Désignation de l'entreprise : ELECTRA S.A.

| (Ne pas reporter le montant des centimes) * | | Exercice N 1988 France - 1 - | | Exportation - 2 - | | Total - 3 - | Exercice N-1 - 4 - |
|---|---|---|---|---|---|---|---|
| PRODUITS D'EXPLOITATION | Ventes de marchandises * | FA | | FB | | FC | |
| | Production vendue biens | FD | 5 947 500 | FE | | FF | |
| | Production vendue Services * | FG | | FH | | FI | |
| | **Chiffres d'affaires nets** * | FJ | 5 947 500 | FK | | FL | 5 947 500 | |
| | Production stockée * | | | | | FM | 50 000 | |
| | Production immobilisée * | | | | | FN | | |
| | Subventions d'exploitation | | | | | FO | | |
| | Reprises sur amortissements et provisions, transfert de charges * (a) | | | | | FP | 161 000 | |
| | Autres produits (1) | | | | | FQ | 14 000 | |
| | **Total des produits d'exploitation** (2) **(I)** | | | | | FR | 6 172 500 | |
| CHARGES D'EXPLOITATION | Achats de marchandises (y compris droits de douane) * | | | | | FS | | |
| | Variation de stock (marchandises) * | | | | | FT | | |
| | Achats de matières premières et autres approvisionnements (y compris droits de douane) * | | | | | FU | 3 053 400 | |
| | Variation de stock (matières premières et approvisionnements) * | | | | | FV | – 487 000 | |
| | Autres achats et charges externes (3) * | | | | | FW | 312 000 | |
| | Impôts, taxes et versements assimilés * | | | | | FX | 226 000 | |
| | Salaires et Traitements * | | | | | FY | 890 000 | |
| | Charges sociales | | | | | FZ | 441 100 | |
| | DOTATIONS D'EXPLOITATION — Sur immobilisations : - dotations aux amortissements * | | | | | GA | 482 500 | |
| | DOTATIONS D'EXPLOITATION — Sur immobilisations : - dotations aux provisions | | | | | GB | 5 000 | |
| | DOTATIONS D'EXPLOITATION — Sur actif circulant : dodations aux provisions * | | | | | GC | 44 000 | |
| | DOTATIONS D'EXPLOITATION — Pour risques et charges : dotations aux provisions | | | | | GD | 20 000 | |
| | Autres charges | | | | | GE | | |
| | **Total des charges d'exploitation** (4) **(II)** | | | | | GF | 4 987 000 | |
| **1 - RÉSULTAT D'EXPLOITATION (I - II)** | | | | | | GG | 1 185 500 | |
| *opérations en commun* | Bénéfice attribué ou perte transférée * **(III)** | | | | | GH | | |
| | Perte supportée ou bénéfice transféré * **(IV)** | | | | | GI | | |
| PRODUITS FINANCIERS | Produits financiers de participations (5) | | | | | GJ | 12 420 | |
| | Produits des autres valeurs mobilières et créances de l'actif immobilisé (5) | | | | | GK | | |
| | Autres intérêts et produits assimilés (5) | | | | | GL | 9 540 | |
| | Reprises sur provisions et transferts de charges | | | | | GM | | |
| | Différences positives de change | | | | | GN | | |
| | Produits nets sur cessions de valeurs mobilières de placement | | | | | GO | 14 890 | |
| | **Total des produits financiers (V)** | | | | | GP | 36 850 | |
| CHARGES FINANCIÈRES | Dotations financières aux amortissements et provisions * | | | | | GQ | 2 000 | |
| | Intérêts et charges assimilés (6) | | | | | GR | 55 250 | |
| | Différences négatives de change | | | | | GS | 11 200 | |
| | Charges nettes sur cessions de valeurs mobilières de placement | | | | | GT | | |
| | **Total des charges financières (VI)** | | | | | GU | 68 450 | |
| **2 - RÉSULTAT FINANCIER (V - VI)** | | | | | | GV | – 31 600 | |
| **3 - RÉSULTAT COURANT AVANT IMPÔTS (I - II + III - IV + V - VI)** | | | | | | GW | 1 153 900 | |

1er EXEMPLAIRE DESTINÉ A L'ADMINISTRATION

N° 2052-N - Série G - Danel - Profform - Imprimé en France

(RENVOIS : voir tableau n° 2053-N) * Des explications concernant cette rubrique sont données dans la notice n° 2032-N

# Annexe IV *(suite)*

cerfa (4) **COMPTE DE RÉSULTAT DE L'EXERCICE** (Suite)

D.G.I. N° 2053-N
Janvier 1989

9

N° 30-2338
Formulaire obligatoire (article 53 A du code général des impôts)

Désignation de l'entreprise : ELECTRA S.A.

| (Ne pas reporter le montant des centimes) * | | | Exercice N 1988 - 1 - | Exercice N - 1 - 2 - |
|---|---|---|---|---|
| PRODUITS EXCEPTIONNELS | Produits exceptionnels sur opérations de gestion | HA | | |
| | Produits exceptionnels sur opérations en capital * (b) | HB | 80 350 | |
| | Reprises sur provisions et transferts de charges | HC | | |
| | **Total des produits exceptionnels** (7) **(VII)** | HD | 80 350 | |
| CHARGES EXCEPTIONNELLES | Charges exceptionnelles sur opérations de gestion | HE | | |
| | Charges exceptionnelles sur opérations en capital * (c) | HF | 22 500 | |
| | Dotations exceptionnelles aux amortissements et provisions | HG | | |
| | **Total des charges exceptionnelles** (7) **(VIII)** | HH | 22 500 | |
| **3 - RÉSULTAT EXCEPTIONNEL (VII - VIII)** | | HI | 57 850 | |
| Participation des salariés aux résultats de l'entreprise **(IX)** | | HJ | 49 750 | |
| Impôts sur les bénéfices * **(X)** | | HK | 347 000 | |
| | **TOTAL DES PRODUITS (I + III + V + VII)** | HL | 6 289 700 | |
| | **TOTAL DES CHARGES (II + IV + VI + VIII + IX + X)** | HM | 5 474 700 | |
| **4 - BÉNÉFICE OU PERTE (total des produits - total des charges)** | | HN | 815 000 | |

1er EXEMPLAIRE DESTINÉ A L'ADMINISTRATION

RENVOIS

| | | | | |
|---|---|---|---|---|
| (1) | Dont produits nets partiels sur opérations à long terme | HO | | |
| (2) | Dont produits d'exploitation afférents à des exercices antérieurs (à détailler au (8) ci-dessous) | 1G | | |
| (3) | Dont - Crédit-bail mobilier | HP | | |
| | Dont - Crédit-bail immobilier | HQ | | |
| (4) | Dont charges d'exploitation afférentes à des exercices antérieurs (à détailler au (8) ci-dessous) | 1H | | |
| (5) | Dont produits concernant les entreprises liées | 1J | | |
| (6) | Dont intérêts concernant les entreprises liées | 1K | | |

| (7) | Détail des produits et charges exceptionnels (Si ce cadre est insuffisant, joindre un état du même modèle) : | Exercice N Charges exceptionnelles | Exercice N Produits exceptionnels |
|---|---|---|---|
| | (a) dont transferts de charges : 160 000 (charges à répartir) | | |
| | (b) Produits des cessions d'éléments d'actifs et quote-part de subvention virée au résultat | | |
| | (c) Valeur comptable des éléments d'actifs cédés : 22 500 | | |

| (8) | Détail des produits et charges sur exercices antérieurs : | Exercice N Charges antérieures | Exercice N Produits antérieurs |
|---|---|---|---|
| | | | |

N° 2053-N - Série G - DANEL Proform Imprimé en France

* Des explications concernant cette rubrique sont données dans la notice n° 2032-N

## Annexe V *(à compléter et à rendre avec la copie)*

### Tableau pluriannuel des flux financiers

*(modèle simplifié)*

| Opérations / Années | 1988 | |
|---|---|---|
| Production de l'exercice ........ | ........ | |
| Consommations de l'exercice en provenance des tiers ........ | ........ | |
| ........ | ☐ | |
| Impôts, taxes et versements assimilés ........ | ........ | |
| Charges de personnel ........ | ........ | |
| ........ | ☐ | |
| Variation du B.F.R.E. ........ | ........ | |
| E.T.E. ........ | ☐ | |
| Investissements d'exploitation ........ | ........ | |
| **Solde E** (ou D.A.F.I.C.) ........ | ☐ | |
| Variation des dettes (y compris concours bancaires courants) ........ | ........ | |
| Frais financiers ........ | ........ | |
| Impôt ........ | ........ | |
| Participation ........ | ........ | |
| **Solde F** (financier) ........ | ☐ | |
| **Solde G = E + F** ........ | ☐ | |
| Transfert de charges ........ | ........ | |
| Autres produits ........ | ........ | |
| Produits financiers ........ | ........ | |
| Augmentation de capital ........ | ........ | |
| Prime d'émission ........ | ........ | |
| Cessions éléments de l'actif immobilisé ........ | ........ | |
| Réductions éléments de l'actif immobilisé ........ | ........ | |
| Dividendes ........ | ........ | |
| Acquisitions, participations et autres ........ | ........ | |
| Charges à répartir ........ | ........ | |
| Variation du B.F.R.H.E. ........ | ........ | |
| Variation du disponible ........ | ☐ | |

# Corrigé D.E.C.F. 1989

## *Société Electra*

Le cas proposé porte sur la société *Electra*, entreprise spécialisée dans le montage et la vente de petits équipements électriques, qui connaît un développement rapide et projette de réaliser de nouveaux investissements.

Le travail demandé comporte deux parties :

— une première partie consistant à faire l'analyse de l'évolution de la situation financière au cours de l'exercice 1988. Les outils de diagnostic recommandés sont pour l'essentiel fondés sur les flux ;

— une seconde partie porte sur l'étude des projets de développement de la société (rentabilité des investissements, plan de financement).

## Première partie

### Analyse de l'évolution de la situation financière au cours du dernier exercice (1988)

### QUESTION 1 : ÉTABLIR LA DEUXIÈME PARTIE DU TABLEAU DE FINANCEMENT (PLAN COMPTABLE 1982) ET EXPLIQUER LA SIGNIFICATION DE CHACUN DES SOLDES SUCCESSIFS

Bien que seule la construction de la seconde partie du tableau de financement ait été demandée aux candidats, nous présentons également la première partie du tableau de financement du P.C.G. 1982.

TABLEAU 1 : PREMIÈRE PARTIE DU TABLEAU DE FINANCEMENT DU P.C.G. 1982

| EMPLOIS | 1988 | RESSOURCES | 1988 |
|---|---|---|---|
| Distributions mises en paiement au cours de l'exercice (1) | 300 000 | Capacité d'autofinancement de l'exercice (6) | 1 309 650 |
| Acquisitions d'éléments de l'actif immobilisé | | Cessions ou réductions d'éléments de l'actif immobilisé : | |
| • Immobilisations incorporelles | 0 | Cessions d'immobilisations | |
| • Immobilisations corporelles (2) | 825 000 | – incorporelles | |
| • Immobilisations financières (3) | 24 000 | – corporelles (7) | 50 350 |
| Charges à répartir sur plusieurs exercices (4) | 160 000 | Cessions ou réductions d'immobilisations financières (8) | 20 000 |
| Remboursement de dettes financières (5) | 172 000 | Augmentation des capitaux propres | |
| | | Augmentation de capital ou apports (9) | 368 000 |
| | | Augmentation des autres capitaux propres | |
| | | Augmentation des dettes financières | 76 400 |
| **Total des emplois** | **1 481 000** | **Total des ressources** | **1 824 400** |
| Variation du fonds de roulement net global (ressource nette) | 343 400 | Variation du fonds de roulement net global (ressource nette) | |

**Remarques :**

(1) Le dividende est le montant du dividende prélevé sur le résultat de 1987 et distribué en 1988 ; Dividende = Résultat 1987 – Augmentation de capital par incorporation de réserves – Variation des réserves – Variation du report à nouveau = 598 000 – 180 000 – 108 000 – 10 000 = 300 000.

(2) L'investissement en immobilisations corporelles peut être évalué de la façon suivante :
Investissement = Variation immobilisations nettes corporelles + dotations aux amortissements sur immobilisations corporelles + V.N.C. cessions d'immobilisations corporelles
825 000 = (2 452 000 – 1 970 000) + (482 500 – 100 000 – 62 000) + 22 500
La dotation portant sur les immobilisations corporelles se déduit de la dotation aux amortissements (exploitation) de 482 500 en soustrayant les dotations sur les immobilisations incorporelles (100 000) et l'amortissement des charges à répartir (62 000). La V.N.C. des cessions sur immobilisations corporelles est indiquée dans l'énoncé.

(3) En l'absence de cessions (de participations), l'investissement en participations est de 140 000 – 120 000 = 20 000.

(4) « L'investissement » en charges à répartir est de 160 000 correspondant aux 160 000 de transferts de charges. La variation du poste transfert de charges entre les deux exercices se décompose comme suit : variation = transfert de charges – amortissement = 160 000 – 62 000 = 98 000, soit encore montant final – montant initial = 192 500 – 94 500 = 98 000.

(5) Le remboursement des dettes financières stables se déduit des notes de bas de bilan 1987, soit 100 000 + 72 000 = 172 000.

(6) Voir le calcul de la capacité d'autofinancement en question 2.

(7) Le produit des cessions d'immobilisations corporelles est indiqué dans les informations complémentaires données dans l'énoncé, soit 40 350 + 10 000 = 50 350.

(8) Réduction d'immobilisations financières correspondant à un remboursement du prêt de 20 000.

(9) Le montant inscrit en apport en capital correspond à la partie de l'augmentation de capital réalisée en numéraire, soit 220 000 augmentée de la prime d'émission de 148 000.

(10) Le montant des dettes financières stables est de 397 000 en 1987 et de 301 400 en 1988. Comme il y a eu un remboursement de 172 000, on en déduit que le montant des dettes financières stables contractées a été de : 172 000 – (397 000 – 301 400) = 76 400.

### Tableau 2 : Deuxième partie du tableau de financement du P.C.G. 1982

Emplois et ressources de l'exercice
*Tableau de financement en compte (II)*

| Variation du fonds de roulement net global | Exercice 1985 Besoins 1 | Dégagement 2 | Solde 2 – 1 |
|---|---|---|---|
| *Variations « Exploitation »* | | | |
| Variations des actifs d'exploitation : | | | |
| Stocks et en-cours (1) | 537 000 | | |
| Avances et acomptes versés sur commandes | | | |
| Créances Clients, Comptes rattachés et autres créances d'exploitation *(a)* (2) | 214 000 | | |
| Variations des dettes d'exploitation : | | | |
| Avances et acomptes reçus sur commandes en cours | | | |
| Dettes Fournisseurs, Comptes rattachés et autres dettes d'exploitation *(b)* (3) | | 62 000 | |
| **Totaux** | **751 000** | **62 000** | |
| A. Variation nette « Exploitation » *(c)* | | | – 689 000 (1) |
| *Variations « Hors exploitation »* | | | |
| Variations des autres débiteurs *(a) (d)* (4) | | 27 000 | |
| Variations des autres créditeurs *(b)* (4) | | 153 100 | |
| **Totaux** | | **180 100** | |
| B. Variation nette « Hors exploitation » *(c)* | | | 180 100 (2) |
| **TOTAL A + B :** | | | |
| Besoins de l'exercice en fonds de roulement *ou* Dégagement net de fonds de roulement dans l'exercice | | | – 508 900 (3) |
| *Variations « Trésorerie »* | | | |
| Variations des disponibilités (5) | | 86 500 | |
| Variations des concours bancaires courants et soldes créditeurs de banques (5) | | 79 000 | |
| **Totaux** | | **165 500** | |
| C. Variation nette « Trésorerie » *(c)* | | | 165 500 (4) |
| Variations du fonds de roulement net global **(TOTAL A + B + C) :** | | | |
| Emploi net | | | |
| *ou* | | | |
| Ressource nette | | | **– 343 400 (5)** |

*(a)* Y compris charges constatées d'avance selon leur affectation à l'exploitation ou non.
(b) Y compris produits constatés d'avance selon leur affection à l'exploitation ou non.
*(c)* Les montants sont assortis du signe (+) lorsque les dégagements l'emportent sur les besoins et du signe (–) dans le cas contraire.
*(d)* Y compris valeurs mobilières de placement.
(1) Δ B.F.R.E. (augmentation).
(2) Δ B.F.R.H.E. (diminution).
(3) Δ B.F.R. (augmentation).
(4) Δ T. (diminution).
(5) Δ F.R. (augmentation).

**Remarques :**

(1) Variation des montants bruts des stocks de matières premières (1 412 000 – 925 000) et des stocks de produits intermédiaires et finis (506 000 – 456 000).
(2) Les autres créances ne relevant pas de l'exploitation, il s'agit dans le cas présent des seules créances clients (montants bruts), soit 802 000 – 588 000 = 214 000.
(3) En faisant l'hypothèse que les dettes fiscales et sociales sont rattachées au cycle d'exploitation, la variation de 62 000 (ressource) s'obtient en cumulant les variations des postes fournisseurs (183 000 – 164 000) et dettes fiscales et sociales (165 000 – 122 000).
(4) Les variations des autres débiteurs et autres créditeurs correspondent aux variations des postes autres créances (38 000 – 94 000) et autres dettes (465 100 – 312 000). La variation du poste autres débiteurs comprend également la variation des valeurs mobilières de placement, soit 29 000, conformément aux prescriptions du P.C.G. 1982, même si cette option est très critiquable.
(5) La variation des disponibilités est de – 86 500 = 32 000 – 118 500 et celle des concours bancaires de 94 000 – 15 000 = 79 000 (ressource).

## Commentaires :

*Première partie du tableau :* elle permet d'expliquer la variation du fonds de roulement net global (ou F.D.R. fonctionnel) à partir des flux de fonds d'emplois et de ressources acycliques stables. Le tableau révèle un accroissement du F.D.R. fonctionnel. La capacité d'autofinancement couvre les investissements (dont les charges à répartir) ainsi que les dividendes. L'augmentation de capital permet d'apporter 368 000 de fonds nouveaux qui vont permettre de couvrir en partie la variation du B.F.D.R. d'exploitation. On remarquera que la société se désendette à long terme, les remboursements étant supérieurs aux nouveaux emprunts. Le montant des dettes financières à long et moyen termes est d'ailleurs faible dans cette société.

*Seconde partie du tableau :* elle fait apparaître la variation du B.F.D.R. exploitation (variation nette « exploitation »), la variation du B.F.D.R. hors-exploitation (variation nette « hors exploitation ») et la variation de la trésorerie (variation nette « trésorerie »). La variation du fonds de roulement net global se retrouve de la façon suivante :

Variation F.D.R. net global = Variation nette exploitation + Variation nette hors-exploitation + Variation nette trésorerie.

Plus traditionnellement, ce schéma permet d'expliquer la variation de la trésorerie de la façon suivante :

Variation Trésorerie = Variation F.D.R. – Variation B.F.D.R. (exploitation + hors-exploitation) soit

– 165 500 = 343 400 – (689 000 – 180 100)

L'accroissement de F.D.R. ne permet pas de couvrir la variation du B.F.D.R. d'exploitation. Malgré la ressource transitoire procurée par la variation du B.F.D.R. hors-exploitation, le caractère négatif de la trésorerie s'accroît (variation négative de – 165 500). Cette variation négative est couverte par une diminution des disponibilités de 86 500 et par un accroissement des concours bancaires de 79 000. Remarquons cependant que le recours aux concours bancaires reste très faible en termes d'activité ; moins de six jours de chiffre d'affaires hors-taxes.

## QUESTION 2 : ÉVALUATION DE LA VALEUR AJOUTÉE, DE L'EXCÉDENT BRUT D'EXPLOITATION, DE L'EXCÉDENT DE TRÉSORERIE D'EXPLOITATION, DE L'EXCÉDENT SUR OPÉRATIONS ET DE LA CAPACITÉ D'AUTOFINANCEMENT

### *Question 2a : Calcul de la valeur ajoutée et de l'excédent brut d'exploitation*

Tableau 3 : Calcul de la valeur ajoutée et de l'E.B.E.

| | **1988** | **%** |
|---|---|---|
| Production vendue | 5 947 500 | 99,2 % |
| + Production stockée | 50 000 | 0,8 % |
| + Production immobilisée | 0 | 0,0 % |
| **PRODUCTION** | **5 997 500** | **100,0 %** |
| Consommations matières et autres approvisionnements | 2 566 400 | 42,8 % |
| Autres achats et charges externes | 312 000 | 5,2 % |
| CONSOMMATIONS | 2 878 400 | 48,0 % |
| **VALEUR AJOUTÉE** | **3 119 100** | **52,0 %** |
| Impôts et taxes | 226 000 | 3,8 % |
| Charges de personnel | 1 331 100 | 22,2 % |
| **E.B.E.** | **1 562 000** | **26,0 %** |

### *Question 2b : Calcul de l'excédent de trésorerie d'exploitation (E.T.E.) et de l'excédent sur opérations (E.S.O.)*

TABLEAU 4 : CALCUL DE L'E.T.E. ET DE L'E.S.O.

| | 1988 |
|---|---|
| E.B.E.<br>– Variation B.F.D.R. Exploitation | 1 562 000<br>– 689 000 |
| **E.T.E.** | **873 000** |
| | |
| E.B.E. | 1 562 000 |
| – Variation de stocks de matières premières<br>– Production stockée | – 487 000<br>– 50 000 |
| **EXCÉDENT SUR OPÉRATIONS - E.S.O.** | **1 025 000** |
| – Variation créances d'exploitation<br>+ Variation dettes d'exploitation | – 214 000<br>62 000 |
| **E.T.E.** | **873 000** |

L'E.S.O. correspond au flux de trésorerie que l'entreprise sécréterait en éliminant l'incidence du crédit inter-entreprises.

### *Question 2c : Calcul de la capacité d'autofinancement et de la part correspondant à des disponibilités*

TABLEAU 5 : CALCUL DE LA CAPACITÉ D'AUTOFINANCEMENT

| MÉTHODE DESCENDANTE | 1988 |
|---|---|
| **E.B.E.** | **1 562 000** |
| + Transferts de charges d'exploitation<br>+ Autres produits<br>+ Produits financiers (1)<br>– Intérêts et charges assimilés<br>– Différences négatives de change<br>– Participation des salariés<br>– Impôt | 160 000<br>14 000<br>36 850<br>– 55 250<br>– 11 200<br>– 49 750<br>– 347 000 |

| MÉTHODE DESCENDANTE | 1988 |
|---|---|
| CAPACITÉ D'AUTOFINANCEMENT | 1 309 650 |
| (1) Tous ces produits donnent lieu à décaissement | |
| MÉTHODE ASCENDANTE | |
| RÉSULTAT NET | 815 000 |
| – Produits des cessions<br>+ Valeur comptable des éléments cédés<br>+ Dotations aux amortissements et aux provisions d'exploitation<br>+ Dotations financières aux amortissements et provisions<br>– Reprises sur amortissements et provisions exploitation<br>– Quote-part de subvention virée au compte de résultat | – 50 350<br>22 500<br>551 500<br>2 000<br>– 1 000<br>– 30 000 |
| CAPACITÉ D'AUTOFINANCEMENT | 1 309 650 |

La partie correspondant à des liquidités s'obtient en soustrayant les variations des B.F.D.R. exploitation et hors-exploitation :

C.A.F. correspondant à des liquidités = C.A.F. – Variation du B.F.D.R. (exploitation et hors-exploitation) = 1 309 650 – 508 900 = 800 750.

## QUESTION 3 : ÉTABLISSEMENT DU TABLEAU PLURI-ANNUEL DES FLUX

Il était demandé de construire le T.P.F.F. pour 1988. La justification de la plupart des rubriques a été donnée lors de la construction de la première partie du tableau de financement du P.C.G. 1982.

TABLEAU 6 : TABLEAU PLURI-ANNUEL DES FLUX

| Opérations | Années | |
|---|---|---|
| | 1988 | |
| Production de l'exercice | 5 997 500 | |
| Consommations de l'exercice en provenance des tiers | 2 878 400 | |

| Opérations | Années | |
|---|---|---|
| | 1988 | |
| Valeur ajoutée | 3 119 100 | |
| Impôts, taxes et versements assimilés<br>Charges de personnel | 226 000<br>1 331 100 | |
| E.B.E. | 1 562 000 | |
| Variation du B.F.R.E. | – 689 000 | |
| E.T.E. | 873 000 | |
| Investissements d'exploitation | 825 000 | |
| **Solde E (ou D.A.F.I.C.)** | **48 000** | |
| Variation des dettes (y compris concours bancaires courants) (1)<br>Frais financiers (2)<br>Impôt<br>Participation | – 16 600<br>– 66 450<br>– 347 000<br>– 49 750 | |
| **Solde F (financier)** | **– 479 800** | |
| **Solde G = E + F** | **– 431 800** | |
| Transfert de charges<br>Autres produits<br>Produits financiers<br>Augmentation de capital (3)<br>Prime d'émission<br>Cessions d'éléments d'actif immobilisé<br>Réductions d'éléments d'actif immobilisé<br>Dividendes<br>Acquisition, participation et autres<br>Charges à répartir<br>Variations du B.F.R.H.E. | 160 000<br>14 000<br>36 850<br>220 000<br>148 000<br>50 350<br>20 000<br>– 300 000<br>– 24 000<br>– 160 000<br>180 100 | |
| **Variation du disponible** (4) | **– 86 500** | |

**Remarques :**

(1) Il s'agit de la variation de l'ensemble des dettes financières (dettes financières stables et concours bancaires). La variation des dettes financières stables est de – 95 600. Les concours se sont accrus de 79 000. La variation globale est donc de – 95 600 + 79 000 = – 16 600.
(2) Les frais financiers à considérer ne doivent recouvrir que les charges décaissables à l'exclusion des dotations financières.
(3) Uniquement la partie en numéraire de l'augmentation de capital, soit 400 000 – 180 000 = 220 000.
(4) La variation du disponible correspond à celle qui a été trouvée dans le tableau de financement à partir de la variation des postes des bilans.

## QUESTION 4 : SIGNIFICATION ET INTÉRÊT DES NOTIONS DE VALEUR AJOUTÉE, E.B.E. ET E.T.E. (1)

### 1° Valeur ajoutée

La *valeur ajoutée produite* représente le supplément de valeur apporté par l'entreprise, dans l'exercice de ses activités professionnelles courantes, aux biens et services en provenance de tiers. Il s'agit d'une valeur ajoutée *brute*, puisqu'elle ne prend pas en compte la consommation de capital (amortissement) ; en conséquence, elle ne représente pas la valeur créée au sens strict. En outre, son mode de détermination implique qu'il s'agit d'une valeur ajoutée *produite* et non *vendue*. On peut donc contester le caractère réel de cette mesure de la valeur ajoutée.

La valeur ajoutée est un solde souvent utilisé dans le diagnostic de la rentabilité économique. On estime qu'elle constitue un bon estimateur du *poids économique* de l'entreprise, ainsi qu'un bon critère de taille. Elle permet d'apprécier les structures et les méthodes d'exploitation, ainsi que l'efficacité des facteurs de production. En particulier, elle est souvent utilisée pour mesurer le rendement de la main-d'œuvre et du capital technique. La centrale des bilans de la Banque de France utilise notamment les deux ratios, *V.A./Effectif moyen* et *V.A./Equipement productif*. Ces deux ratios sont à utiliser prudemment compte tenu des biais qu'ils comportent.

### 2° L'excédent brut d'exploitation, E.B.E.

L'E.B.E. est censé représenter le résultat provenant du cycle d'exploitation. En toute rigueur cependant, le véritable résultat du cycle d'exploitation devrait se déterminer en corrigeant l'E.B.E. des variations de provisions sur actifs liés au cycle d'exploitation. En fait, on utilise le plus souvent l'E.B.E. plutôt que l'E.B.E. corrigé pour des raisons comparatives, compte tenu de la diversité des pratiques comptables en matière de constitution des provisions.

L'E.B.E. interprété de façon stricte constitue le flux de fonds, c'est-à-dire le flux de trésorerie potentiel associé aux opérations d'ex-

---

(1) On se référera, pour cette question, à G. Charreaux, *Gestion financière*, 2e éd., Litec, 1989.

ploitation. Corrigé de la variation du B.F.D.R. d'exploitation, il permet de déterminer l'E.T.E.

E.T.E. = E.B.E. – Variation du B.F.D.R. d'exploitation.

3° L'EXCÉDENT DE TRÉSORERIE D'EXPLOITATION, E.T.E.

Il s'agit du flux de trésorerie sécrété par le cycle d'exploitation. Il s'agit d'un indicateur beaucoup plus sensible que l'E.B.E. et la C.A.F. aux modifications de la conjoncture. On estime le plus souvent qu'il constitue un meilleur indicateur de la capacité de remboursement effective que la C.A.F. La capacité de remboursement peut être mesurée en comparant l'E.T.E. aux charges financières ou aux charges financières augmentées des remboursements.

## QUESTION 5 : COMMENTAIRES DE L'ÉTUDE

Le travail préparatoire demandé consiste en l'établissement de la seconde partie du tableau de financement du P.C.G. 1982 et du T.P.F.F. pour l'année 1988. Outre que le T.P.F.F. est un document extrêmement contestable et contesté (2), il est difficile même si on accepte d'y recourir de faire un diagnostic à partir d'une seule et unique année.

En supposant qu'on fasse ce diagnostic cependant et qu'on retienne les normes qui sous-tendent le T.P.F.F., on parvient aux conclusions suivantes :

— une croissance déséquilibrée globalement, le solde G étant largement négatif ;
— un niveau d'investissement optimal au sens de l'auteur du T.P.F.F., le solde d'exploitation E (D.A.F.I.C.) étant légèrement positif ;
— un déséquilibre lié à un endettement insuffisant ; le solde F est largement négatif. L'entreprise n'aurait pas eu suffisamment recours à l'endettement pour financer sa croissance.

En fait, ces conclusions n'ont pas grand sens. La politique d'investissement des entreprises ne se décide pas en fonction du niveau de l'E.T.E. ou de l'E.B.E. mais en fonction de la rentabilité attendue

(2) Pour une critique résumée, voir G. CHARREAUX, *Gestion financière*, 2e éd., Litec, 1989.

des investissements. Par ailleurs et contrairement à ce que prétendent les tenants du T.P.F.F., une société ne s'endette pas pour payer ses impôts et ses frais financiers..., et il n'y a aucune raison d'exclure les augmentations de capital du financement normal de la croissance.

Au vu des autres éléments dont on dispose, la rentabilité de la société *Electra* tant du point de vue économique que des fonds propres apparaît excellente. Elle semble financer ses investissements sans problème. L'endettement est très faible et le risque de faillite également. L'E.T.E. après impôt est de 873 000 − 347 000 = 526 000 ; il permet de couvrir largement les frais financiers et les remboursements d'emprunts. La dégradation de la trésorerie est peu inquiétante, vu le niveau actuel des concours de trésorerie.

## Deuxième partie

## Etude des projets de développement de la société

### QUESTION 1 : CALCUL DU TAUX INTERNE DE RENTABILITÉ DU PROJET

#### 1° Evaluation du montant de l'investissement

L'investissement comporte un bâtiment d'une valeur de 3 000 kF et du matériel et mobilier pour un montant de 1 000 kF. Les sorties de fonds sont respectivement de 25 % du montant global à la fin de 1989, puis de 75 % à la fin de 1990. L'évaluation du T.I.R. doit prendre en compte ce décalage dans les sorties de fonds.

#### 2° Evaluation des flux de liquidités

Tableau 7 : Evaluation des flux de liquidités sécrétés par l'investissement

| | 1991 | 1992 | 1993 | 1994 | 1995 |
|---|---|---|---|---|---|
| Quantités | 25 000 | 30 000 | 30 000 | 30 000 | 30 000 |
| Marge sur coûts variables (1) | 2 500 | 3 000 | 3 000 | 3 000 | 3 000 |
| Charges fixes hors amortissements | 600 | 600 | 600 | 600 | 600 |

| | 1991 | 1992 | 1993 | 1994 | 1995 |
|---|---|---|---|---|---|
| E.B.E.<br>Dotations amortissements (2)<br>Résultat économique<br>Impôt (T = 42 %) | 1 900<br>400<br>1 500<br>630 | 2 400<br>400<br>2 000<br>840 | 2 400<br>400<br>2 000<br>840 | 2 400<br>400<br>2 000<br>840 | 2 400<br>400<br>2 000<br>840 |
| **Flux = E.B.E. – I.S.** | **1 270** | **1 560** | **1 560** | **1 560** | **1 560** |

(1) Marge sur coûts variables unitaire × Quantités, exprimée en kF.
(2) Bâtiment : 3 000/15 = 200 ; matériel et mobilier : 1 000/5 = 200 ; au total 400.

Une hypothèse de l'énoncé précise que la valeur résiduelle des investissements peut être négligée.

3° Calcul du T.I.R.

Le T.I.R. est le taux R tel que la valeur actuelle nette (V.A.N.) des flux de liquidités liés à l'investissement soit nulle.

$$\frac{1\,270}{(1+R)^2} + \sum_{t=3}^{6} \frac{1\,560}{(1+R)^t} - \frac{3\,000}{(1+R)} - 1\,000 = 0$$

Après calcul, le taux R = 22,09 %. Le taux de rentabilité ainsi évalué est vraisemblablement sous-évalué compte tenu de l'hypothèse posé quant à la valeur résiduelle des investissements.

## QUESTION 2 : CALCUL DES « CAPACITÉS D'AUTOFINANCEMENT » DISPONIBLES APRÈS PRISE EN COMPTE DU FINANCEMENT

La notion de « capacité d'autofinancement » disponible après prise en compte du financement n'a pas de définition précise. On supposera qu'il s'agit de la capacité d'autofinancement diminuée des remboursements d'emprunts et corrigée des éventuels flux liés au crédit-bail autres que les loyers, c'est-à-dire du flux de sortie lié à l'option d'achat d'une part, et du flux d'entrée associé à la récupération du dépôt de garantie, d'autre part.

TABLEAU 8 : TABLEAU D'AMORTISSEMENT DU PREMIER EMPRUNT

| ANNÉES | Capital restant dû en début d'année | Frais financiers | Remboursements | Annuités |
|---|---|---|---|---|
| 1990 | 1 000 | 100 | 200 | 300 |
| 1991 | 800 | 80 | 200 | 280 |
| 1992 | 600 | 60 | 200 | 260 |
| 1993 | 400 | 40 | 200 | 240 |
| 1994 | 200 | 20 | 200 | 220 |

TABLEAU 9 : TABLEAU D'AMORTISSEMENT DU SECOND EMPRUNT

| ANNÉES | Capital restant dû en début d'année | Frais financiers | Remboursements | Annuités |
|---|---|---|---|---|
| 1991 | 1 500 | 150 | 300 | 450 |
| 1992 | 1 200 | 120 | 300 | 420 |
| 1993 | 900 | 90 | 300 | 390 |
| 1994 | 600 | 60 | 300 | 360 |
| 1995 | 300 | 30 | 300 | 330 |

TABLEAU 10 : EVALUATION DES CAPACITÉS D'AUTOFINANCEMENT ET DES CAPACITÉS D'AUTOFINANCEMENT DISPONIBLES APRÈS FINANCEMENT

| | **1991** | **1992** | **1993** | **1994** | **1995** |
|---|---|---|---|---|---|
| Marges sur coûts variables | 2 500 | 3 000 | 3 000 | 3 000 | 3 000 |
| Charges fixes (hors amortissements) | 600 | 600 | 600 | 600 | 600 |
| Dotations amortissements (bâtiment) | 200 | 200 | 200 | 200 | 200 |
| Dotations amortissements sur matériel racheté | | | | | 50 |
| Frais financiers | 230 | 180 | 130 | 80 | 30 |
| Loyers crédit-bail | 320 | 320 | 320 | 320 | |
| Résultat avant impôt | 1 150 | 1 700 | 1 750 | 1 800 | 2 120 |
| Impôt (taux 42 %) | 483 | 714 | 735 | 756 | 890,4 |
| Résultat après impôt | 667 | 986 | 1 015 | 1 044 | 1 229,6 |
| **Capacité d'autofinancement** (1) | **867** | **1 186** | **1 215** | **1 244** | **1 479,6** |
| Remboursements d'emprunt | 500 | 500 | 500 | 500 | 300 |

| | 1991 | 1992 | 1993 | 1994 | 1995 |
|---|---|---|---|---|---|
| Rachat du matériel | | | | 50 | |
| Récupération dépôt de garantie | | | | 100 | |
| **C.A.F. « disponible après financement » (2)** | **367** | **686** | **715** | **794** | **1 179,6** |

(1) C.A.F. = Résultat après impôt + dotations aux amortissements.
(2) C.A.F. « disponible après financement » = C.A.F. − remboursements d'emprunts − rachat matériel + récupération dépôt de garantie.

## QUESTION 3 : PLAN DE FINANCEMENT

TABLEAU 11 : PLAN DE FINANCEMENT

| | 1989 | 1990 | 1991 | 1992 | 1993 |
|---|---|---|---|---|---|
| **EMPLOIS** | | | | | |
| Bâtiment | 750 | 2 250 | | | |
| Dépôt de garantie | | 100 | | | |
| Investissements de renouvellement | 150 | 150 | 150 | 150 | 150 |
| Remboursements anciens emprunts (1) | 200 | 195,4 | | | |
| Remboursements nouveaux emprunts | | 200 | 500 | 500 | 500 |
| Dividendes (2) | 260 | 260 | 260 | 260 | 260 |
| Variation du B.F.D.R. exploitation (3) | | | 1 700 | 340 | 0 |
| **TOTAL EMPLOIS** | **1 360** | **3 155,4** | **2 610** | **1 250** | **910** |
| **RESSOURCES** | | | | | |
| C.A.F. actuelle | 1 320 | 1 320 | 1 320 | 1 320 | 1 320 |
| C.A.F. sur projet | | | 867 | 1 186 | 1 215 |
| Emprunts | 1 000 | 1 500 | | | |
| Remboursement du prêt | 20 | | | | |
| **TOTAL RESSOURCES** | **2 340** | **2 820** | **2 187** | **2 506** | **2 535** |
| **SOLDE ANNUEL (RESSOURCES − EMPLOIS)** | **980** | **− 335,4** | **− 423** | **1 256** | **1 625** |
| **TRÉSORERIE INITIALE (4)** | **− 33** | **947** | **611,6** | **188,6** | **1 444,6** |
| **TRÉSORERIE FINALE** | **947** | **611,6** | **188,6** | **1 444,6** | **3 069,6** |

(1) Cf. informations complémentaires.
(2) 10 % du capital de 2 600.
(3) 17 % de la variation du chiffre d'affaires liée au projet d'investissement.
(4) Trésorerie initiale = Valeurs mobilières de placement + disponibilités − concours bancaires.

Le plan de financement fait apparaître une trésorerie systématiquement positive.

## QUESTION 4 : PEUT-ON EFFECTUER LE PRÉLÈVEMENT SUR RESSOURCES PROPRES ?

Compte tenu du caractère largement positif de la trésorerie, le « prélèvement » sur ressources propres qui constitue en réalité un autofinancement du projet d'investissement pour 500 kF ne pose pas de difficultés. Les montants de la trésorerie à la fin des exercices 1989 et 1990 ont été indiqués dans le plan de financement.

## Dans la même collection

### I. — D.P.E.C.F. (DIPLÔME PRÉPARATOIRE AUX ÉTUDES COMPTABLES ET FINANCIÈRES) (ANCIEN C.P.E.C.F.)

**1. Introduction au droit de l'entreprise**

— Manuel : J.-P. TOSI, *Introduction au droit de l'entreprise.*

— Annales : J.-P. TOSI, *Introduction au droit de l'entreprise.*

**2. Economie**

— Manuel : P. GOUGEON, D. et G. LECOINTRE, *Economie.*

— Annales : D. et G. LECOINTRE, *Economie générale.*

**3. Méthodes quantitatives**

— Manuel : B. MOISY et H. DARMON, *Mathématiques et statistiques* (à paraître).

— Annales : B. MOISY et H. DARMON, *Méthodes quantitatives* (à paraître).

**4. Comptabilité**

— Manuel : J.-P. CASIMIR, B. CASPAR et M. COZIAN, *Comptabilité générale de l'entreprise.*

— Annales : J.-P. CASIMIR, *Comptabilité.*

— Exercices : G. ENSELME, *Exercices de comptabilité générale.*

### II. — D.E.C.F. (DIPLÔME D'ÉTUDES COMPTABLES ET FINANCIÈRES) (ANCIEN D.E.C.S.).

**1. Droit des sociétés et droit fiscal**

• ***Droit des sociétés***

— Manuel : M. COZIAN et A. VIANDIER, *Droit des sociétés* (coll. Manuel Litec).

— Annales : A. JACQUEMONT, *Droit des sociétés.*

• ***Droit fiscal***

— Manuel : M. COZIAN, *Précis de fiscalité des entreprises* (coll. Droit et gestion).

— Annales : M. COZIAN et M. CHADEFAUX, *Droit fiscal.*

— M. COZIAN et M. CHADEFAUX, *Exercices de fiscalité des entreprises* (hors coll.).

**2. Relations juridiques de crédit, de travail et de contentieux**

— Manuels : P. ANCEL, *Droit du crédit.*

A.-C. DANA, *Droit pénal* (à paraître).

J. DEVEZE, *Contentieux et expertise.*

A. JACQUEMONT, *Droit des procédures collectives. Redressement et liquidation judiciaires.*

J.-M. BÉRAUD, *Manuel de droit du travail et de droit social.*

— Annales : A. JACQUEMONT et J. JEHL, *Relations juridiques.*

**3. Organisation et gestion de l'entreprise**

— Manuel : en préparation.

— Annales : en préparation.

**4. Gestion financière**

— Manuel : G. CHARREAUX, *Gestion financière.*

— Annales : G. CHARREAUX, *Gestion financière.*

**5. Mathématiques appliquées et informatique**

— Manuel : en préparation.

— Annales : B. MOISY et H. DARMON, *Mathématiques appliquées et informatique* (à paraître).

**6. Comptabilité approfondie et révision**

— Manuel : en préparation.

— Annales : B. CASPAR, *Comptabilité approfondie et révision.*

**7. Contrôle de gestion**

— Manuel : M. PETITJEAN.

— Annales : M. PETITJEAN, *Comptabilité analytique.*

## III. — D.E.S.C.F. (DIPLÔME D'ÉTUDES SUPÉRIEURES COMPTABLES ET FINANCIÈRES)

**1. Synthèse « Droit et comptabilité »**

— Pour les aspects fiscaux : M. COZIAN, *Les grands principes de la fiscalité des entreprises.*

— Annales : en préparation.

**2. Synthèse « Economie et comptabilité »**

— Annales : G. CHARREAUX, *Annales de synthèse, économie et comptabilité.*

5204 - Imprimerie LUSSAUD
85200 FONTENAY-LE-COMTE
Dépôt légal mars 1990 n° 2218